기억은 모든 지혜의 어머니다.

아이스킬로스, 〈사슬에 묶인 프로메테우스〉

최신 인지심리학이 밝혀낸 성공적인 학습의 과학

어떻게
공부할
것인가

헨리 뢰디거·마크 맥대니얼·피터 브라운 지음

김아영 옮김

와이즈베리
WISEBERRY

:: 머리말 ::

사람들은 대개 잘못된 방식으로 배우고 있다. 학습과 기억의 원리에 대한 실증적 연구에 따르면 정석으로 여겨지는 학습 방식은 대부분 헛수고라고 한다. 심지어 배움이 직업인 대학생과 의대생들조차 전혀 바람직하지 않은 학습 기법을 이용한다. 한편 125년 전에 시작되어 최근에 특히 성과를 거두고 있는 학습 연구를 통해 우리는 학습을 새롭게 이해하게 되었다. 바로 이것이 나날이 발전하고 있는 학습의 과학이다. 개인적 견해, 구전된 지식, 널리 받아들여지지만 비효율적인 공부 방법 대신 아주 효율적이라고 입증된 전략이 등장한 것이다. 그런데 여기서 주목할 점은 가장 효율적인 학습 전략이 우리의 직관에 어긋난다는 것이다.

우리 중 두 사람, 헨리 뢰디거(Henry L. Roediger)와 마크 맥대니얼(Mark A. McDaniel)은 학습과 기억 연구에 매진해온 인지과학자이고 피터 브라운(Peter C. Brown)은 작가다. 우리는 학습과 기억이 어떻게 작용하는지 설명하기 위해 한 팀이 되었고, 연구를 나열하는 대신 복잡한 지식과 기술에 통달하는 법을 깨달은 사람들의 이야기를 들려주기로 했다. 이러한 사례를 통해 우리는 연구로 얻어낸 학습 원리가 매우 효율적이라는 사실을 분명하게 보여줄 것이다.

이 책이 나온 것은 인지심리학자 11명의 공동 연구 덕분이기도 하다. 2002년, 미주리 세인트 루이스의 제임스 S. 맥도널 재단은 학습에 대한 인지심리학적 기본 지식과 교육 분야에 그 지식을 적용할 때의 차이를 줄이기 위해 책임 연구원인 뢰디거를 비롯하여 맥대니얼과 9명의 학자들에게 '교육 현장 개선을 위한 인지심리학의 응용' 연구에 대한 보조금을 지급했다. 연구팀은 10년에 걸쳐 인지과학을 교육학에 적용하는 합동 연구를 수행했고, 이 책은 여러 측면에서 이 연구의 결과를 담고 있다. 이 연구와 연구자들은 본문과 주석, 감사의 글에서 언급했다. 뢰디거와 맥대니얼의 연구는 이 외에도 몇몇 다른 기관에서 자금을 제공받고 있으며 맥대니얼은 워싱턴 대학교의 학습과 기억 통합 연구 센터에서 공동 책임자를 맡고 있다.

일반적인 책에서는 주제를 차례대로 다룬다. 하나의 주제에 대해 이야기하고 그 다음 주제로 넘어가는 식이다. 이 책은 각 장마다 새로운 주제들을 다루되 주요 학습 원리 두 가지를 책 자체에 적용하는 전략을 채택했다. 이 전략이란 간격을 두고 핵심 내용을 반복하기, 다르지만 관련 있는 주제들을 끼워넣기다. 한 주제를 공부해 나가면서 주기적으로 복습하면 그 주제를 더 잘 기억할 수 있다. 마찬가지로 다른 주제의 내용들을 사이사이 끼워넣는 식으로 공부하면 순서대로 하나씩 공부했을 때보다 각각의 주제를 더욱 잘 배울 수 있다. 이에 따라 우리는 과감하게 핵심 내용을 두 번 이상 다루고 다양한 상황에서 원리들을 반복한다. 그 결과 독자는 책의 내용을 더욱 잘 기억하고 효율적으로 이용할 수 있을 것이다.

이 책은 지식을 더 잘 익히고 오래 기억하려면 어떻게 해야 하는가에 대한 책이다. 배워야 할 책임은 누구에게나 있다. 교사나 코치들 역시 이 책에 나오는 원리를 학습 과정에 적용하고 학생들도 그 원리를 이해하도록 도와준다면 바로 지금부터 더욱 효과적으로 가르칠 수 있다. 이 책은 교육 정책이나 학교 체계의 개혁 방향에 대해 다룬 책이 아니다. 하지만 분명히 교육 정책에 시사하는 바가 있다. 예를 들면, 이 책에서 제시한 전략들을 앞장서서 수업에 적용한 대학 교수들은 과학 분야에서 성취도 격차를 줄일 수 있을지 실험했고 그 결과는 실로 놀라웠다.

또한 이 책은 학생과 교사를 비롯하여 사업, 산업, 군대 각 분야의 교육 담당자, 업무 연수를 제공하는 전문가 집단의 리더, 코치 등 효과적인 학습법이 시급한 독자들을 위한 책이다. 한편 중년 이후 뒤처지지 않기 위해 기술을 연마하는 평생 학습자들을 위한 책이기도 하다.

학습과 그 신경계적 기초에 대해 알아야 할 것이 아직 많이 남아 있다. 그러나 많은 연구들을 통해, 즉시 적용해서 부작용 없이 놀라운 효과를 볼 수 있는 실용적 전략과 원리들이 이미 나와 있다.

:: 차례 ::

머리말 ··· 4

1장 우리는 잘못된 방식으로 배우고 있다 ································· 9

2장 배우려면 먼저 인출하라 ··· 39

3장 뒤섞어서 연습하라 ·· 67

4장 어렵게 배워야 오래 남는다 ·· 95

5장 안다는 착각에서 벗어나라 ··· 137

6장 학습 유형이라는 신화 ·· 173

7장 꾸준한 노력은 뇌를 변화시킨다 ······································ 211

8장 어떻게 공부할 것인가 ·· 259

감사의 글 ··· 320
주 ··· 325
찾아보기 ··· 350

우리는 잘못된 방식으로 배우고 있다

• 효과가 검증된 학습법들

• 경험과 직관에서 나온 학습법들의 오류

• 지식은 충분조건은 아니지만 필요조건이다

• 학습의 수단으로 시험을 활용하라

초보 조종사 시절, 매트 브라운은 쌍발엔진을 단 세스나기를 타고 텍사스 할링겐에서 북동쪽으로 비행하던 중 오른쪽 엔진의 유압이 떨어지는 것을 발견했다. 그는 한밤중에 혼자서 1만 1000피트 상공을 날고 있었다. 제품 조립에 필요한 부품을 기다리느라 생산이 중단된 켄터키의 한 공장에 급히 부품을 실어나르는 길이었다.

매트는 고도를 낮추고 연료계를 주시하면서 원래 연료를 넣기로 한 루이지애나까지만 갈 수 있기를 바랐다. 그곳에서는 비행기를 정비할 수 있었기 때문이다. 하지만 유압은 계속 떨어졌다. 공구를 겨우 잡을 수 있는 어릴 때부터 피스톤 엔진을 만지작거리며 자란 매트는 곤경에 빠졌다는 사실을 알았다. 그는 그 상황에서 자신에게 어떤 선택이 가능할지 머릿속으로 하나씩 따져보았다. 아무 조치도 취하지 않아 유압이 너무 낮아지면 엔진이 꺼질 위험이 있었다. 엔진이 꺼지기 전까지 얼마나 더 비행할 수 있을까? 엔진을 끄면 어떻게 될까? 오른쪽 엔진의 힘이 없어도 추락하지 않을 수 있을까?

매트는 이런 상황에서 세스나 401기가 얼마나 버틸 수 있는지에 대해 이전에 배운 지식을 되짚어보았다. 짐을 가득 실었다면 그가 하나의 엔진으로 할 수 있는 최선의 방법은 하강 속도를 늦추는 것이었다. 하지만 매트는 가벼운 짐을 싣고 있었고 연료를 거의 다 소모한 상태였다. 그래서 그는 망가진 오른쪽 엔진을 끄고 공기 저항을 줄이기 위해 프로펠러도 끈 후, 왼쪽 엔진의 출력을 높이고 가려는 방향의 반대쪽으로 방향키를 꺾었다. 그 상태로 가까스로 16킬로미터를 비행한 매트는 크게 좌회전을 하며 착륙 지점에 접근했다. 아주 간단하고도 중요한 이유에서였다. 오른쪽 엔진이 힘을 쓸 수 없었으므로 좌회전을 해야만 오른쪽으로 기울지 않고 수평으로 착륙할 수 있었기 때문이다.

우리는 매트가 취한 조치를 하나하나 이해할 필요가 없지만, 비행기 조종사인 매트로서는 당연히 전부 이해했어야 했다. 위기에서 빠져나온 그의 능력은 이 책에서 학습에 대해 논의하고자 하는 바를 잘 보여준다. 즉, 이 책에서는 미래에 맞닥뜨릴 문제와 기회를 이해하기 위해 지식과 기술을 습득하고 기억에서 바로 꺼내 사용할 수 있게 하는 학습법에 대해 얘기하고자 한다.

무언가를 배울 때 항상 적용되는 점이 몇 가지 있다. 우리 대부분은 다음과 같은 점에서 의견이 일치할 것이다.

첫째, 학습이 유익하려면 기억이 필요하다. 배운 것이 기억에 남아 있어야 나중에 필요할 때 사용할 수 있다.

둘째, 우리는 살아가면서 인생의 모든 것들을 계속해서 배우고 기억해야 한다. 중등 교육 과정을 밟으려면 언어, 수학, 과학, 사회 등의 학과목에서 일정한 수준의 지식을 배워야 한다. 직장에서 성공하려면 직업과 관련된 기술에 통달하고 까다로운 동료를 능숙하게 다루어야 한다. 은퇴한 후에는 새로운 관심사를 계발하게 된다. 노망이 날 정도로 나이를 먹으면 덜 복잡한 곳으로 거처를 옮기지만 여전히 능력이 닿는 한 그곳에 적응해야 한다. 학습 능력이 뛰어난 사람은 인생에서 유리한 위치를 차지한다.

셋째, 학습은 후천적으로 얻는 기술이며 가장 효율적인 학습 전략은 우리가 생각하는 것과 반대일 때가 많다.

효과가 검증된 학습법들

마지막 세 번째 주장에 동의하지 않는 사람도 있겠지만 이 책이 그런 사람들을 설득할 수 있기를 바란다. 이 세 가지에는 이 책에서 우리가 설명하려는 주요 원칙이 그대로 들어 있다. 앞으로는 이 내용을 더욱 자세히 풀어나가려고 한다.

노력을 많이 들여(effortful) 배운 지식일수록 더 깊이 남고 오래 간다. 쉽게 배운 지식은 모래 위에 쓴 글씨처럼 오늘 배우면 내일 사라진다.

우리는 바람직하게 학습하고 있을 때와 그러지 못할 때를 제대로 구분하지 못한다. 배우는 과정이 느리고 힘들거나 생산적이지 못하다는 느낌이 들면 더 생산적으로 보이는 전략에 마음을 빼앗긴다.

어떤 유형의 학습자든 단연 선호하는 학습 전략은 **교재를 반복해서 읽기**(rereading text), 그리고 기술이나 새로운 지식을 **집중적으로 연습하기**(massed practice)라는 전략이다. 하지만 이런 방식은 가장 생산성이 떨어지는 전략이다. 흔히 집중적인 연습이라고 하면 기억에 남기려는 것을 한 번에 몰아서 반복하는 방식을 일컫는다. 일반적으로 뭔가를 배우려면 이렇게 '연습하고, 연습하고, 또 연습해야 한다'고 생각한다. 시험을 앞두고 벼락치기 공부를 하는 사례가 이에 해당한다. 반복해서 읽고 몰아서 연습하는 방식을 사용하면 실력이 늘었다는 느낌이 커진다. 하지만 완벽하게 익히거나 오래 기억하고자 한다면 이런 전략은 대개 시간 낭비에 불과하다.

기억 속에서 사실이나 개념, 사건을 떠올리는 **인출 연습**(retrieval practice)은 반복해서 읽는 복습보다 더 효율적인 학습 전략이다. 쉬운 예로 플래시카드(flash card, 단어 등을 순간적으로 보여주면서 기억하게 하는 암기용 카드-옮긴이)를 생각하면 된다. 인출 혹은 회상은 기억을 강화하고 망각을 막아준다. 교재를 읽거나 강의를 들은 후 아주 간단한 시험 한 번만 보아도 교재를 반복해서 읽거나 필기한 내용을 복습할 때보다 효과적으로 학습하고 기억할 수 있다. 뇌는 근육처럼 훈련을 통해 강해지지는 않지만, 학습에서 중심 역할을 하는 신경 회로들은 회상과 복습을 통해 더욱 탄탄해진다. 주기적인 연습은 망각을 막고 회상하는 경로를 강화하며, 얻고자 하는 지식을 꽉 붙잡는 데 필수적인 요소다.

시간 간격을 두고 복습하기(space out practice)는 학습할 때 망각이 일어날 만한 시간 간격을 두거나, 두 가지 이상의 주제를 번갈아 배우는 방법이다. 이런 경우 배운 내용을 기억해내는 데 힘이 들고 효과적이지 못하다는 느낌이 든다. 하지만 이렇게 노력을 들이면 배운 내용이 오래 남고 나중에 적절한 상황에서 그 지식을 풍부하게 활용할 수 있다.

해법을 배우기 전(before being taught the solution)에 문제를 풀기 위해 애쓰

면 그 과정에서 실수를 좀 하더라도 결국 그 지식을 더욱 잘 배울 수 있다.

각자 선호하는 **학습 유형**(learning style)에 맞게 지도를 받으면 더 잘 배울 수 있다는 견해가 널리 퍼져 있다. 청각 자료나 시각 자료로 학습할 때 더 잘 배우는 사람들이 있다는 식이다. 하지만 이 견해는 실증적인 연구로 입증되지 않았다. 사람들이 학습에 기울이는 지적 능력은 실로 다양하다. 가장 수월하다고 여기는 방식으로만 지시받고 경험할 때보다, '약간 빗나갈 때' 온갖 재능과 지략을 동원하여 더욱 바람직하게 학습할 수 있다.

다양한 문제 유형에서 **근본 원칙**(underlying principles)이나 규칙(rules)을 이끌어내는 데 능숙하다면 낯선 상황에서 올바른 해결책을 발견하는 데 성공할 확률이 높다. 이 기술은 한 번에 몰아서 하는 집중적인 연습보다 **교차 연습**(interleaved practice)이나 **다양하게 변화를 준 연습**(varied practice)을 통해 더 잘 익힐 수 있다. 예를 들면, 입체의 부피를 구하는 방법을 배울 때 한 종류의 입체를 완전히 익힌 후 다른 입체로 넘어가는 방식이 아니라 다양한 입체의 부피를 구하는 법을 교차해서 연습하면 나중에 임의의 입체를 제시하고 부피를 구하라는 문제가 나왔을 때 더욱 능숙하게 풀 수 있다. 새의 종류나 유화 작품에 대해 배울 때도 종류별로 혹은 작가별로 하나씩 학습하기보다는 교차 연습 방식으로 공부하면 종류별, 작가별 특징을 통합해서 기억하고 각각 어떻게 다른지 구분하는 능력이 향상될 뿐 아니라, 앞으로 보게 될 생소한 표본을 분류하는 능력도 향상된다.

우리는 자신이 무엇을 알고 무엇을 할 수 있는지 제대로 판단하지 못하는 착각에 빠지기 쉽다. 시험은 무엇을 습득했는지 판단하는 데 도움이 된다. 모의 비행 중 유압 장치가 고장 난 상황에 맞닥뜨린 조종사는 자신이 올바른 조치를 취하고 있는지 재빨리 알아챌 수 있다. 사실상 학습의 모든 영역에서, 잘 모르는 부분을 확인하고 익히는 수단으로 시험을 활용한다면 더욱 완벽하게 배울 수 있다.

무언가를 새로 배울 때는 항상 **사전 지식이라는 기초**(foundation of prior knowledge)가 있어야 한다. 비행기를 한쪽 엔진만으로 착륙시키는 법을 배우려면 먼저 멀쩡한 엔진이 두 개 달린 비행기를 착륙시킬 줄 알아야 한다. 삼각법(三角法)을 배우려면 대수학과 기하학을 기억해내야 한다. 수납장 만드는 법을 배우려면 나무와 합성재료의 특성, 판자를 조립하는 법, 홈을 파는 법, 가장자리를 갈아 뭉툭하게 만드는 법, 모서리 귀 맞추는 법을 완전히 익혀야 한다.

게리 라슨(Gary Larson)의 만화 〈저편(Far Side)〉에서 눈이 왕방울만 한 학생이 이렇게 말하는 장면이 있다. "오스본 선생님, 머릿속이 꽉 차서 빈 공간이 없어요!" 기계적인 반복을 통해 무언가를 배운다면 이 말대로 금방 머릿속이 꽉 차서 더 이상 무언가를 담아둘 수 없을 것이다. 하지만 **정교화**(elaboration)를 연습한다면 배울 수 있는 분량에는 사실상 제한이 없다. 정교화란 생소한 내용을 자신만의 언어로 표현하여 기존의 지식과 연결하는 과정이다. 새로 배운 내용을 사전 지식과 연결할수록 머리에 확실하게 남길 수 있을뿐더러 연관성을 많이 만들어냄으로써 배운 지식을 나중에 쉽게 떠올릴 수 있다.

따뜻한 공기는 차가운 공기보다 수증기를 많이 함유한다. 경험을 통해 이 사실을 배우려면 에어컨 뒤편에서 물이 떨어진다거나 더운 여름날 갑작스럽게 폭풍우가 지나간 후 시원해지는 예를 생각해보면 된다. 증발은 냉각 효과가 있다. 피부가 축축해지기도 전에 땀이 말라버릴 정도로 건조한 피닉스의 사촌 집보다 습한 애틀랜타의 삼촌 댁이 더 덥다고 느끼는

심성 모형은 외부의 현실을 머릿속에 표현한 것이다. 야구공이 날
아오기를 기다리는 타자를 생각해보자. 숙련된 선수는 연습을 하는
동안 각 구질의 단서들을 바탕 삼아 확실한 심성 모형을 만들고,
이러한 모형을 타격 자세, 스트라이크 존, 스윙에 대한 지식뿐만 아
니라 주자의 배치와도 연관 짓는다.

데서 이러한 사실을 알 수 있다. 열이 전달되는 원리를 공부한다면 뜨거운 코코아 컵을 든 손이 따뜻해진다는 사실을 통해 열의 전도를, 겨울날 작은 방에 해가 드는 현상을 통해 복사를, 삼촌과 함께 애틀랜타 뒷골목의 단골 가게들을 천천히 둘러보다 쐬게 되는 더없이 반가운 에어컨 바람을 통해 대류를 이해할 수 있다.

새로운 지식을 **더 넓은 맥락**(lager context)에서 살펴보는 것도 학습에 도움이 된다. 예를 들면 역사를 배울 때 이야기의 흐름을 알면 더 많은 지식을 배울 수 있다. 또한 인간의 야심과 얽히고설킨 운명에 대한 지식을 이러한 이야기와 연관 짓고 다양하게 의미를 부여할수록 머릿속에 깊이 남는다. 마찬가지로 추상적인 개념을 배울 때도 이미 알고 있는 구체적인 지식과 연관 지으면 더욱 쉽게 배울 수 있다. 이를테면 각운동량의 법칙(the principle of angular momentum)을 배울 때 피겨 스케이트 선수가 팔을 가슴으로 모음으로써 회전 속도를 높인다는 사실을 생각해볼 수 있다.

새로운 자료에서 핵심 내용을 뽑아내 **심성 모형**(mental model)으로 만드는 법을 배우고 그 모형을 사전 지식과 연결하는 사람은 복잡한 지식과 기술을 배우는 데 뛰어나다. 심성 모형은 외부의 현실을 머릿속에 표현한 것이다.[1] 야구공이 날아오기를 기다리는 타자를 생각해보자. 타자는 커브볼인지, 체인지업(직구와 똑같은 방법으로 공을 던지면서 공의 속도를 줄여 타자의 타격 타이밍을 뺏는 것-옮긴이)인지, 또 다른 공인지 읽어낼 시간이 없다. 그러면 어떻게 하는가? 투수의 와인드업 방식, 투구 방식, 공 실밥의 회전 등 몇 가지 미세한 신호에서 도움을 받는다. 훌륭한 타자는 불필요한 지각적 방해물을 모두 걸러내고 앞서 언급한 변수에만 주목한다. 연습을 하는 동안 각 구질의 단서들을 바탕 삼아 확실한 심성 모형을 만들고, 이러한 모형을 타격 자세, 스트라이크 존, 스윙에 대한 지식뿐만 아니라 주자의 배치와도 연관 짓는다. 1, 2루에 주자가 있다면 자신이 희생해서 그들을 이동시킬 수 있다. 원 아웃에 주자가 1, 3루에 있다면 둘이 한꺼번에 아웃당하지 않고서 득점할 수 있도록 공을 쳐야 한다. 주자 위치에 대한 심성 모형은 상대편에 대한 심성 모형(홈 근처에서 수비하는지 멀찍이 퍼져 수비하는지)과 더불어 더그아웃에서 베이스 코치를 거쳐 자신에게 전달되는 신호와도 연결된다.

훌륭한 타격은 이러한 요소들이 모두 매끄럽게 이어질 때 일어난다. 말하자면 타자는 공을 쳐서 외야의 빈틈으로 날려보냄으로써 자기 팀 주자를 이동시키고 자신도 출루할 시간을 번다. 숙련된 선수는 구질 하나하나를 구분하여 그에 대처하는 데 가장 중요한 요소만을 추려낸 후 학습을 통해 세운 심성 모형을 이 복잡한 경기의 또 다른 필수 요소들에 대한 사전 지식과 연결한 사람이다. 이보다 덜 숙련된 선수는 타석에 들어설 때마다 맞닥뜨리는 변화무쌍하고 방대한 정보를 받아들이지 못한다. 따라서 숙련된 선수는 득점할 가능성이 상대적으로 높다.

많은 사람들은 지적 능력을 타고난다고 믿으며 학습 과정에서 난관을 극복하지 못하는 것 역시 이 선천적 능력 탓이라고 생각한다. 하지만 새로운 지식을 배울 때마다 **뇌에서는 변화가 일어난다.** 경험의 잔여물이 저장되는 것이다. 우리는 유전자에서 비롯하는 능력을 미리 갖추고 태어나기는 하지만 문제 풀기, 추론, 창조를 가능케 하는 심성 모형을 배우고 구축하면서 능력을 계발하기도 한다. 지적 능력을 구성하는 요소들 중 놀라울 정도로 많은 부분이 우리 손에 달려 있다.

이러한 사실을 이해하면 실패를 노력의 증표 또는 더 깊이 파고들거나

현재의 수준을 넘어 진정한 전문가의 수준으로 올라가고자 한다면 익스트림 스포츠를 배울 때처럼 실패와 분투의 과정이 반드시 필요하다. 실패를 거듭하며 어렵게 익힌 지식과 기술은 오래 기억에 남고 필요할 때 쉽게 꺼내 쓸 수 있다.

다른 전략을 써봐야 한다는 것을 알려주는 유용한 정보의 원천으로 볼 수 있다. 배우기 힘들다고 느낄 때야말로 중요한 과정임을 이해해야 한다. 현재의 수준을 넘어 진정한 전문가의 수준으로 올라가고자 한다면 액션 비디오 게임을 하거나 새 BMX 자전거(묘기용 자전거 - 옮긴이)를 탈 때처럼 실패와 분투의 과정이 반드시 필요하다. 실수를 하고 바로잡는 과정은 한 단계 높은 학습으로 나아가는 디딤돌이 된다.

경험과 직관에서 나온 학습법들의 오류

교육과 훈련을 구성하는 방식 중 상당수는 지금껏 전해 내려오는 개인적 의견들에 바탕을 둔다. 어떤 학습 방식이 효과적이더라는 각자의 느낌들 말이다. 인지심리학자들은 이런 경험과 직관에 의존하기보다는 높은 효과를 올릴 수 있는 학습 전략을 발견하고 증거들을 찾는 데 40년 이상 매진해왔다.

인지심리학은 정신의 작용 방식을 이해하는 기초 과학으로 인지, 기억, 사고방식에 대해 실증적으로 연구하는 학문이다. 이 밖에도 다양한 학문에서 학습의 수수께끼를 다루고 있다. 발달심리학자와 교육심리학자들의 관심 분야는 인간 발달에 대한 이론과 그 이론을 교육의 수단으로 만드는 데 어떻게 활용할 수 있는가 하는 것이다. 이러한 수단에는 시험 제도, 교육 과정 편성(교과 과정 개요나 설계도 등), 보충 교육 및 영재 교육 같은 특수 교육용 자료 등이 해당한다. 신경과학자들이 새로운 영상 기법을 비롯한 다양한 수단을 통해 학습의 기반이 되는 뇌 체계에 대한 이해 수준을 끌어울리고 있지만 그것을 바탕으로 교육 방식의 개선을 논하기에는 아직 한참 부족하다.

그렇다면 무언가를 배우려고 할 때 어떤 조언이 가장 좋을지 어떻게 알 수 있을까? 무턱대고 믿지 않는 것이 현명하다. 조언을 구하기는 어렵지 않다. 마우스만 몇 번 클릭하면 된다. 하지만 모든 조언이 연구에 기반을 둔 것은 아니다. 오히려 그 반대다. 또한 연구라고 해서 모두 과학적 기준에 맞는 것도 아니다. 연구 결과가 객관적인지, 일반화할 수 있는지 보증하는 통제 조건을 적절히 갖추지 못한 연구도 있다. 훌륭한 실증적 연구는 철저히 실험에 근거한다. 연구자는 가설을 수립하고, 설계와 객관성 면에서 엄격한 기준을 충족해야 하는 일련의 실험을 통해 가설을 검증한다.

앞으로 전개될 내용에서는 이렇게 과학계의 검토를 거쳐 전문지에 실린 다수의 연구 결과들을 엄선하여 제시했다. 이 중에는 우리가 주도하지는 않았지만 공동 연구자로서 참여한 연구들도 있다. 과학적으로 입증된 연구 결과가 아니라 개인적 의견을 내놓은 부분에서는 사견임을 밝혔다. 또한 우리의 주장을 뒷받침하기 위해, 검증된 이론뿐만 아니라 조종사 매트 브라운처럼 복잡한 지식과 기술에 통달해야 하는 직업을 가진 사람들의 사례들을 소개하면서 학습과 기억의 근본 원리를 설명하기도 했다. 연구 자체에 대한 논의는 최소화했지만 더 깊이 알고 싶은 사람을 위해 대부분의 출처를 책 말미의 주석에 실었다.

학습에 대한 오해

기존의 교수법과 학습법은 대개 별로 도움이 되지 않는 것으로 드러났다. 하지만 그 방법들을 조금만 바꾸는 것만으로도 결과에 큰 차이를 얻을 수는 있다. 흔히 사람들은 어떤 대상을 여러 번 접하면 머릿속에 새길 수 있다고 믿는다. 예를 들면 중학교 생물학 교과서의 한 구절이나 용어들을 자주 접하면 기억에 남는다고 생각하는 것이다. 하지만 실상은 그렇지 않다. 교사들은 대부분 쉽고 빨리 배울 수 있도록 가르치면 학생이 더욱 잘 배울 수 있다고 생각한다. 하지만 많은 연구들은 이런 믿음을 뒤엎는다. 배우기 어려울수록 머릿속에 오랫동안 깊이 남는다는 것이다.

교사, 트레이너, 코치들 사이에서는 새로운 기술을 완벽하게 익히려면 그 기술을 완전히 소화할 때까지 끈질기게 집중해서 연습하고 또 연습하는 것이 가장 효과적이라는 믿음이 널리 퍼져 있다. 대개 집중적으로 연습하면 지식을 빨리 습득하게 되므로 이러한 믿음이 깊이 자리 잡고 있다. 하지만 연구에서 분명히 밝혀진 점은 집중적인 연습을 통해 익힌 지식이나 기술이 일시적이며 금방 사라진다는 사실이다.

교육자나 학습자 입장에서는 교과서 반복해서 읽기가 종종 헛수고에 불과하다는 사실에 등골이 오싹해질 것이다. 반복 읽기야말로 80퍼센트 이상의 대학생을 비롯하여 대부분의 사람들이 1순위로 택하는 공부 전략이며 공부에 전념할 때 가장 중요하다고 생각하는 방법이기 때문이다. 반복 읽기에는 세 가지 치명적인 단점이 있다. 시간이 많이 걸리고, 배운 내용이 기억에 오래 남지 않으며, 내용에 익숙해짐에 따라 완전히 통달했다는 느낌이 들면서 자기도 모르게 일종의 자기기만에 빠지게 된다는 점이다. 반복 읽기에 몰두하는 동안은 상당히 집중한 것 같은 느낌이 들지만 학습에 소요된 시간은 숙달의 정도와 관계가 없다.[2]

잦은 접촉이 학습으로 이어진다는 확신에 크게 의존하는 훈련 체계를 발견하기는 어렵지 않다. 조종사 매트 브라운을 생각해보자. 자가용 비행기 조종사로 고용된 매트는 그에 걸맞은 자격을 갖추기 위해 새로운 지식을 완벽하게 익혀야 했다. 우리는 매트에게 그 과정을 설명해달라고 했다. 18일 동안 하루에 열 시간씩 훈련을 받아야 했던 매트는 그 훈련을 '소방호스' 교육법(너무 빨리 데이터를 보냄으로써 야기되는 네트워크 현상인 버퍼 오버플로 문제를 '소방 호스' 효과라고 부르는 데서 따온 말—옮긴이)이라고 불렀다. 처음 7일은 줄곧 강의실에서 비행기의 온갖 장치에 대해 배웠다. 전기 설비, 연료, 압축공기 장치 등의 작동 및 상호작용 방식, 압력, 중량, 온도, 속도 같은 자동 안전 장치의 공차(tolerance, 허용 오차—옮긴이)에 대한 교육이었다. 매트는 급격한 감압, 비행 중 역추진 장치가 해제되는 상황, 엔진 고장, 전기로 인한 화재 등 만일의 사태가 일어날 경우 비행기의 안정성을 유지하기 위해 망설이거나 생각하지 않고 80여 가지의 '기억 조치 항목(memory action item)'을 즉시 자유자재로 실행할 수 있어야 한다.

매트와 동료 조종사들은 자신들이 탈 비행기의 주요 장치에 관한 지루하기 짝이 없는 파워포인트 자료를 몇 시간째 보는 중이었다. 그때 흥미로운 일이 일어났다.

"5일째 되던 날 오후쯤이었어요. 화면에 연료 장치의 설계도가 번쩍거리면서 지나갔어요. 압력 감지기, 차단 밸브, 배출 펌프, 우회 배관 같은 것들이 화면에 계속해서 뜨고 우리는 그것에 집중하려고 애썼죠. 그때 강사가 묻는 거예요. '비행 중에 연료 필터 우회등이 들어온 적 있는 사람 있나요?' 강의실 저쪽 끝에 있는 조종사가 손을 들었어요. 강사가 '무슨 일이 있었는지 얘기해주세요.'라고 말하는데, 갑자기 이런 생각이 들었어요. '와, 저게 나였다면 어땠을까?' 아무튼, 그 조종사는 3만 3000피트쯤 되는 곳에서 엔진이 둘 다 망가지기 시작했어요. 부동액 없이 연료를 넣는 바람

중요하다고 느끼는 것을 배울 때, 추상적인 지식이 구체적이고 개인적인 것으로 변하는 순간, 학
습이 잘 이루어진다. 모의 비행 훈련은 일종의 인출 연습이고 다양하게 변화를 준 연습이며, 상공
에서 겪게 될 정신적 상태를 최대한 비슷하게 경험할 수 있는 과정이다.

에 필터에 얼음이 맺혀서 막히기 시작했거든요. 거짓말 하나 안 보태고, 그런 이야길 들으면 설계도가 눈에 확 들어오고 머릿속에 박혀요. 보통 제트 연료는 물이 약간 섞여 있기 때문에 높은 고도에서 온도가 낮아지면 응결되고 얼어서 배관을 막을 수 있거든요. 그래서 연료를 채울 때마다 연료 공급 트럭에 프리스트(Prist)라는 부동액이 들어 있다는 표시가 있는지 찾아봐야 해요. 혹시 비행 중에 표시등이 켜지면 급히 공기를 따뜻하게 데워야 하고요."[3]

중요하다고 느끼는 것을 배울 때, 추상적인 지식이 구체적이고 개인적인 것으로 변하는 순간 학습이 잘 이루어진다.

그때쯤 매트가 받던 교육의 성격이 바뀌었다. 이후 열하루 동안은 강의실 교육과 모의 비행 훈련을 병행했다. 매트가 들려준 이야기는 능동적 참여가 탄탄한 학습으로 이어지는 것에 대한 예다. 조종사들은 비행기와 씨름하면서 표준 작업 절차를 완벽히 소화했음을 보여주고, 뜻밖의 상황에 대처하며, 조종석에서 감당해야 할 움직임과 리듬을 몸으로 기억하는 훈련을 해야 했다. 모의 비행 훈련은 일종의 인출 연습이고 일정한 간격을 둔 교차 연습이자 다양하게 변화를 준 연습이며, 상공에서 겪게 될 정신적 상태를 최대한 비슷하게 경험할 수 있는 과정이다. 추상적인 지식이 구체적이고 개인적으로 변하는 과정이기도 하다. 또한 새로운 지식을 완벽하게 소화하기 위해 어디에 집중해야 할지 학습자와 교육자가 판단할 수 있도록 도와주는 시험의 연속이기도 하다.

매트 브라운이 받은 모의 비행 훈련처럼 교사와 트레이너가 아주 효과적인 학습 기법을 발견하고 사용하는 분야도 있다. 하지만 사실상 어떤 분야에서든 이러한 기법은 예외적으로 쓰이고 '소방 호스' 같은 강의 기법이 일반적으로 쓰일 때가 너무 많다.

조지 메이슨 대학교 웹사이트에 올라온 학습 관련 조언 중에 이런 말이 있다. "무언가를 제대로 배우는 비결은 반복이다. 여러 번 반복할수록 오랫동안 기억할 가능성이 크다."[4] 다트머스 대학교 웹사이트에서는 이렇게 제안한다. "무언가를 기억하고자 한다면 그렇게 될 것이다."[5] 종종 학습에 대한 조언을 제공하는 〈세인트 루이스 포스트 – 디스패치〉에서는 책에 코를 박고 있는 아이의 그림을 싣고 그 옆에 이렇게 적는다. "집중하라. 한 가지, 오직 한 가지에만 집중하라. 반복하고, 반복하고, 또 반복하라! 기억해야 할 것을 반복하면 머릿속에 새기는 데 도움이 된다."[6] 다시 읽기, 의지, 반복의 힘에 대한 믿음은 널리 퍼져 있지만 사실 무언가를 계속 반복하기만 해서 기억에 각인하기는 힘들다. 그런 작전은 전화번호를 핸드폰에 입력할 때까지 머릿속에 담아두는 데는 효과가 있을지 몰라도 학습 효과를 오래 지속하는 데는 소용이 없다.

간단한 예로 인터넷에 돌아다니는 '동전 기억 테스트(penny memory test)'를 들 수 있다. 이 과제는 열두 개의 1페니 동전 중 한 개뿐인 진짜 1페니 동전을 찾는 것이다. 1페니 동전을 여러 번 보았을수록 자신 있게 진짜를 가려내기가 힘들다. 마찬가지로 최근 한 연구에서는 UCLA 심리학과 건물의 교직원과 학생을 대상으로 사무실에서 가장 가까이 있는 소화전을 알아볼 수 있는지 테스트했다. 이 테스트를 통과한 사람은 거의 없었다. UCLA에서 25년간 재직한 어떤 교수는 안전 교육을 받다가 나와서 연구실에서 가장 가까운 소화전을 찾아보기로 했다. 알고 보니 소화전은 교수가 매일 연구실에 출근하면서 여닫는 문 바로 옆에 있었다. 교수는 소화전을 몇 년에 걸쳐 반복적으로 접했지만, 연구실 쓰레기통에 불이 났을 때 소화전을 찾으러 어디로 가야 할지 배우지는 못했다.[7]

연속적인 반복 읽기는 기억을 강화하는가

반복적인 경험이 기억을 형성한다고 생각하는 오류는 여러 연구들을 통해 확립되어왔다. 이 흐름의 시작은 1960년대 중반까지 거슬러 올라가는데, 토론토 대학교의 심리학자 엔델 툴빙(Endel Tulving)이 흔한 영어 단어(명사)를 기억하는 능력을 테스트하기 시작했던 시기가 이 무렵이다. 실험의 첫 단계에 참가자들은 짝지어진 단어 여섯 쌍을 읽는다. 예를 들면 '의자-9'가 한 쌍이다. 참가자들은 이것이 기억력 테스트라는 것을 알지 못했다. 각 단어 쌍에서 앞에 오는 단어는 항상 명사였다. 여섯 쌍을 다 읽은 참가자들에게는 곧 명사의 목록을 받게 될 것이며 그 중 얼마나 기억하는지 나중에 질문을 받을 것이라고 말했다. 한 집단은 앞에서 읽은 여섯 쌍의 단어 목록을 받았고 다른 집단은 앞에 읽은 것과 다른 단어 목록을 받았다. 놀랍게도 툴빙은 두 집단의 명사 학습 결과가 다르지 않다는 사실을 발견했다. 두 집단의 학습 곡선은 통계적으로 구분되지 않을 정도였다. 직관적으로 생각하면 두 집단이 확연히 다를 것 같지만 단어에 미리 노출된 경험은 이후의 회상에 도움이 되지 않았다. 단순 반복은 학습 효과를 향상시키지 못했다. 그 후 이어진 많은 연구들은 반복 노출이나 머릿속에 생각을 오래 담고 있는 경험이 회상에 도움을 주는지 더욱 깊이 파고들었고, 반복 자체가 탄탄한 장기 기억으로 이어지지 않는다는 결과를 확인하고 면밀히 검토했다.[8]

이런 연구 결과들을 계기로 연구자들은 반복 읽기의 이점을 조사하게 되었다. 2008년 발행된 잡지 〈현대교육심리(Contemporary Educational Psychology)〉의 한 기사에서, 워싱턴 대학교의 과학자들은 워싱턴 대학교와 뉴멕시코 대학교에서 일련의 연구를 수행한 결과 반복 읽기가 산문의 이해와 기억을 도와주는 전략일 가능성이 있다고 발표했다. 대개 그렇듯이 이 연구들 역시 앞선 연구들을 참고하여 발전시킨 것들이다. 어떤 내용을 여러 번 읽으면 같은 추론을 여러 번 하게 되고 주제들 사이에서 같은 연관성을 발견하게 된다는 연구도 있었고, 반복 읽기가 어느 정도 유용하다고 주장하는 연구도 있었다.

두 가지 상황에서 반복 읽기의 이점이 있었다. 첫 번째, 일부 학생들은 교재를 읽은 후 즉시 다시 읽었고 나머지 학생들은 한 번만 읽었다. 두 집단 모두 읽기가 끝난 후 바로 시험을 보았더니 두 번 읽은 집단의 성적이 조금 더 높았다. 하지만 시간이 지난 후 시험을 보았을 때는 두 집단의 성적이 같은 수준이었다. 두 번째 상황에서 학생들은 교재를 한 번 읽고 며칠 후 다시 읽었다. 이렇게 시간 간격을 두고 교재를 반복해서 읽은 집단은 다시 읽지 않은 집단보다 성적이 좋았다.[9]

뒤이어, 앞선 연구들이 제기한 의문을 자세히 파헤치기 위해 워싱턴 대학교에서 또 다른 연구들이 수행되었다. 이번에는 수업 시간에 학생들이 경험하는 것과 같은 학습 환경에서 학습 능력이 다양한 학생들에게 반복 읽기가 어떠한 장점을 지니는지 살펴보았다. 총 148명의 학생들은 교과서와 〈사이언티픽 아메리칸(Scientific American)〉에서 뽑은 다섯 개의 지문을 읽었다. 이들은 두 학교의 재학생들로서 높은 학습 능력을 갖춘 집단과 낮은 학습 능력을 갖춘 집단으로 나뉘었고, 교재를 한 번만 읽은 집단과 연달아 두 번 읽은 집단으로 나뉘었다. 그런 후 모두 무엇을 배우고 기억했는지 알아보는 질문에 답했다.

이 실험에서 연속적인 반복 읽기는 어떤 집단, 어떤 학교에서도, 어떤 조건에서도 효과적인 학습법이 아니라고 밝혀졌다.

결론은 무엇일까? 학습 내용을 처음 읽은 후 시간 간격을 두고 다시 읽는 것은 괜찮으나, 연달아 반복 읽기는 시간이 오래 걸리고 장점이 거의 없는 학습 전략이다. 하지만 대학생을 대상으로 조사해보면 강조, 밑줄 긋기, 교재와 필기 열독이 단연코 가장 널리 쓰이는 학습 전략이다.[10]

알고 있다는 착각

반복 읽기가 대체로 효과적이지 못한데도 학생들이 그 전략을 선호하는 이유는 무엇일까? 학습에 관한 잘못된 조언 때문일 수도 있다. 하지만 알게 모르게 이런 공부 방법에 끌리는 또 하나의 이유는 앞서 언급했던 현상 때문이다. 즉 교재를 읽으면서 그 내용에 익숙해지면 그것을 완전히 소화했다는 착각에 빠지기 때문이다. 교수라면 누구나 동의하겠지만 학생들은 강의 한 마디 한 마디를 정확하게 포착하려고 애쓰며, 수업 내용을 표현한 문장 자체에 핵심이 들어 있다고 오해하는 바람에 곤욕을 치른다. 강의나 교재에 통달하는 것은 그 속에 담긴 생각을 완전히 소화하는 것과 다르다. 반복 읽기는 근본적인 생각을 완전히 소화했다는 착각에 빠지게 한다. 여기에 속아 넘어가서는 안 된다. 교재나 강의 노트에 필기한 구절을 외운다는 것이 그 내용의 중요성이나 적용, 사전 지식과의 연관성을 이해했다는 표시는 아니다.

대학 교수로서 아주 흔히 겪는 일 중 하나는 심리학 개론 수업을 들은 1학년 학생이 첫 시험에서 낮은 점수를 받고 괴로워하며 연구실로 찾아오는 일이다. 그 학생은 강의에 모두 출석하고 필기도 열심히 했다. 교재도 읽고 중요한 부분에 강조 표시도 했다. 그런데 어떻게 그런 일이 일어날 수 있을까?

교수는 학생에게 시험 준비를 어떻게 했느냐고 묻는다.

일단 학생은 필기를 처음부터 보면서 중요한 부분에 강조 표시를 하고, 내용에 완전히 익숙해질 때까지 노트 필기와 교재를 여러 번 반복해서 읽었다고 한다. 그런데 어떻게 시험에서 D를 받을 수가 있단 말인가?

그렇다면 각 장의 마지막에 나오는 핵심 개념들을 이용해서 자체적으로 시험을 보았는가? '조건 자극'과 같은 개념을 정의하고, 문단 안에서 활용할 수 있었는가? 교재와 필기를 읽으면서 핵심 내용을 질문으로 바꾸고 나중에 공부하면서 그 질문에 답하려고 해보았는가? 최소한 중심 내용을 자기만의 언어로 바꾸어 읽어본 적이 있는가? 배운 내용을 사전 지식과 연관 지으려고 했는가? 교재 밖에서 사례를 찾아보았는가? 이 질문에 대한 답은 모두 '아니요'였다.

그는 스스로 모범생이고 부족한 점을 열심히 바로잡는다고 생각하지만 사실은 효과적으로 공부하는 법을 모르는 것이다.

완벽하게 배웠다는 착각은 **상위 인지**(metacognition), 즉 자신이 무엇을 아는지에 대한 인식이 부족한 사례로 볼 수 있다. 자신이 무엇을 알고 무엇을 모르는지에 대한 정확한 판단은 의사결정에 결정적인 역할을 한다. 2002년 이라크의 대량살상무기 보유 가능성에 대한 미국 정보기관의 판단과 관련된 기자회견에서 전 국방장관 도널드 럼스펠드(Donald Rumsfeld)가 이 문제를 요약한 유명한 발언을 한 바 있다. "인식된 인식이라는 것이 있다. 이것은 우리가 무언가를 알고 있음을 알 수 있다는 말이다. 인식된 비인식도 있다. 즉 무언가를 모른다는 사실을 알 수도 있다는 말이다. 하지만 인식되지 않은 비인식은 우리가 **무언가를 모른다는 사실조차 모를 수 있다는 말이다.**"

위에서 강조한 부분은 우리 자신의 이야기다. 혼자서 문제를 내고 풀어 보지 않는 대부분의 학생들이 수업 내용을 완벽하게 소화했다고 스스로 과대평가하고 있다는 사실을 깨닫게 해야 한다. 왜 그런가? 명확함 그 자체인 수업 내용이나 교재를 접하면서 논의를 쉽게 따라가는 학생은 그 내용을 이미 알고 있다거나 공부할 필요가 없다고 느낀다. 달리 말하면 자신이 무엇을 모르는지도 모르는 경우가 많다는 얘기다. 시험을 보면 중요한 개념이 떠오르지 않는다거나 배운 내용을 낯선 맥락에서 맞닥뜨리면 응용할 수 없다는 사실을 깨닫게 된다. 이와 마찬가지로 능숙해졌다는 느낌이 들 정도로 강의 노트나 교재를 읽고 나면 배워야 할 근본적인 내용, 원칙, 함축적 의미를 파악했다거나 언제든 다시 떠올릴 수 있다는 거짓 감각(false sense)을 느끼게 된다. 요컨대 아주 성실한 학생이라도 두 가지 골칫거리에 발목을 잡히는 일이 잦다. 자신이 어떤 부분에 취약한지, 즉 실력을 더 키우도록 노력해야 하는 부분이 어디인지 모를 뿐만 아니라 지식을 완전히 소화했다는 거짓 감각을 일으키는 학습법을 선호하게 되는 것이다.[11]

지식은 충분조건은 아니지만 필요조건이다

앨버트 아인슈타인은 "창의력은 지식보다 중요하다."라고 단언했다. 메시지가 적힌 티셔츠를 입는 것도 일종의 의견 표명이라고 본다면 이러한 견해는 대학생들 사이에 널리 공유되는 듯하다. 왜 안 그렇겠는가? 창의력이 지식보다 중요하다는 견해는 명백하고 심오한 진리를 담고 있다. 창의력 없이 어떻게 과학, 사회, 경제 분야의 획기적인 발전이 가능하겠는가? 뿐만 아니라 지식 축적이 따분하게 느껴지는 반면 창의력과 관련된 것은 더 재미있어 보인다. 하지만 당연히 이러한 이분법은 옳지 않다. 신경외과 의사나 태평양 상공을 나는 비행기 기장이 "창의력은 지식보다 중요하다."라고 쓰인 티셔츠를 입고 있기를 바라는 사람은 없을 것이다. 하지만 이러한 견해는 획일적인 시험 체계에 대한 반발로서 광범위한 공감대를 형성했다. 획일적인 시험이 고차원적 기량 대신 암기를 강조하는 풍조로 이어지지 않을까 우려하는 것이다.

획일적인 시험의 문제점에도 불구하고 우리가 진실로 해결해야 할 문제는 **지식과 창의력을 함께 계발**할 수 있는 방안을 찾는 것이다. 지식이 없으면 분석, 종합, 창조적 문제 해결과 같은 고차원적 기술을 위한 기초를 닦을 수 없다. 심리학자 로버트 J. 스턴버그(Robert J. Sternberg)와 두 명의 동료는 이렇게 말했다. "적용할 만한 지식 자체가 없으면 지식을 실용적으로 적용할 수 없다."[12]

요리, 체스에서 뇌수술에 이르기까지 어떤 분야에서든 완벽한 숙달이란 개념의 이해, 지식, 판단, 기술이 서서히 누적된 결과다. 새로운 기술을 다양한 방식으로 연습하고 노력하고, 반추하고, 반복한 결과이기도 하다. 암기는 집을 짓기 위해 공사 현장에 자재를 쌓는 것과 같다. 집을 지으려면 수없이 많은 재료와 부품뿐만 아니라 헤더(header, 문이나 창의 하중을 지탱하는 구조재―옮긴이)나 지붕틀이 하중을 견디는 특성도 알아야 하고, 아이스 댐

(ice dam, 지붕 끝부분에 두껍게 맺힌 얼음 위로 물이 녹아 누수를 유발하는 현상-옮긴이)

현상을 피하기 위해 실내를 따뜻하게 유지하고 지붕을 차갑게 유지하는 데 필요한 열의 전달과 보존의 원리 같은 개념에 대한 이해도 뒤따라야 한다. 무언가에 숙달하기 위해서는 언제든 이용할 수 있는 지식과 더불어 그 지식을 사용할 수 있는 개념적 이해가 필요하다.

오른쪽 엔진을 끌 것인지 말 것인지 결정해야 했던 매트 브라운은 문제를 풀고 있는 셈이었다. 갑자기 추락할지, 착륙이 가능할 정도로 상황을 마무리할 수 있을지 예측하기 위해 엔진을 끄고 비행하는 법과 비행기가 버틸 수 있는 한계를 기억해내야 했다. 신경외과 의사를 꿈꾸는 의대 1학년 학생은 신경계, 골격계, 근육계, 상박골(어깨부터 팔꿈치까지의 뼈-옮긴이)의 구조를 모두 암기해야 한다. 이 학생이 성공하기 위해서는 성실성도 물론 중요하겠지만 제한된 시간 안에 엄청난 공부량을 소화할 수 있는 학습 전략을 찾는 것 역시 중요하다.

학습의 수단으로 시험을 활용하라

시험에 대한 이야기만큼 학생과 교사들의 신경을 곤두서게 하는 것도 드물다. 특히 최근 몇 해 동안 획일적 시험에 대한 관심이 높아짐에 따라 시험은 각 지역의 교육 목표 달성 과정에서 발생하는 좌절과 비난을 받아내는 피뢰침이 되었다. 인터넷 토론장과 뉴스 기사 페이지에서 독자들은 시험을 강조하는 분위기가 넓은 맥락을 파악하는 능력이나 창의력을 기르는 대신 암기를 조장한다고 비난한다. 시험이 과도한 스트레스를 유발하고 잘못된 척도로 실력을 측정하는 등의 부작용이 있다는 것이다. 하지만 시험이 학습을 평가하는 단순한 잣대가 아니라 배운 내용을 기억 속에서 인출하는 연습이라고 본다면 학습을 위한 수단으로 시험을 활용할 수 있는 또 다른 가능성이 열린다.

가장 눈에 띄는 연구 결과는 능동적 인출의 일종인 시험이 기억을 강화하며 **인출에 많은 노력이 들어갈수록 보상도 크다**는 내용이다. 모의 비행 훈련과 파워포인트 자료 읽기를 비교해보라. 간단한 시험과 반복 읽기를 비교해보라. 배운 내용을 기억에서 인출하는 것에는 두 가지 큰 이득이 있다. 첫 번째는 자신이 무엇을 알고 무엇을 모르는지, 집중적으로 공부해야 할 취약한 부분이 어디인지 알려준다는 점이다. 두 번째는 배운 것을 회상함으로써 기억이 탄탄해지고 기존 지식과의 연관성이 강화되어 나중에 회상하기 쉬워진다는 점이다. 실제로 인출(시험)은 망각을 막아준다.

중학교 생물학 수업을 예로 들어 살펴보자. 일리노이주 컬럼비아의 한 중학교 생물 수업에서 연구자들은 교재의 일정 범위를 정해서 부담이 적은 시험을 한 학기 동안 세 번 실시하고 학생들에게 결과를 알려주었다. 또 다른 범위 내에서는 시험을 보는 대신 세 번씩 복습하게 했다. 한 달 후 치른 시험에서 학생들은 어느 범위의 내용을 더 잘 기억했을까? 간단한 시험을 보았던 범위의 평균 점수는 A⁻였고 시험을 보지 않고 복습만 시킨 범위의 평균 점수는 C⁺였다.[13]

매트 브라운의 경우 자가용 비행기를 조종한 지 10년이 지났는데도 6개월마다 테스트와 모의 비행 훈련으로 숙련도를 높이고 있다. 그 과정에서 매트는 비행기 제어에 필수적인 정보와 조치를 인출해야 한다. 매트의 말처럼 비상사태를 겪는 일은 아주 드물기 때문에 연습을 해두지 않으면 기억을 선명하게 유지할 수 없다.

중학생을 대상으로 한 연구, 그리고 지식을 새롭게 유지하는 매트 브라운의 사례에서 요점은 필요할 때 지식을 꺼내 쓸 수 있으려면 인출 연습의 역할이 아주 중요하다는 것이다. 능동적 인출의 힘은 2장에서 다룰 것이다.[14]

우리는 잘못된 방식으로 배우고 있다

우리는 대개 잘못된 방식으로 학습하고 있으며, 다음 세대에게도 잘못된 조언을 해주고 있다. 우리가 학습 방식과 관련하여 안다고 생각하는 것은 대부분 실증적 연구가 아니라 들은 이야기와 직관에 바탕을 둔다. 계속해서 '안다'는 착각에 빠져 있으면 비생산적인 전략에 빠져들게 된다. 3장에서 자세히 말하겠지만 심지어 실증적 연구에 참여했거나 직접 증거를 확인한 사람들도 이런 착각에 빠진다. 착각에는 엄청난 설득력이 있다. 학습자가 기를 수 있는 좋은 습관 중 하나는 주기적으로 자신에게 문제를 내서 무엇을 알고 무엇을 모르는지 측정하는 것이다. 8장에 다시 등장할 인물인, 2013년 육군사관학교를 졸업하고 로즈(Rhodes) 장학금을 받은 카일리 헌클러(Kiley Hunkler) 소위는 연습 시험을 보고 공부에 다시 집중하는 과정을 '방위각 맞추기'라고 표현한다. 육로를 탐색할 때 방위각을 맞춘다는 것은 높은 곳에 올라가서 이동 방향의 지평선에 있는 대상을 보고, 숲을 헤치고 나아가면서 목표물에 가까워지도록 나침반을 조정하는 것이다.

다행히 우리는 이제 간단하고 실용적인 전략을 알게 되었다. 연령에 관계없이 누구나 사용할 수 있으며 지식을 더 잘 배우고 오래 기억할 수 있는 전략은 다양한 형태의 인출 연습이다. 여기에는 부담 없는 자체 시험과 간단한 쪽지시험, 시간 간격을 두고 하는 연습, 연관성 있는 다양한 주제를 번갈아 복습하는 교차 연습, 해법을 배우기 전에 문제 풀어보기, 문제 유형을 결정하는 근본 원칙이나 규칙성 뽑아내기 등이 있다. 다음 장부터는 이 전략들을 자세히 살펴볼 것이다. 학습은 전에 배운 내용을 다시 접하고 꾸준히 새로운 정보를 덧붙이며 새로운 지식과 연결해야 하는 상호작용이므로 책 전체에 걸쳐 이러한 주제들이 순환하며 제시될 것이다. 마지막 8장에서는 이 전략들이 효과를 발휘할 수 있도록 구체적인 조언과 사례들을 함께 논의한다.

2장

배우려면 먼저 인출하라

- 반추는 그 자체로 연습이다
- 기억에 매듭을 짓는 인출 효과
- 연구로 입증된 시험 효과
- 교육 현장에서 입증된 시험 효과
- 시험 효과를 한층 강화하려면?

2011년 말 어느 오후, 전화를 받고 응급실로 불려온 마이크 에버솔드(Mike Ebersold)는 위스콘신의 옥수수 밭에서 의식을 잃고 발견된 사슴 사냥꾼을 진찰하게 되었다. 뒤통수에서 피를 흘리는 환자를 발견해 병원으로 데려온 사람은 그가 비틀거리다가 무언가에 두개골이 깨진 것 같다고 했다.

신경외과 의사인 에버솔드는 뇌가 튀어나와 있는 환부를 보고 총상임을 알아보았다. 응급실에서 의식이 돌아온 사냥꾼에게 어떻게 다쳤느냐고 물어보니 모르겠다고 대답했다.

나중에 그 사건을 이야기하면서 에버솔드는 이렇게 말했다. "조금 떨어진 곳에서 아마도 12구경 산탄총으로 쏘았을 겁니다. 얼마나 떨어진 곳이었는지는 신만이 아시겠지만, 날아간 총알이 그 남자 뒤통수에 맞아 두개골을 부수고 뇌 속에 1인치 정도 박혔어요. 힘이 빠져서 그 정도였지 안 그랬으면 더 깊이 들어갔겠죠."[1]

키가 크고 호리호리한 체격의 에버솔드는 워파샤라는 이름의 다코타 족장과 로크라는 프랑스 모피 무역상의 후손이다. 그들이 살던 미시시피 강 계곡에는 나중에 메이요 형제가 그 유명한 메이요 병원을 세웠다. 에버솔드는 대학교 4년, 의대 4년, 신경외과 수술 훈련 7년을 포함한 정식 교육을 받으면서 지식과 기술의 기초를 다졌다. 그리고 계속되는 의과대학 수업, 동료들과의 협업, 메이요 클리닉과 다른 병원에서의 실습을 통해 그 지식과 기술을 넓고 깊게 연마했다. 에버솔드는 행세깨나 하는 환자들이 치료받으려고 줄을 선 것이 무색하리만큼 중서부 특유의 겸손함을 갖춘 사람이다. 로널드 레이건 전 대통령이 낙마한 뒤 부상을 치료하러 왔을 때 에버솔드도 수술과 사후 치료에 참여했다. 아랍에미리트 전 대통령인 셰이크 자예드 빈 술탄 알 나흐얀이 그 나라 정부 각료의 절반은 될 것 같은 무리와 보안 부대를 이끌고 까다로운 척추 치료를 받으러 와서 로체스터에 머물렀을 때도 에버솔드가 치료하고 회복을 지켜보았다. 그는 메이요에서 오랫동안 근무한 후 은혜를 갚는 마음으로 예전에 수련했던 위스콘신의 병원에 도움이 되기 위해 돌아왔다. 불운하게 12구경 산탄총에 맞은 사냥꾼이 실려온 날, 마침 에버솔드가 근무 중이었으니 사냥꾼은 오히려 운이 좋았다고 해야 할지도 모르겠다.

총알은 두개골 안쪽, 큼직한 정맥동이 있는 곳까지 들어갔다. 정맥동은 부드러운 조직으로 된 혈관으로 뇌 안쪽의 공간에서 피가 빠져나갈 수 있게 한다. 사냥꾼을 진찰하던 에버솔드는 상처를 열어보았을 때 경험상 이 정맥이 찢어졌을 가능성이 높다고 판단했다. 그는 당시 상황을 이렇게 설명했다.

속으로 이렇게 말하는 거죠. '이 환자는 수술을 받아야 할 거야. 상처로 뇌가 튀어나와 있네. 깨끗이 닦고 최선을 다해 치료해야겠지만, 그 과정에서 큰 정맥을 건드릴 수 있어. 그러면 아주 심각한 상황이 될 거야.' 그래서 항목을 만들어 하나씩 체크합니다. 이런 식이죠. '수혈이 필요할지도 모르겠어.'라고 생각하고 혈액을 준비합니다. A, B, C, D단계를 하나씩 검토합니다. 수술실을 준비하고 혹시나 마주치게 될지 모르는 상황을 미리 말해둡니다. 이건 경찰이 차를 불러세울 준비를 하는 것과 아주 비슷한 일종의 절차예요. 이런 상황에 대해 책에 뭐라고 쓰여 있는지 알고, 그 단계들을 이미 한 번씩 머릿속으로 거친 상태가 되는 거죠.

이제 수술실에 도착합니다. 아직 그 단계들에 대해 생각할 시간이 있는 상태예요. '흠, 큰 출혈이 생길 수도 있으니 마구잡이로 총알을 끄집어내고 싶지는 않아. 건드려도 되는 부분부터 손을 쓰고, 일이 잘못되어도 대처할 수 있는 상황이 되면 총알을 꺼내야겠다.'

알고 보니 총알과 뼛조각이 정맥에 박혀 출혈을 막는 역할을 하고 있었다. 사냥꾼에게 또 한 번 찾아온 행운이었다. 상처가 그렇게 막히지 않은 채로 들판에 있었다면 2, 3분도 버티지 못했을 것이다. 에버솔드가 총알을 제거하는 동안 뼛조각이 하나하나 줄어들자 정맥에서 피가 솟기 시작했다. "5분도 되지 않아 혈액 주머니 두 개 정도의 출혈이 생겼어요. 이제 대안을 하나하나 생각할 수 있는 상태에서 벗어나 반사적이고 기계적인 단계가 됩니다. 출혈이 아주 커질 걸 알기 때문에 시간이 없어요. 이렇게 생각할 뿐이죠. '이 주변을 봉합해야겠다. 전에 해봐서 이렇게 해야 한다는 걸 알고 있으니까.'"

작은 손가락만 한 이 정맥은 1.5인치 정도 간격으로 여러 군데 찢어져 있었다. 파열된 부위를 위아래로 묶어야 했지만 이것은 에버솔드가 잘 아는 평면적 구조였다. 꿰매면서 정맥을 팽팽히 당기면 조직이 찢어져 지혈을 위해 묶어둔 부분이 새기 때문에 그 주변을 그냥 꿰매버리면 안 된다. 에버솔드는 예전에 이 정맥과 관련된 수술을 하면서 만들어낸 기법에 의지하여 급히 기계적으로 손을 썼다. 수술을 위해 절개한 피부에서 작은 근육 조각을 두 개 떼어내 수술 부위로 가져와서 찢어진 혈관 끄트머리에 꿰맸다. 근육으로 된 마개는 혈관의 모양을 찌그러뜨리거나 조직을 찢지 않고 혈관을 막는 역할을 했다. 이 방법은 에버솔드 스스로 배운 것이었다. 그의 말에 따르면 어떤 책에도 쓰여 있지 않지만 그와 같은 순간에 정말로 유용한 기술이라고 한다. 그 조치를 취하는 약 60초 동안 환자는 200cc의 피를 더 흘렸지만 일단 제자리에 마개가 들어가자 출혈이 멈추었다.

"이 정맥동이 막혔을 때 버티지 못하는 사람들도 있어요. 피가 제대로 빠져나가지 못하기 때문에 뇌압이 높아지거든요. 그렇지만 이 환자는 버텨낼 수 있었으니 운이 좋은 사람이었죠." 사냥꾼은 일주일 뒤 퇴원했다. 주변시(peripheral vision, 시야의 주변부를 보는 시력−옮긴이)에 약간의 손상이 있었지만 그 외에는 죽음의 문턱까지 갔던 사람치고 놀라울 정도로 온전했다.

반추는 그 자체로 연습이다

학습과 기억의 원리와 관련하여 이 이야기가 시사하는 바는 무엇일까?

신경외과 수술에서, 그리고 분명 태어나는 순간부터 삶의 모든 측면에서 그렇듯이 우리는 개인적 경험을 돌아봄으로써 아주 중요한 학습을 하게 된다. 에버솔드는 그것을 이런 식으로 풀어 설명했다.

> 어려운 수술을 하다 보면 뭔가 떠오를 때가 여러 번 있습니다. 밤에 집에 돌아와서는 그날 무슨 일이 있었는지, 내가 무엇을 할 수 있었는지, 예를 들면 봉합을 더 잘할 수 있는 방법이 있었는지 생각해봅니다. 바늘땀을 좀 더 크게 하거나 작게 하려면 어떻게 해야 할까? 봉합을 더 촘촘히 해야 할까? 이렇게 혹은 저렇게 바꿔보면 어떨까? 그 다음날에는 생각했던 것을 실행해보고 효과가 있는지 지켜봅니다. 다음날이 아니더라도 최소한 그것에 대한 생각을 계속 하면서 강의나 다른 사람의 수술 장면에서 배운 것들을 떠올립니다. 배우면서 놓친 부분을 내 나름대로 덧붙여 보완하기도 하죠.

반추, 즉 돌이켜보는 행위에 포함된 몇 가지 인지적 활동은 탄탄한 학습으로 이어진다. 이러한 인지적 활동에 해당하는 것은 **전에 배운 지식과 훈련 내용을 인출하기, 이것을 새로운 경험과 연결하기, 다음에 시도해볼 다른 방식을 시각화하고 머릿속에서 연습하기** 등이다.

에버솔드가 뒤통수의 정맥동을 치료하면서 새로운 기법을 시도할 수 있었던 것도 따지고 보면 이 반추에서 시작되었다. 그는 반사적인 행동이 될 때까지 이 기법을 수술실과 머릿속에서 연습했다. 그 결과 환자가 1분에 200cc씩 피를 뿜어낼 때도 당황하지 않고 그 기법에 의지하여 치료할 수 있었다.

에버솔드는 새로 배운 지식을 필요할 때 사용할 수 있으려면 "그 상황

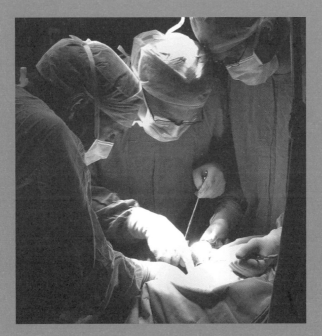

수술할 때 고려할 것들이나 변수들을 평소에 꾸준히 A, B, C, D 단계별로
머릿속에 떠올리고 반추하는 습관을 들이면, 수술하면서 위급한 상황이
닥쳤을 때 생각하기 전에 반사적으로 정확한 조치를 취할 수 있다.

에서 걱정해야 하는 사항들을 A, B, C, D단계로 나누어 암기하고” 연습해야 한다고 한다. 그런 후 급박한 상황이 오면 그때는 단계별로 생각할 것이 아니라 반사적으로 정확한 행동을 취해야 한다. “이 처치를 꾸준히 떠올리지 않으면 반사적인 행동이 될 수 없습니다. 급박한 상황에 놓인 자동차 경주 선수나 태클을 피하는 쿼터백처럼, 생각하기 전에 반사적으로 행동해야 하죠. 꾸준히 떠올리고 꾸준히 연습하는 겁니다. 그게 중요해요.”

기억에 매듭을 짓는 인출 효과

한 아이가 크랜베리를 실에 꿰어 나무에 걸쳐놓지만 열매는 곧 한쪽으로 빠져버리고 만다. 매듭이 없으면 한 줄로 꿰어놓을 수 없다. 매듭이 없으면 목걸이가 될 수도 없고, 비즈가 달린 지갑이 될 수도 없고, 아름다운 벽장식이 될 수도 없다. 인출은 기억에 매듭을 짓는다. 반복된 인출은 기억을 붙들어두고 더욱 빨리 인출할 수 있는 회로를 추가한다.

거슬러 올라가면 1885년부터 심리학자들은 머릿속에서 크랜베리가 얼마나 빨리 빠져나가는지 보여주는 ‘망각 곡선’을 그리기 시작했다. 우리는 듣거나 읽은 것의 70퍼센트를 아주 빠르게 잊어버린다. 그 후 망각의 속도가 느려지므로 나머지 30퍼센트는 비교적 천천히 빠져나간다. 하지만 여기서 깨달아야 할 점은 분명하다. 학습 방식을 개선하고자 한다면 가장 중요한 목표는 망각을 방해하는 방법을 찾는 것이다.[2]

학습의 수단으로서 인출의 힘은 심리학자들 사이에서 **시험 효과**로 알려져 있다. 시험은 흔히 학습 성과를 평가하고 학교에서 성적을 매기는 데 쓰인다. 하지만 우리는 기억에서 지식을 인출하는 행위가 그 지식을 다시 떠올리기 쉽게 해주는 효과가 있음을 오래전부터 알고 있었다. 아리스토 텔레스는 이렇게 적었다. "어떤 것을 상기하는 연습을 계속하면 기억이 강화된다." 프랜시스 베이컨도 이 현상에 대해 거론했고, 심리학자 윌리엄 제임스도 마찬가지였다. 오늘날 우리는 단순히 원본을 반복해서 접할 때보다 인출 연습이 훨씬 탄탄한 학습으로 이어진다는 사실을 실증적 연구를 통해 안다. 이것이 인출-연습 효과로도 알려진 시험 효과다.[3]

인출이 최대의 효과를 발휘하게 하려면 생각 없이 되뇌는 데 그치지 말고 어느 정도 인지적 노력을 들여 간격을 두고 반복해서 회상해야 한다. 회상을 반복하면 기억이 단단한 개념으로 뇌에 통합되기 쉬우며 나중에 그 지식이 인출되는 신경 회로가 강화되고 크게 증가하는 듯하다. 최근 수십 년 동안 수행된 연구들은 마이크 에버솔드를 비롯하여 노련한 쿼터백, 제트기 조종사, 문자를 보내는 십대 청소년이라면 누구나 경험적으로 알고 있는 사실을 입증했다. 즉 인출을 반복하면 지식과 기술이 머릿속에 새겨져서 반사적으로 튀어나온다는 사실이다. 생각할 시간을 갖기 전에 뇌가 먼저 움직이는 것이다.

연구와 개인적 경험들은 시험이 학습의 수단으로서 어떤 힘을 발휘하는지 알려준다. 하지만 기존의 교육 환경에서 교사와 학생들은 시험을 그런 용도로 이해하거나 활용하는 경우가 드물다. 오히려 그 반대에 가깝다.

2010년 〈뉴욕타임스〉는 교재를 한 번 읽은 다음 그 내용에 대한 시험을 한 번 본 학생들이 시험을 보지 않은 학생에 비해 일주일 후 50퍼센트의 정보를 더 기억하고 있다는 놀라운 과학 연구를 소개했다. 좋은 소식인 것 같았지만, 이 기사에 대한 인터넷상의 반응은 대개 이러했다.

"또 어떤 기자가 기억력과 학습을 혼동하는 모양이네."

"개인적으로 시험이라면 최대한 피하고 싶어. 특히 점수가 안 나올 것 같은 때는 더하지. 스트레스 받는 상황에서 공부하려고 해봐야 머릿속에 잘 들어오지도 않아."

"시험 연습으로 암기를 더 잘할 수 있는지 없는지에 누가 관심이 있겠어? 애들이 지금보다 더 많이 할 순 없어."[4]

'암기는 무시해도 된다.' 많은 댓글들은 이렇게 주장했다. 교육은 고차원적 기량을 배양해야 하므로 암기는 무시하라는 말이었다. 과연 그럴까? 암기가 복잡한 문제 해결과 무관하다면 신경외과 의사는 뭐라고 할까? 오직 학습의 평가 목적으로만 획일화된 '단순 잣대'인 시험에 대해 많은 사람들이 불만을 느끼는 것은 당연하다. 하지만 그런 시각을 가지면 가장 효과적인 학습 도구 중 하나를 간과하게 된다. 기본적인 지식 습득과 창의적 사고의 계발을 맞서게 하는 것은 잘못된 선택이다. 둘 다 장려되어야 한다. 쉽게 접할 수 있는 주제에 대한 지식이 풍부할수록 낯선 문제를 다루는 데 창의력이 더욱 섬세한 영향력을 발휘한다. 지식만 많고 상상력과 독창성이 부족한 경우와 마찬가지로 지식의 탄탄한 토대가 없는 창의력 역시 모래성에 불과하다.

연구로 입증된 시험 효과

시험 효과는 실증적 연구로 탄탄히 뒷받침되고 있다. 첫 번째 대규모 연구는 1917년에 발표되었다. 연구에 참가한 3, 5, 6, 8학년 학생들은 『미국 인명사전(Who's Who in America)』에 실린 짧은 전기들을 공부했다. 일부는 자료를 보고 그 내용을 속으로 암송해야 했다. 나머지 학생들은 자료를 그냥 다시 읽었다. 마지막에 모든 학생들은 기억나는 것을 적었다. 이 회상 시험은 서너 시간 후에 되풀이되었다. 암송을 한 학생들은 암송하지 않고 그냥 복습만 한 학생에 비해 더욱 많은 내용을 기억했다. 이 중 공부 시간의 60퍼센트를 암송하는 데 쓴 경우 가장 좋은 성적을 거두었다.

주목할 만한 연구 중 두 번째는 1939년 발표되었으며 아이오와에서 3000명 이상의 6학년 학생이 참여했다. 이 아이들은 600단어로 쓰인 지문을 공부한 다음 두 달 후 최종 시험을 보기 전까지 여러 번 시험을 보았다. 이 연구에서는 두 가지 흥미로운 결과가 나왔다. 첫째, 첫 시험을 보기 전까지의 간격이 길수록 망각이 심해졌다. 둘째, 일단 시험을 보고 나면 망각이 거의 멈추었으며 이후의 시험에서 성적이 거의 떨어지지 않았다.[5]

1940년 전후로 학계의 관심은 망각 연구로 옮겨가고 인출 연습과 학습 수단으로서의 시험의 잠재력에 대한 연구는 시들해졌다. 연구에서 시험을 이용하는 일도 줄어들기는 마찬가지였다. 시험은 망각을 방해하므로 망각을 측정하는 도구로서 시험을 사용할 수 없다. 시험을 본다는 것 자체가 주제를 '오염시키기' 때문이다.

시험 효과에 대한 관심은 1967년의 한 연구에 힘입어 다시 떠올랐다. 이 연구에서는 36개의 단어 목록을 보고 나서 여러 번 시험을 본 참가자와 반복해서 공부한 참가자의 학습 수준이 비슷하다는 결과가 나왔다. 시험이 공부와 비슷한 학습 효과를 낸다는 이 연구 결과는 기존의 인식에 도전하는 한편 연구자들이 학습 도구로 쓰이는 시험의 잠재력에 관심을 돌리게 했고 시험 효과 연구에 불을 붙였다.

1978년, 연구자들은 '몰아서 공부하기(벼락치기)'가 당장의 시험에서는 높은 점수를 얻을 수 있게 해주지만 인출 연습에 비해 결과적으로 쉽게 지식을 잊어버리는 방법임을 발견했다. 첫 시험 이틀 후에 치른 두 번째 시험에서 벼락치기 공부를 한 참가자들은 첫 시험에서 기억한 정보의 50퍼센트를 망각한 반면, 같은 시간 동안 공부 대신 인출 연습을 한 참가자들은 13퍼센트만 망각했다.

여러 차례 시험을 보면 장기적인 기억력에 어떤 영향을 미치는지 알아보기 위한 실험이 이어졌다. 학생들은 60개의 구체적인 사물 이름이 언급되는 이야기를 듣게 된다. 이 중 이야기를 듣고 바로 시험을 본 학생들은 첫 시험에서 사물의 53퍼센트를 기억해냈고 일주일 후에는 39퍼센트를 기억했다. 반면 같은 자료를 배우고 일주일 동안 시험을 보지 않은 학생들은 28퍼센트를 기억했다. 단 한 번의 시험이 일주일 후 11퍼센트만큼 성과를 높여준 것이다.

그럼 세 번 시험을 본다면 한 번 시험을 보는 경우와 비교하여 어떤 효과가 있을까? 자료를 접한 후 시험을 세 번 본 또 다른 집단의 학생들은 일주일 후 53퍼센트를 기억해냈다. 시험을 한 번 본 학생들이 첫 시험에서 기록한 성적과 같다. 시험을 세 번 본 집단은 한 번 본 집단에 비해 사실상 망각에 '면역력이 생긴' 셈이다. 이 연구 결과와 같이 여러 번의 인출 연습은 한 번의 연습에 비해 일반적으로 더 나은 성과를 거두며, 특히 연습 사이에 시간적 간격이 있을 때 더욱 그렇다.[6]

또 다른 연구에서는 참가자에게 철자가 빠진 부분을 채우게 하는 것이 단어를 더 잘 기억하게 한다는 결과가 나왔다. 단어를 짝지어 목록을 만들었다고 해보자. 'foot-shoe(발-신발)'라는 단어쌍을 그대로 본 참가자는 'foot-s_e'와 같이 명백한 단서가 있는 단어쌍을 본 참가자에 비해 회상 비율이 낮았다. 이 실험은 연구자들이 '**생성 효과**(generation effect)'라고 부르는 것을 보여주는 예다. 빈 부분을 채우는 데 필요한 적당한 노력이 목표 단어(shoe)에 대한 기억을 강화한 것이다. 흥미롭게도 이 연구에서는 중간에 끼워넣은 20개의 단어쌍 때문에 인출 연습이 지연되면 곧바로 인출 연습을 했을 때보다 목표 단어의 회상 비율이 높아진다는 사실이 밝혀졌다.[7] 왜 그런 것일까? 여기에 대해서는 시간 간격을 두고 회상해내려면 노력이 더 많이 필요하므로 기억이 더욱 공고해진다는 해석이 있었다. 이제 연구자들은 시험의 간격이 중요한 것인지 궁금해 하기 시작했다.

답은 '그렇다'이다. **시간 간격을 두고 인출 연습**을 함으로써 시험 사이사이에 어느 정도 망각이 일어나게 하면 몰아서 연습할 때보다 더욱 오랫동안 확실하게 기억을 유지할 수 있다.

연구자들은 의문점들을 실험실이 아닌 교실로 가져가서, 학생들이 학교에서 배워야 하는 자료를 가지고 연구할 기회를 엿보기 시작했다.

교육 현장에서 입증된 시험 효과

2005년, 동료들은 일리노이 컬럼비아 근처의 중학교 교장인 로저 챔벌린(Roger Chamberlain)에게 우리의 계획을 제안했다. 인출 연습의 긍정적 효과는 실험실의 통제된 환경에서 여러 번 입증되었지만 일반적인 수업 환경에서는 그럴 기회가 드물었다. 컬럼비아 중학교의 교장, 교사, 학생,

학부모는 시험 효과가 '현장'에서 어떠한 효력을 발휘할지 알아보려는 연구에 흔쾌히 참여할 것인가?

챔벌린 교장은 우려를 표했다. 단순 암기에 관한 연구라면 별로 흥미가 없다고 했다. 챔벌린의 목표는 학생들이 더 상위 형태의 학습, 그의 표현대로라면 분석, 종합, 응용을 할 수 있도록 하는 것이었다. 또한 교과 과정을 준비하고 다양한 교수법을 갖춘 열정적인 교사들에게 피해를 주지 않을까 하는 우려도 있었다. 한편으론 연구 결과가 유익할 가능성이 있었고 참여 학급과 교사에게는 스마트보드(smart board, 필기, 복사, 저장 등이 가능한 전자기기로 흔히 전자 칠판으로 통함―옮긴이)와 자동화된 응답 장치인 클리커스(clickers, 휴대전화처럼 생긴 손바닥만 한 원격조종장치로 학생들이 이 무선 넘버패드가 달려 있는 작은 무선기기와 각각 주어진 터치스크린 화면을 통해 수업에 직접 참여할 수 있다.―옮긴이)를 제공할 예정이었다. 다들 알다시피 학교 현장에서 신기술에 돈을 들이기란 쉬운 일이 아니다.

6학년 사회 과목 교사 패트리스 베인은 연구에 참여해보고 싶은 마음이 굴뚝같았다. 연구자에게 학교 교실에서 연구할 수 있는 기회는 결코 놓칠 수 없는 것이었기 때문에 학교 측이 내건 조건은 받아들여졌다. 연구는 기존의 교과 과정, 수업 계획, 시험 형식, 교육 방식을 벗어나지 않고 개입도 최소화하기로 했다. 수업에서 유일하게 달라질 점은 가끔 짧은 시험을 보겠다고 안내하는 것뿐이었다. 연구는 1년 반, 세 학기에 걸쳐 수행되며 고대 이집트, 메소포타미아, 인도, 중국 같은 주제를 포함하는 사회 교과서의 몇 단원을 다룰 예정이었다. 이 프로젝트는 2006년에 시작되었고, 훌륭한 결정이었음이 곧 입증될 것이었다.

연구 보조를 맡은 푸자 아가왈은 사회 수업이 진행되는 여섯 학급에서 교사가 가르친 내용 중 3분의 1 정도를 다루는 문제를 냈다. 이것은 '부담이 없는', 즉 성적에 반영되지 않는 퀴즈였다. 학생들이 퀴즈를 푸는 동안 교사는 그 내용을 알지 못하도록 교실 밖에 있었다. 수업이 시작할 때 보는 첫 번째 퀴즈는 과제로 받은 읽기 자료에 대한 것이었고 수업 시간에 아직 다루지 않은 내용이었다. 두 번째 퀴즈는 교사가 수업한 내용에 관한 퀴즈로 수업이 끝날 무렵에 보았다. 복습 퀴즈는 단원별 시험을 보기 24시간 전에 실시되었다.

기말 시험에서 학생들이 퀴즈에 나오지 않은 내용보다 퀴즈에 나온 내용에서 더 좋은 점수를 받는다면 인출 연습 때문이 아니라 단순히 퀴즈에서 접한 자료에 다시 노출되었기 때문이라는 주장이 나올 우려가 있었다. 이 가능성을 배제하기 위해, 퀴즈가 아닌 서술 형태의 자료들을 퀴즈와 함께 제시했다. 이 부분은 다음과 같이 인출이 필요하지 않은 형태로 언급되었다. "나일 강에는 두 줄기 주요 지류가 있다. 백(white)나일 강과 청(blue)나일 강이다." 같은 문제에 대해 일부 학급에서는 퀴즈를 보고 나머지 학급에서는 그냥 복습만 했다.

수업 시간에 보는 퀴즈는 몇 분밖에 걸리지 않았다. 교사가 교실에서 나가면 아가왈은 교실 앞쪽의 칠판에 슬라이드를 몇 개 비추고 학생들에게 읽어준다. 각 슬라이드에는 객관식 문제나 사실을 서술한 문장이 쓰여 있다. 문제가 적힌 슬라이드가 나오면 학생들은 클리커스를 사용해서 A, B, C, D 중 답을 고른다. 피드백을 제공하고 오류를 바로잡아주기 위해, 학생들이 모두 응답하면 정답이 적힌 슬라이드를 보여준다. 퀴즈가 진행될 때 교사는 자리를 비우지만 만약 교사가 이 퀴즈를 진행했다면 학생들이 얼마나 학습 자료를 이해하는지, 퀴즈 결과를 지침 삼아 더 깊이 공부하는

일반적으로 학생들은 시험이라는 것을 싫어한다. 시험은 흔히 학습 성과를 평가하고 성적을 매길 때 쓰인다. 하지만 단순한 반복 학습보다 인출 연습이 훨씬 더 탄탄한 학습으로 이어지며 이것이 바로 시험 효과다.

능력이 얼마나 향상되는지 바로 알 수 있었을 것이다.

단원별 시험은 교사가 출제하고 종이와 필기도구를 사용하는 평범한 시험이었다. 학기말과 연말에 보는 시험도 있었다. 학생들은 수업, 과제, 연습 문제지 등을 통해 이 시험들의 출제 범위인 모든 자료에 노출되었다. 하지만 그것의 3분의 1 정도는 퀴즈에 세 번 나왔고 나머지 3분의 1은 추가적으로 세 배 더 공부하도록 서술 형태로 제시되었으며, 나머지 3분의 1은 그동안 퀴즈에도 나오지 않고 추가로 노출되지도 않은 부분이었다.

결과는 아주 흥미로웠다. 퀴즈를 본 부분에서는 퀴즈를 보지 않은 부분에 비해 한 등급 높은 성적이 나왔다. 퀴즈는 보지 않았지만 세 번에 걸쳐 서술 형태로 제시되어 일종의 복습을 한 부분은 전혀 복습하지 않은 부분과 성적이 비슷했다. 다시 말하지만 이처럼 단순한 반복 읽기는 별로 도움이 되지 않는다.

2007년, 이 연구는 유전, 진화, 해부를 배우는 8학년 과학 수업까지 포함하여 진행되었다. 진행 과정은 같았고 결과도 똑같이 인상적이었다. 학기말 시험에서, 퀴즈를 보지 않은 부분의 성적은 평균 79퍼센트(C+)였고 이에 비해 퀴즈를 본 부분의 성적은 평균 92퍼센트(A-)였다.

시험 효과는 8개월 후 연말에 치른 시험까지 지속되었고, 많은 실험실 연구에서 인출 연습의 장기적 이득에 대해 밝혀진 사실들이 입증되었다. 그 사이 몇 달 동안 한 달에 한 번씩 인출 연습이 계속되었다면 효과가 더욱 두드러지게 발휘되었을 것이라는 데 의심의 여지가 없다.[8]

이 연구의 시사점은 컬럼비아 중학교에서 일하는 많은 교사들의 머릿속에 깊이 새겨졌다. 연구가 끝난 지 오랜 시간이 지난 지금도 패트리스 베인이 맡은 6학년 사회 수업에서는 수업 전, 수업 후, 단원별 시험 전에 퀴즈를 본다. 8학년 역사 과목을 맡은 존 워렌버그는 연구에 참여하지 않았지만 퀴즈를 포함한 여러 가지 형태로 인출 연습 일정을 짜 수업에 적용하고 있으며 자신의 웹사이트에서 플래시 카드와 게임 등의 자료도 제공하고 있다. 예를 들면, 워렌버그가 가르치는 학생들은 노예 제도의 역사에 대해 읽고 나서 자료를 읽기 전에 몰랐던 점 열 가지를 써야 한다. 인출 연습에 반드시 디지털 기기가 필요한 것은 아니다.

읽기 능력과 독해력 향상이 필요한 6학년과 7학년 학생 일곱 명이 최근 한동안 미셸 스피비의 국어 수업을 들었다. 재미있는 이야기가 실린 책을 펴고 앉은 아이들은 각자 한 문단씩 소리를 내서 읽었다. 한 학생이 더듬거리자 스피비는 그 부분을 다시 읽어보게 했다. 학생이 제대로 읽은 다음, 스피비는 학생들에게 그 문단의 의미를 설명하게 하고 등장인물이 어떤 심정이었을지 말해보라고 했다. 인출과 정교화 연습을 시킨 셈이다. 다시 말하지만 첨단 기술은 필요하지 않다.

컬럼비아 중학교에서 실시되었던 퀴즈는 부담스러운 게 아니었다. 연구가 종료된 뒤 학생들에게 설문조사를 실시했다. 64퍼센트의 학생들은 퀴즈가 단원별 시험에 대한 불안을 줄여주었다고 답했고 89퍼센트는 퀴즈가 학습에 도움이 되었다고 답했다. 또한 아이들은 클리커스를 사용하지 않게 되어 아쉽다고 했다. 그 활동은 교사의 강의라는 수업 형식에서 벗어난, 그 자체로 재미있는 일이었기 때문이다.

챔벌린 교장은 연구 결과가 암시하는 바에 대해 어떻게 생각하느냐는 질문에 간단히 답했다. "인출 연습은 아이들 학습에 지대한 영향을 미칩니다. 이 실험을 통해 우리는 이것이 굉장히 가치 있다는 점을 알게 되었고, 교사들이 이 교육 기법을 받아들일 정도로 현명하다는 점도 알게 되었습니다."[9]

중학생보다 나이가 많은 사람들에게서도 비슷한 효과가 나타날까?

앤드루 소벨은 세인트 루이스 워싱턴 대학교에서 국제정치경제학을 가르친다. 그의 수업에 들어오는 인원은 160명에서 170명 정도로 주로 1, 2학년생들이다. 몇 년 동안 그는 출석률이 점점 떨어진다는 사실에 신경이 쓰였다. 학기 초에는 결석하는 학생이 10퍼센트 정도였지만 학기 중간쯤 되면 보통 25~35퍼센트가 결석을 했다. 소벨의 말에 따르면 그 혼자서만 이 문제를 겪고 있는 것이 아니었다. 학생들에게 파워포인트 자료를 제공하는 교수들이 많았기 때문에 학생들은 더 이상 수업을 들으러 오지 않았다. 소벨은 자료를 주지 않는 조치로 저항했지만 그렇게 해도 학기 말쯤 되면 나타나지 않는 학생들이 많았다. 수업 계획서에는 중요한 시험 두 번, 중간고사와 기말고사를 본다고 되어 있었다. 출석률에 영향을 미칠 방법을 찾던 소벨은 두 번의 큰 시험 대신 예고 없이 쪽지시험을 아홉 번 보기로 했다. 이 쪽지 시험은 사전에 알려주지 않았고 성적에도 반영되었기 때문에 현명한 학생이라면 수업에 나타날 터였다.

결과는 참담했다. 그 학기에도 3분의 1, 혹은 그 이상이 결석을 했다. 소벨은 이렇게 말했다. "수업 평가에서 완전히 욕을 먹었어요. 학생들은 그걸 싫어했죠. 쪽지시험을 잘 못 봤다 싶으면 계속 나쁜 점수를 받으니 아예 수강을 중단하더라고요. 남아 있는 아이들은 딱 두 부류로 나뉘었어요. 제대로 수업에 들어오고 시험도 보는 아이들, 그리고 그렇지 않은 아이들. 저는 전에 줘본 적 없는 A⁺를 주게 되었고, C도 전보다 더 많이 주게 되었어요."[10]

거센 반발에 부딪힌 소벨은 실험을 중단하고 중간고사와 기말고사를 보는 예전의 체계로 돌아갈 수밖에 없었다. 하지만 2년 후 시험이 학습에 미치는 긍정적인 영향에 대한 설명을 듣고 나서는 학기 중에 중요한 시험을 하나 더 추가하고 학습에 어떤 영향을 미칠지 지켜보았다. 약간 나아졌지만 소벨이 기대한 만큼은 아니었고 출석률 문제도 여전했다.

소벨은 고심 끝에 수업 계획서를 한 번 더 바꾸었다. 이번에는 학기 중 쪽지시험을 아홉 번 본다고 하기는 했지만 그 시기를 명시했다. 기습 시험을 보지 않는 것은 물론, 중간고사와 기말고사도 없앴다. 강의 시간을 그만큼 줄이고 싶지 않았기 때문이다.

수강생이 급격히 줄어들 것이라고 두려워했지만, 실제로는 수강생이 약간 늘었다. "학생들이 싫어했던 깜짝 시험과 다르게 이번에는 강의 계획서에 다 적혀 있었어요. 시험을 놓치면 온전히 자기 잘못이죠. 제 탓도 아니고 운이 나쁜 탓도 아니죠. 학생들은 그걸 편하게 느끼더라고요." 소벨은 출석률도 개선되었다는 사실에 만족했다. "쪽지시험이 없는 날은 학생들이 수업을 건너뛰기도 해요. 봄 학기에는 특히 더하죠. 하지만 시험이 있는 날은 수업에 들어옵니다."

시험 범위는 계속 누적되었고 시험 문제도 예전과 비슷했지만 학기 중간까지 학생들이 제출한 답의 수준은 예전에 비해 월등히 높아졌다. 이렇게 5년간 강좌를 운영한 후 소벨은 이 새로운 체계에 만족했다. "수업 시간에 나누는 토론의 질도 높아졌어요. 세 번 보는 시험에서 아홉 번 보는 쪽지시험으로 바꾼 것뿐인데, 학생들이 써서 제출하는 글은 놀랄 만큼 달라졌어요." 학기 말이 되면 소벨은 학생들에게 수업에서 배운 개념들에 대해 짧은 글을 쓰게 하고 가끔은 한 장을 채우게 하기도 한다. 학생들이 제출하는 글은 소벨이 가르치는 상급생들과 비교해보아도 손색없는 수준이다.

"누구나 이런 체계를 만들어낼 수 있어요. 몇 년만 일찍 이렇게 했더라면 학생들에게 훨씬 많은 지식을 가르쳐주었을 텐데 말이에요. 이 전략을 사용할 때 흥미로운 점은 수업을 어떻게 설계하느냐가 학생들이 실제로 배우는 것과 깊은 관련이 있다는 점이에요. 제 자신이 좋은 교수라고 생각하기는 하지만 학생들이 공부할 때 제 강의는 하나의 요소일 뿐이죠. 어쩌면 생각보다 훨씬 더 그럴지도 몰라요."

한편 소벨의 수업에 등록한 수강생은 185명까지 늘어났고 지금도 계속 늘어나고 있다.

시험 효과를 한층 강화하려면?

앤드루 소벨의 사례는 시험 효과의 긍정적인 영향력을 여러 측면에서 보여주는 일화다. 특히 한 학기에 걸쳐 여러 번의 쪽지시험을 치르면서 강의 내용이 누적될 때 학습 효과도 복리처럼 누적된다는 점을 잘 보여준다.

한 연구에서는 대학생들에게 대학 강의 수준의 과학적 주제에 대한 지문을 읽게 한 뒤 한 집단은 곧바로 해당 내용에 대한 시험을 보게 하고 다른 집단은 지문을 다시 읽게 했다. 이틀 후, 시험을 보았던 학생들은 단순히 반복 읽기만 한 학생들보다 지문의 내용을 더 많이 기억했고(68퍼센트 : 54퍼센트), 이들의 우위는 일주일 후에도 유지되었다(56퍼센트 : 42퍼센트). 또 다른 연구에서는 반복 읽기만 한 학생들이 일주일 후 망각의 비율이 52퍼

센트로 가장 높았고 이에 비해 반복해서 시험을 본 집단은 망각 비율이 10퍼센트에 불과했다.[11]

　시험에서 틀린 답에 대해 피드백을 주는 행위는 학습에 어떤 영향을 미칠까? 연구들에 따르면 시험만 보았을 때보다 피드백을 주었을 때 기억을 더 잘 유지한다고 한다. 또한 흥미롭게도 즉각적인 피드백보다 **지연된 피드백**이 장기적인 학습에 더 도움이 된다는 점을 보여주는 연구들도 있다. 이 발견은 우리의 직관과 반대되기는 하지만 농구의 레이업 슛(공을 링 위에 가볍게 놓고 내려온다는 느낌으로 하는 슛, 골대 가까이에서 뛰어올라 손바닥에 공을 올려 가볍게 던져넣는다.-옮긴이)이나 골프공 멀리 날리기와 같은 운동 과제를 배우는 원리에 대한 발견과 일맥상통한다. 운동을 배울 때 시행착오를 겪다가 나중에 피드백을 받는 것이 즉각적인 피드백을 받으며 계속 교정하는 것보다 불편하기는 하지만 기술을 습득하는 데는 더 효과적이다. 즉각적인 피드백은 자전거의 보조 바퀴 같은 것이다. 학습자는 계속 교정 받는 상황에 금방 의존하게 된다.

　운동 기술 학습에 대한 견해 중 하나는 이렇게 설명한다. 즉각 피드백을 줄 경우 그것이 과업의 일부가 되어버리므로 피드백이 없는 실제 상황에서는 이미 형성된 행동 패턴에 빈틈이 생겨 수행에 방해를 받는다. 또 다른 견해에 따르면 피드백을 주기 위한 잦은 간섭이 학습하는 동안 변동이 심한 상황을 조성하기 때문에 안정적인 수행 패턴이 형성되지 못한다는 것이다.[12]

　운동이 아닌 공부의 경우에도 지연된 피드백은 즉각적인 피드백보다 장기적인 학습에 도움이 된다. 학생들에게 과학에 대한 지문을 공부하게 하고, 한 집단은 시험을 볼 때 지문을 다시 볼 수 있게 했다. 오픈북 시험과 비슷하게 진행된 이 절차는 사실상 시험을 보는 동안 끊임없이 피드백을 제공한 셈이었다. 다른 집단은 시험을 보는 동안 지문을 볼 수 없게 한 다음 나중에 지문을 돌려주고 자기가 쓴 답을 찾아보게 했다. 즉석 시험에서는 당연히 오픈북 시험을 본 집단이 가장 좋은 성적을 받았지만 나중에 본 시험에서는 시험이 끝난 후 틀린 것을 찾아본 집단이 학습 내용을 더 잘 기억하고 있었다. 지연된 피드백이 도움이 되는 것은 간격을 둔 연습이기 때문이다. 다음 장에서 논의하겠지만 연습 사이에 시간 간격을 두면 기억이 향상된다.[13]

인출 연습 중에서 장기적인 학습에 특히 더 효과적인 것이 있을까? 서술형이나 단답형 시험처럼 학습자가 답안을 마련해야 하는 시험 혹은 플래시 카드 연습은 선다형이나 OX 시험처럼 단순 인지 시험에 비해 장기적인 학습에 더 효과적인 것으로 보인다. 하지만 선다형 시험이라도 컬럼비아 중학교에서 사용된 종류의 시험, 즉 수업 전 간단하게 보는 부담 없는 퀴즈 같은 시험은 탁월한 효력을 발휘할 수 있다.

어떤 종류든 인출 연습은 일반적으로 학습에 도움이 되지만, 인출에 인지적 노력이 더 필요한 경우 기억에 더 잘 남는 것으로 보인다. 인출 연습은 최근 몇 년간 널리 연구되어왔다. 이에 따르면 수업 시간에 한 번만 시험을 보아도 기말 시험 점수가 크게 향상될 수 있으며 학습상의 이득은 시험의 횟수에 따라 함께 증가한다.[14]

반복 인출이 어떻게 기억을 강화하는지에 대해 과학적으로 어떻게 설명하든, 실증적 연구에 따르면 시험 효과는 실재한다. **기억을 인출하는 행위**

자체가 기억을 변화시킨다. 나중에 다시 인출하기 쉽게 만드는 것이다.

인출 연습은 학습 기법으로 얼마나 널리 사용되고 있을까? 한 설문조사에서 대학생들은 대부분 인출의 긍정적 효과를 모르고 있다고 응답했다. 또 다른 조사에서는 대학생 중 인출을 학습 전략으로 사용한다고 대답한 사람이 11퍼센트에 불과했다. 자체적으로 시험을 본다고 대답했으면서도 모르는 점을 발견해서 그 부분을 더 공부하기 위해서라고 말하는 사람이 대부분이었다. 이들은 시험을 제대로 활용하고 있기는 했지만 인출 그 자체가 기억을 강화한다는 사실을 아는 경우는 별로 없었다.[15]

시험의 반복은 암기 학습을 촉진하는 방법인가? 연구 결과는 시험이 반복 읽기에 비해 지식을 새로운 맥락과 문제로 옮겨 생각하는 데 유리하게 작용할 수 있으며, 시험에 나오지 않았지만 관련 있는 자료의 기억 및 인출 능력을 향상시킬 수 있는 것으로 나타났다. 이 점에 대해서는 더 깊은 연구가 필요하지만 다양한 맥락에서 정보가 필요할 때 인출 연습이 정보를 더욱 쉽게 이용하게 해줄 수 있는 것으로 보인다.

학생들은 학습 도구로서의 시험에 거부감을 느낄까? 일반적으로 학생들은 시험이라는 것을 싫어한다. 그 이유를 알기는 어렵지 않다. 특히 중간고사나 기말고사처럼 부담이 큰 시험이라면 더욱 그렇다. 이런 시험의 점수가 중요한 결과를 가져오기 때문이다. 하지만 시험에 대한 학생들의 태도를 기록한 모든 연구에서, 학기 말이 되면 시험을 자주 본 학생은 그렇지 않은 학생에 비해 그 수업을 더 좋게 생각하는 것으로 나타났다. 자주 시험을 본 학생들은 학기가 끝날 무렵 수업 내용을 잘 소화하고 있었고 시험에 대비해서 벼락치기 공부를 할 필요가 없었다.

시험을 치른 경험이 이후의 공부에 영향을 미칠까? 시험을 본 후 학생들은 놓친 부분을 복습하는 데 더 많은 시간을 보낸다. 또한 시험을 보지 않고 복습하는 친구들에 비해 복습을 통해 더 많은 지식을 배운다. 반복 읽기를 중시하는 전략을 쓰면서 자체 시험을 보지 않는 학생들은 자신의 숙련도에 지나친 자신감을 나타낸다. 시험을 본 학생들은 그렇지 않은 학생에 비해 이중으로 유리하다. 자신이 아는 점과 모르는 점을 더 정확히 인지하고, 인출 연습을 통해 누적된 기억을 공고히 할 수 있기 때문이다.[16]

정기적이고 부담이 적은 시험이 간접적으로 더 이득이 있을까? 학습과 기억을 강화하는 것 외에도, 이런 종류의 시험 체계는 출석률을 높인다. 학생들이 곧 시험을 본다는 사실을 알기 때문에 예습률 역시 높아진다. 수업이 끝날 무렵 시험을 본다면 수업 중 집중력이 높아진다. 또한 학생들은 반복 읽기를 통해 교재에 익숙해진 후 완벽히 소화했다고 착각하는 대신 자신이 무엇을 알고 있는지, 어디를 집중적으로 공부해야 하는지 더 정확하게 파악할 수 있다. 부담이 적은 시험을 자주 보면 시험 한 번에 운명이 결정되지 않으므로 시험에 대한 불안을 낮춘다. 그리고 교육자는 학생들의 이해가 부족한 부분을 확인하고 그 부분을 채우는 방향으로 수업을 조정할 수 있다. 부담이 적은 시험이 주는 이러한 이득은 학교 교실에서 공부하든 인터넷을 통해서 공부하든 상관없이 누적된다.[17]

배우려면 먼저 인출하라

새로운 지식이나 기술을 기억 속에서 인출하는 연습은 학습과 탄탄한 기억력을 위한 강력한 도구다. 단순한 사실, 복합적 개념, 문제 해결 기법, 운동 기술 등 뇌가 나중에 상기해야 하는 것이라면 무엇이든 마찬가지다.

노력이 필요한 인출은 학습과 기억에 도움이 된다. 우리는 편하게 배우는 것이 더 좋다고 믿고 싶은 유혹에 쉽게 빠지지만 연구 결과는 그 반대다. 인출에 더 많은 노력이 들수록 그 지식은 인출 덕분에 더욱 탄탄해진다. 첫 시험을 본 다음 **후속 인출 연습을 지연하는 것**, 즉 시간 간격을 두는 것은 즉각적인 연습에 비해 기억의 강화에 탁월한 효과를 발휘한다. 나중에 인출을 하려면 더 많은 노력을 들여야 하기 때문이다.

반복 인출은 기억을 더 오래 지속시켜줄 뿐만 아니라 더 다양한 상황에서 쉽게 인출할 수 있고 다양한 문제에 적용할 수 있는 지식을 축적한다. 즉각적인 시험에서는 벼락치기 공부가 더 좋은 성적을 올릴 수 있지만 그 이점은 금방 사라진다. 인출 연습을 한 후보다 반복 읽기를 한 후에 망각이 훨씬 쉽게, 훨씬 많이 일어나기 때문이다. 인출 연습에서 얻을 수 있는 이득은 **장기적**이다.

수업 시간에 시험(인출 연습)을 한 번 추가하는 것만으로도 기말 시험 점수가 크게 향상되며, 시험의 빈도가 잦아짐에 따라 시험으로 얻는 이득도 계속 증가한다. 시험을 꼭 가르치는 사람이 시작할 필요는 없다. 학생들은 어디서나 인출 연습을 할 수 있다. 수업 시간에 퀴즈를 보아야 하는 것도 아니다. 플래시 카드를 생각해보라. 학습자의 나이와 상관없이 해부학이든, 수학이든, 법학이든 자체적으로 시험을 본다면 2학년 아이들이 구구단을 배울 때와 마찬가지로 효과가 있을 것이다. 자체 시험은 반복 읽기보다 노력이 많이 들기 때문에 그리 매력적으로 보이지는 않겠지만 이미 언급했듯 인출에 노력이 많이 들수록 기억에 더 많이 남을 것이다.

연습 시험을 보는 학생은 단순히 자료를 다시 읽는 학생보다 자신의 상태를 더욱 잘 파악할 수 있다. 교사나 교수 역시 그런 시험을 통해 학생이 **잘 모르고 있거나 잘못 알고 있는 점을 발견**하고 그것을 바로잡는 방향으로 수업을 조정할 수 있다. 시험을 본 후 학생에게 **잘못을 바로잡는 피드백**을 준다면 학생은 부정확한 지식을 그대로 갖고 있지 않고 정확한 답을 더욱 확실하게 배울 수 있다. 수업 시간에 부담이 적은 시험을 보는 학생들은 시험을 기꺼이 받아들인다. 또한 자주 시험을 보는 학생들은 자기가 수강하는 수업을 더 긍정적으로 생각한다.

컬럼비아 중학교에서 새로운 시험 체계를 시행하는 문제에 대해 로저 챔벌린 교장이 처음에 걱정했던 점, 암기 위주 학습을 위한 번지르르한 전략일 뿐일지도 모른다는 우려는 어떻게 되었을까?

연구가 끝난 후 챔벌린 교장에게 이 질문을 하자 그는 잠시 생각을 정리한 후 말했다. "솔직히 말해 내가 안심하게 된 것은 이런 점에서였어요. 아이들이 판단하고, 종합하고, 어떤 개념을 또 다른 상황에서 응용할 수 있으려면 지식과 기억이 바탕에 깔려 있어야 훨씬 잘할 수 있다는 것, 따라서 지금 아이들이 그 단어가 무슨 뜻인지, 그 개념이 무엇에 대한 것이었는지 다시 돌아가서 이해하려고 하는 건 시간낭비가 아니라는 사실이에요. 그 덕분에 아이들이 더 높은 수준으로 올라갈 수 있으니까요."

3장

뒤섞어서 연습하라

• 집중 연습에 대한 그릇된 통념

• 시간 간격을 두고 연습하기

• 다른 종류의 학습을 끼워넣는 교차 연습

• 다양하게 변화를 준 연습

• 판별력 기르기

• 예비 의사들을 위한 숙련도 향상법

• 스포츠 경기에 적용한 경우

인출 연습이 복습과 반복 읽기보다 강력한 학습 전략이라는 점은 직관적으로 와닿지 않을 수도 있다. 하지만 운동 분야에서 시험의 중요성은 대부분 당연하게 여긴다. 그래서 '연습하고, 연습하고, 또 연습하라'라는 표현을 쓰기도 한다. 독자 여러분은 이제 소개할 연구에 다소 놀랄지도 모른다.

체육 시간에 여덟 살짜리 아이들 한 무리가 바구니에 콩 주머니 던져넣기 연습을 했다. 그 중 반은 바구니에서 90센티미터 떨어진 곳에서 주머니를 던졌다. 나머지 반은 60센티미터와 120센티미터 떨어진 곳에서 번갈아 주머니를 던졌다. 12주 후 아이들은 90센티미터 떨어진 곳에서 콩 주머니 던져넣기 시험을 보았다. 이 중 월등히 뛰어난 성적을 거둔 아이들은 60센티미터와 120센티미터를 오가며 연습하고 **90센티미터 떨어진 곳에서는 한 번도 연습하지 않은** 아이들이었다.[1]

이유는 무엇일까? 이 이야기는 나중에 다시 살펴보기로 하고, 먼저 학습 원리와 관련해 널리 퍼져 있는 근거 없는 믿음에 대해 잠깐 살펴보자.

집중 연습에 대한 그릇된 통념

사람들은 대부분 하나의 목표에 몰두하여 달려들어야 더 잘 배울 수 있다고 생각한다. 연습하고, 연습하고, 또 연습해야 기술이 기억에 새겨진다고 믿는다. 완전히 익힐 때까지 한 번에 한 가지씩 집중적으로 연습해야 한다는 믿음은 학교 교사, 운동선수, 기업의 교육 담당자, 학생들 사이에 널리 퍼져 있다. 연구자들은 이런 종류의 연습을 '집중 연습(massed practice)' 혹은 '대량 연습'이라고 부른다. 이런 믿음은 그렇게 하면서 변화를 직접 느낄 수 있다는 단순한 사실에 크게 의존한다. 그렇지만 눈에 보이는 것과 달리 이 믿음은 잘못된 것이다.

학습을 '새로운 지식이나 기술을 익히고 나중에 적용할 수 있는 것'으로 정의할 수 있다면, 위에 언급한 믿음은 얼마나 빨리 익힐 수 있는지에만 초점을 맞춘다. 그러나 핵심은 여기에 있다. 일상에서 그 지식이나 기술이 필요할 때에도 **여전히 남아 있는가?** 연습이 학습과 기억에 필수적인 것은 당연하지만, 연구들에 따르면 시간 간격을 두고 이루어지는 분산된 연습이 훨씬 효과적이라는 사실이 밝혀졌다. 집중 연습으로 빠르게 익힌 기술은 눈에 잘 보이지만 그 후 이어지는 빠른 망각은 눈에 잘 보이지 않는다. 연습 사이에 시간 간격을 두고, 다른 학습과 교차(병행)해 변화를 주면서 연습하면 지식과 기술을 더 오래 보유하고 더 능숙하게 사용할 수 있다. 하지만 이러한 이득에는 대가가 따른다. 간격을 두고 다른 학습과 교차하면서 변화를 주어 연습하려면 더 많은 노력이 필요하다는 얘기다. 노력이 더 드는 것은 금방 느껴지지만 그 노력이 가져오는 이득은 잘 느껴지지 않는다. 이렇게 연습하면 더 느리게 배우고 있다는 기분이 들고, 몰아서 연습할 때와 달리 빠른 향상과 확신이 느껴지지 않는다. 연구에서 참가자가 간격을 둔 연습을 통해 상대적으로 우수한 결과를 얻었더라도 정작 참가자 본인은 향상되었음을 인식하지 못한다. 몰아서 연습을 했을 때 더 잘 배웠다고 **믿는다**.

집중 연습의 예는 거의 어디서나 발견할 수 있다. 단기 외국어 훈련 캠프, 속성 학습을 내세워 단일 과목을 집중적으로 교육하는 학교, 직장인을 대상으로 주말에 압축적인 훈련을 제공하는 상설 교육 세미나 등이 집중 연습에 해당한다. 벼락치기 공부도 집중 연습의 한 형태다. 벼락치기는 생산적인 전략처럼 느껴진다. 벼락치기 공부로 당장 내일 있을 중간고사는 잘 볼 수 있을지 모른다. 하지만 기말고사 때쯤이면 대부분의 지식은 사라진 지 오래일 것이다. 간격을 두고 연습할 때 덜 생산적이라는 기분이 드는 이유는 연습을 쉬는 사이 약간의 망각이 일어나므로 그 개념을 회상하기 위해 더욱 열심히 노력해야 하기 때문이다. 이런 경우 배우고 있는 내용을 완전히 파악했다는 느낌이 들지 않는다. 노력을 더 들였기 때문에 더 확실하게 배우고 있다는 사실을 감지하지 못하는 것이다.[2]

시간 간격을 두고 연습하기

연습 사이에 간격을 두는 경우의 이득은 오랫동안 인정받아왔지만 여기서 좀 더 생생한 사례를 담은 연구를 살펴보고자 한다. 외과 수련의 38명이 현미경을 이용하여 미세한 혈관을 다시 잇는 수술에 대해 네 차례의 짧은 수업을 들었다. 수업은 교육을 조금 받은 후 연습을 하는 식으로 진행되었다. 이들 중 절반은 정상적인 업무 일정에 맞추어 하루 네 번의 수업을 받았고, 나머지는 똑같이 네 번 수업을 받되 수업과 수업 사이 일주일씩 간격을 두었다.[3]

마지막 수업이 끝나고 한 달 후 진행된 테스트에서 일주일 간격을 두고 수업을 받은 집단이 모든 면에서 더 나은 결과를 얻었다. 평가의 기준은 수술에 걸린 시간, 손을 움직인 횟수, 살아 있는 쥐의 절단된 동맥을 제대로 연결했는지 등이었다. 두 집단의 수행 차이는 인상적이었다. 하루 만에 네 번의 수업을 모두 받은 집단은 모든 기준에서 낮은 점수를 받았을 뿐 아니라 그 중 16퍼센트는 쥐의 혈관을 회복 불가능할 정도로 손상시켰으며 수술을 끝내지도 못했다.

왜 집중 연습보다 간격을 두고 한 연습이 더 효과적일까? 새로운 지식을 장기 기억에 새겨넣으려면 통합 과정이 필요하다. 기억 흔적(memory trace, 새로운 지식에 대한 뇌의 표상)을 강화하고 의미를 부여하며 사전 지식과 연결하는 이 과정은 몇 시간 내지 며칠에 걸쳐 일어난다. 속사포처럼 몰아치는 연습은 단기 기억을 이용한다. 하지만 학습이 오래 지속되려면 심리적 연습과 더불어 통합 과정이 일어날 시간이 필요하다. 따라서 간격을 둔 연습이 더욱 효과적이다. 약간의 망각 후에는 지식을 인출하는 데 더 많은 노력이 필요해지므로 기억을 강화하고 통합을 다시 촉진하는 효과가 있다. 다음 4장에서 이 과정에 대한 몇 가지 이론들을 살펴볼 것이다.

다른 종류의 학습을 끼워넣는 교차 연습

두 가지 이상의 과목이나 기술을 번갈아 연습하는 것 또한 집중 연습보다 효과적인 수단이다. 다음은 교차 연습에 대한 짧은 사례다. 두 집단으로 나뉜 대학생들은 잘 알려지지 않은 네 가지 입체, 즉 쐐기 모양(wedge), 회전 타원체(spheroid), 구상원추(spherical cone), 반원추(half cone)의 부피 구하는 법을 배웠다. 한 집단은 유형별로 나뉜 연습 문제를 풀었다. 예를 들면 쐐기 모양의 부피를 계산하는 문제를 네 개 푼 다음 회전 타원체에 대한 문제를 네 개 푸는 식이었다. 다른 집단은 같은 연습 문제를 풀기는 했지만 유형별로 묶어서가 아니라 순서를 뒤섞어서(교차) 풀었다. 앞서 살펴본 내용들을 참고하면 결과는 그리 놀랍지 않을 것이다. 연습 중에는 유형별로(집중적으로) 문제를 푼 학생들의 정답률이 89퍼센트인 데 비해 순서를 뒤섞어 문제를 푼 학생들의 정답률은 60퍼센트에 불과했다. 하지만 일주일 후 최종 시험에서는 유형별로 문제를 푼 학생들의 정답률은 20퍼센트, 교차 형식으로 연습한 학생들의 정답률은 63퍼센트였다. 문제 유형을 섞은 조치는 최종 시험에서 215퍼센트라는 놀라운 차이를 낳았지만 초기 학습 단계에서는 수행을 방해하는 역할을 했다.[4]

자, 이제 여러분이 회사의 교육 담당자로서 열 가지 절차를 포함하는 복잡한 과정을 직원들에게 새로 가르쳐야 한다고 가정해보자. 이 일을 처리하는 일반적인 방식은 1번에서 시작하여 교육생들이 그것을 완전히 소화한 것처럼 보일 때까지 여러 번 반복해서 가르친 후 순차적으로 다음 순서로 넘어가는 방법이다. 이렇게 하면 교육생들이 빨리 배우는 것처럼 보인다.

그럼 교차 연습 방식은 어떻게 보일까? 1번을 가르친 다음 4번을 가르치고, 3번, 7번으로 넘어간다. (8장에 소개될 파머스 보험사의 신입 직원 훈련 방식이 이런 예에 해당한다. 이곳에서는 무작위처럼 보이는 순서로 단계마다 새로운 맥락과 의미를 추가하면서 핵심적인 기술로 되돌아가는 순환적인 교육을 실시한다.)

교차 연습 방식을 사용할 때는 집중 연습 방식을 사용할 때보다 느리게 학습한다는 느낌이 든다. 교사와 학생들은 그 차이를 감지한다. 원리를 파악하기까지 시간이 더 걸리는 것은 알 수 있는 반면 장기적 이득은 명확하게 보이지 않는다. 그 결과 교차 연습은 인기가 없고 잘 사용되지 않는다. 교사들이 교차 연습을 싫어하는 이유는 지지부진한 느낌이 들기 때문이다. 학생들은 혼란스러워한다. 이제 막 새로운 대상을 이해하기 시작해서 아직 완전히 파악하지 못했다고 느끼는 와중에 다른 대상을 공부해야 하기 때문이다. 하지만 연구에 따르면 집중 연습보다 교차 연습을 할 때 **숙련도와 장기적 기억**의 측면에서 훨씬 유리하다.

다양하게 변화를 준 연습

자, 이제 90센티미터 거리에서 한 번도 연습한 적이 없는 아이들이 90센티미터 거리에서만 연습한 아이들에 비해 좋은 결과를 얻었던 콩 주머니 던져넣기 연구를 살펴보자.

이 연구는 운동 기술의 숙달에 초점을 맞추었지만, 그 근본 원리가 인지적 학습에도 똑같이 적용된다는 증거를 많이 보여주었다. 요컨대 60센티미터, 120센티미터 거리에서 번갈아 연습한 것처럼 변화를 준 연습은 지식을 다른 상황으로 옮겨 적용하는 능력을 향상시킨다. 그리하여 성공에 필요한 다양한 조건과 움직임의 관계를 더욱 광범위하게 이해할 수 있다. 또한 맥락을 더 잘 파악할 수 있고, 다양한 상황에 다양한 움직임을 연결하여 더욱 융통성 있는 '움직임 사전'을 만들 수 있다. 변화를 준 훈련(60센티미터, 120센티미터 거리에서 던지기)의 범위가 특정한 과제(90센티미터 거리에서 던지기)를 포함해야 하는지는 차후 연구되어야 할 주제다.

변화를 준 연습을 지지하는 증거는 최근의 뇌영상(neuroimaging) 연구로 뒷받침되어왔다. 이 연구는 여러 종류의 연습이 뇌의 여러 부위와 관련이 있음을 보여준다. 집중 연습에 비해 변화를 준 연습에는 인지적 노력이 더 필요하다. 변화를 준 연습을 통한 운동 학습 과정은 상대적으로 어려운 과정, 즉 고차원적 운동 기술 학습과 연관된 뇌의 영역에 통합되는 것으로 보인다. 반면 집중 연습을 통한 운동 학습은 인지적으로 더 단순하고 쉬운 운동 기술 학습에 쓰이는 영역에 통합되는 것으로 보인다. 따라서 노력이 덜 필요한 집중 연습으로 얻은 지식은 더 단순하거나 비교적 질이 낮은 표상으로 부호화된다. 이에 비해 지적 능력이 많이 필요한 어려운 연습, 즉 변화를 준 연습으로 얻은 지식은 더 광범위하게 적용될 수 있도록 유연하게 부호화된다.[5]

운동선수들에게는 오래 전부터 집중 연습이 원칙이었다. 훅 슛을 던지고, 골프공을 20피트 거리로 쳐내고, 백핸드 리턴을 날리고, 공격하던 도중에 패스를 하고, 연습하고, 연습하고, 또 연습해서 제대로 이해하고 '근육 기억(muscle memory)'을 단련한다.(혹은 그러고 있다고 생각한다.)

한편 변화를 준 연습으로 운동 학습을 할 때의 이점은 다소 느리지만 광범위하게 받아들여지고 있다. 하키의 원터치 패스를 생각해보자. 원터치 패스란 퍽을 받고서 곧바로 동료에게 패스함으로써 상대팀의 허를 찌르고 퍽을 받은 선수를 압박하지 못하게 하는 기술이다. LA 킹스의 보조 코치였던 제이미 콤폰(Jamie Kompon)은 팀을 이끌고 연습을 할 때 링크의 같은 자리에서 원터치 패스를 하게 하는 습관이 있었다. 이 기술 전후로 다른 기술을 끼워넣어 교차 연습을 하더라도 항상 링크의 같은 자리에서만, 혹은 같은 순서로만 그 기술을 연습한다면 90센티미터 거리에서만 콩 주머니를 던지는 셈이다. 그 차이를 알게 된 콤폰은 이제 훈련 방식을 바꿨다. 나와 이야기를 나누고 난 뒤 그는 시카고 블랙호크스로 팀을 옮겼다. 결과는? 콤폰과 블랙호크스 팀은 스탠리 컵(우승컵)을 받았다. 우연의 일치였을까?

운동 기술 학습과는 대조적으로 인지적 측면에서 변화를 준 연습의 이점은 콩 주머니 테스트를 언어 학습으로 바꾼 최근의 연구에서 드러났다. 이 연구에서 학생들은 애너그램(anagram), 즉 철자를 배열하여 단어를 만드는 문제를 풀었다. 일부 참가자는 똑같은 애너그램을 반복해서 풀었고, 나머지는 다양한 애너그램을 풀었다. 두 집단 모두 첫 번째 집단이 반복해서 풀던 애너그램으로 시험을 본 결과, 두 번째 집단이 더 잘해냈다. 나무의 종류를 가려내든, 판례 법에서 원칙을 구별하든, 새로운 컴퓨터 프로그램에 통달하든, 어떤 종류의 과업을 수행하든지 간에 다양하게 변화를 준 연습을 이용한다면 똑같은 이득을 얻을 수 있을 것이다.[6]

판별력 기르기

집중 연습과 비교하여 교차 연습과 다양하게 변화를 준 연습의 현저한 이점은 맥락을 판단하고 문제들을 구분하는 법을 잘 배울 수 있도록 도와주며, 수많은 가능성 중에서 올바른 해결책을 고르고 적용하도록 도와준다는 점이다.

수학 교육을 살펴보면 교과서에 아예 집중 연습이 포함되어 있다. 각 단원에 특정한 종류의 문제가 실려 있고 학생들은 그것을 학교에서 배운 다음 연습한다. 예를 들자면 다음 단원으로 넘어가기 전에 숙제로 같은 유형의 20문제를 풀어야 한다. 그 다음 단원에는 또 다른 유형의 문제가 있고 학생들은 이번에도 똑같이 집중적으로 학습하고 문제풀이를 연습한다. 한 학기 내내 이런 식으로 한 단원 한 단원 나아간다.

하지만 기말 시험이 다가오면 이럴 수가, 문제가 모두 뒤섞여 나온다. 학생은 문제를 하나하나 차례로 보면서 속으로 중얼거린다. **어떤 공식을 써야 하지? 그게 5장이었나? 6장인가? 아니면 7장에 있었나?** 몰아서 반복하거나 단위별로 나누어 반복하는 식으로 공부했다면 이렇게 중요한 판단 과정은 연습한 적이 없을 것이다. 하지만 인생은 보통 예고나 순서 없이 펼쳐진다. 문제와 기회는 그런 식으로 불쑥 찾아오기 마련이다. 공부한 내용이 실질적인 가치를 유지하게 하려면 "이것이 어떤 종류의 문제인가?"를 능숙하게 구분할 줄 알아야 한다. 그래야 적절한 해법을 고르고 적용할 수 있다.

몇몇 연구들은 교차 연습과 변화를 준 연습을 통해 향상된 판별력을 보여준다. 한 연구는 그림과 화가를 연결하여 배우는 것을 다루었고, 또 다

수학 교과서에는 집중 연습이 포함되어 있다. 학생들은 집중적으로 한 단원의 내용을 암기하고 많은 문제를 풀어 연습한 뒤에야 다른 단원으로 넘어간다. 한 학기 내내 이런 식으로 한 단원 한 단원 나아간다. 하지만 기말 시험지를 받아보면 이럴 수가. 문제가 모두 뒤섞여 나온다.

른 연구는 새를 알아보고 종류별로 나누는 법을 다루었다.

연구자들은 처음에 집중 연습으로 화가의 작품을 알아보는 연습을 하는 것이, 즉 한 화가의 여러 작품을 배운 다음 다른 화가의 여러 작품을 배우는 식으로 진도를 나가는 것이 화가들 각각의 특징을 규정하고 배우는 데 가장 효과적일 것이라고 예측했다. 다양한 작가의 작품들을 번갈아 접하기보다는 한 번에 한 명의 작가와 작품들을 집중적으로 배웠을 때 나중에 작가와 작품을 더욱 잘 연결할 수 있으리라는 생각이었다. 요컨대 교차 기법은 너무 어렵고 혼란스러울 것이라고 예상했다.

하지만 연구자들의 예상은 빗나갔다. 학생들은 집중 연습 방식으로 한 화가의 작품을 아우르는 **공통점**을 배웠지만 그것은 교차 연습으로 배운 화가별 작풍의 **차이점**에 비해 덜 유용했다. 교차 기법은 구별을 더욱 잘할 수 있게 해주었고, 이후 그림을 화가와 연결해야 하는 시험에서 더 좋은 점수를 얻게 해주었다. 또한 교차 연습을 한 집단은 학습 단계에서 한 번도 보지 못한 그림을 어떤 화가가 그렸는지 정확히 맞히는 데도 더 우수했다. 이러한 결과에도 불구하고 연구에 참가했던 학생들은 끝까지 집중 연습을 선호했고 그 방식이 더 도움이 되었다고 확신했다. 시험을 치른 다음 자신의 과제 수행을 보고 교차 연습이 더 효과적인 학습 전략이었다는 것이 입증된 후에도 한 화가의 작품을 집중적으로 본 방식이 더 효과적이었다는 믿음을 고수했다. 집중 연습에 대한 이 근거 없는 통념은 떨쳐내기가 어렵다. 직접 그 증거를 경험하더라도 마찬가지다.[7]

판별력을 향상시키는 교차 연습의 힘은 새의 종류 학습에 대한 연구들에서 다시 입증되었다. 이 연구에서 제시하는 도전은 생각보다 복잡하다. 한 연구에서는 20종류의 새(지빠귀과, 제비과, 굴뚝새과, 되새과 등)를 다루었고,

각 과(family)마다 그 범주에 해당하는 12종의 새(갈색 개똥지빠귀, 쇠부리지빠귀 사촌 등)를 제시했다. 어느 과의 새인지 알아맞히려면 몸의 크기, 깃털, 습성, 서식지, 부리의 모양, 홍채의 색 등 다양한 속성을 고려해야 한다. 여기서 한 가지 문제는 같은 과의 새가 많은 특성을 공유하지만 같은 과의 모든 새가 그렇지는 않다는 점이다. 예를 들면 지빠귀과의 새들은 약간 휘어진 긴 부리를 갖고 있는 경우가 많지만 전부 그런 것은 아니다. 과마다 **전형적인** 특징이 있지만 그 과에 해당하는 **모든** 새에게 그런 특징이 있지는 않으며 그 특징이 식별 기준의 역할을 할 수도 없다.

분류 규칙은 정의적 속성(defining traits, 해당 범주의 모든 개체에게 있는 특성)이 아니라 특징적 속성(characteristic traits)에만 의존할 수 있기 때문에 새 분류하기 과제는 단순히 특징을 암기하면 되는 문제가 아니라 개념의 학습과 판단의 문제다. 이 과정에서 과와 종을 통합하고 분류하는 근본적인 개념을 배우는 데는 집중 연습보다 교차 연습과 변화를 준 연습이 더 유용하다는 점이 입증되었다.

회상과 인지에 필요한 지식은 '사실적 지식(factual knowledge)'이며 '개념적 지식(conceptual knowledge)'보다 낮은 수준의 지식으로 간주된다. 개념적 지식을 학습하기 위해서는 여러 가지 요소를 함께 작용하게 해주는 큰 구조 안에서 기본 요소들의 상호 관련성을 이해해야 한다. 분류에는 이러한 개념적 지식이 필요하다. 이 논리에 따라 사실과 전형의 인출 연습은 높은 수준의 지적 행위를 위해 필요한 일반적 특징을 이해하기에 부족하다고 주장하는 사람들도 있다. 새 분류 연구는 이와 반대의 시각을 제시한다. 복잡한 원형(같은 과에 해당하는 새들의 유사성)을 식별하는 데 도움이 되는 학습 전략은 단순한 형태의 지식 습득을 넘어 고차원적 이해의 범위에 들

어가는 맥락과 기능의 차이를 파악하는 데도 도움이 될 수 있다.[8]

예비 의사들을 위한 숙련도 향상법

사실을 아는 단순한 지식과 지식을 유연하게 사용할 수 있게 해주는 심오한 학습 사이의 차이는 다소 불분명하지만, 세인트 루이스 워싱턴 의과대학의 더글러스 라슨(Douglas Larsen)에게는 그 차이가 분명하다. 그의 말에 따르면 새 분류에 필요한 기술은 의사가 환자를 보고 어디가 나쁜지 진단할 때 필요한 기술과 비슷하다고 한다.

"다양성이 중요한 이유는 비교할 수 있는 대상에서 미묘한 차이를 발견하도록 도와주기 때문이죠. 저는 의료인으로서 그런 경우를 많이 겪어요. 환자 한 명 한 명이 시험이라는 면에서 말이에요. 다양한 증상과 그것들의 상관성을 구별하는 능력에 관여하는 명시적 기억(explicit memory)과 암묵적 기억(implicit memory)이 여러 층 있어요." 암묵적 기억은 새로운 경험을 해석하기 위해 자동적으로 과거의 경험을 인출한 것이다. 예를 들면, 환자가 진료실에 들어와서 이야기를 할 때 의사는 의식적으로 머릿속의 자료실을 훑어보며 적당한 것이 있는지 찾아보는 동시에 환자의 이야기를 해석하기 위해 과거의 경험을 무의식적으로 조사한다. "그 다음엔 결정을 내려야 하죠."[9]

라슨은 대학 진료소와 종합병원에서 환자를 보는 소아신경과 의사다. 그는 바쁜 사람이다. 진료 외에 수련의들을 감독하기도 하고 강의도 하며, 시간이 되면 인지심리학자들과 협력하여 의학 교육에 대한 연구도 한다.

그는 이 모든 역할을 활용하여 의과대학의 소아신경학 교육 과정을 재설계하고 강화한다.

누구나 예상하겠지만, 의대에서는 폭넓은 교육 기법이 필요하다. 학생들은 강의와 실험에 참여할 뿐 아니라 학교에 있는 세 곳의 모의 훈련 센터에서 첨단 기술로 만든 마네킹에 소생술 및 여러 가지 처치를 연습한다. 저마다 모니터에 연결되어 있는 '환자'는 뒷방에서 마네킹을 조종하고 관찰하는 사람 덕분에 심장 박동, 혈압, 확장하고 수축하는 동공뿐 아니라 듣고 말하는 능력까지 갖추었다. 학교에서는 '표준화된 환자'를 이용하기도 한다. 환자 역을 맡은 사람이 대본대로 증상을 보여주면 학생들은 진단을 내려야 한다. 센터는 일반 진료실처럼 꾸며져 있고 학생들은 환자들을 맞아 환자를 대하는 태도, 검진 기술, 전반적인 영역에 걸친 적절한 질문, 진단을 내리고 치료 계획을 짜는 단계에 이르기까지 모든 면에서 숙달했음을 보여주어야 한다.

이러한 교수법에 대한 연구들에서 라슨은 흥미로운 결론을 몇 가지 이끌어냈다. 첫째, 자명한 점이기는 하지만 학습 경험 중에 진료실에서 환자를 진찰한 경험이 있었다면 시험에서도 그 영역에서 더 유능함을 보여준다. 환자에 대한 자료를 읽는 것만으로는 부족하다. 하지만 필기시험인 기말시험에서는 환자를 직접 진찰한 학생들과 필기시험 방식으로 학습한 학생들의 성적이 비슷했다. 필기시험이 상당한 체계를 제공하고 구체적인 정보를 묻기 때문이다. 반면 환자를 진찰할 때는 올바른 심성 모형과 따라야 할 단계를 스스로 생각해내야 한다. 환자 혹은 환자 역할을 한 사람을 상대로 이런 단계들을 연습하는 경험은 단순히 요령을 읽는 것에 비해 수행의 질을 향상시킨다.

다시 말해 가장 큰 효과가 입증된 인출 연습의 종류는 나중에 그 지식을 가지고 진짜 하게 될 일을 반영하는 연습이다. 학습한 지식이 나중에 얼마나 도움이 될지 결정하는 요인은 지식 그 자체가 아니라 그 지식을 어떻게 연습하느냐다. "실전처럼 연습하면 연습했던 대로 실전에 임하게 될 것이다."라는 스포츠 관련 격언과 일맥상통한다. 이 결론은 학습뿐만 아니라 과학과 산업 분야의 복잡한 훈련과 연습에도 적용된다. 모의 훈련이 점점 광범위하게 사용되는 분야들, 제트기 조종사와 의학도뿐만 아니라 경찰이나 예인선 항해사 등 복잡한 지식과 기술이 필요하고 그것을 익히는 데 큰 부담이 따르는 분야의 종사자라면 누구나 여기에 해당한다. 이런 경우 책으로만 공부한 지식으로는 부족하다. 실제로 체험하면서 연습해야 한다.

둘째, 의학도는 저마다 질병을 앓는 다양한 환자들을 두루 접하면서 지식의 폭을 넓히는 것도 중요하지만 다양성에 너무 무게를 둘 경우 의학의 기본을 간과할 위험이 있다. 그 기본이란 어떤 질병에 걸린 대부분의 환자에게 전형적으로 나타나는 양상에 대한 반복 인출 연습을 의미한다.

라슨은 이렇게 말한다. "학생들이 잘 알아야 하는 질병이 있다고 해보죠. 그러면 학생이 그 질병에 대한 지식을 완전히 익히고 잘 활용할 수 있을 때까지 표준화된 환자를 계속 진찰하게 할 겁니다. 다양성과 반복은 양자택일의 문제가 아니에요. 그 사이에서 적당히 균형을 잡아야 하고 가끔 익숙함의 함정에 빠지는 것도 알아차려야 해요. '이런 문제가 있는 환자는 많이 봤으니까 이제 계속 연습하지 않아도 돼.'라고 생각하는 함정이죠. 반복 인출 연습은 기억을 장기적으로 보유하는 데 결정적인 역할을 하고 훈련에서 아주 중요한 부분입니다."

세 번째로 중요한 점은 연습 경험이다. 의사는 환자를 진찰함으로써 간격을 둔 인출 연습, 교차 연습, 변화를 준 연습을 자연스럽게 돌아가며 접한다. "의학은 경험을 통한 학습에 크게 바탕을 둡니다. 그렇기 때문에 1, 2년만 지나면 학생들을 강의실에서 끌어내 임상 환경에 던져넣기 시작하죠. 중대한 문제는 이겁니다. 학습과 경험이 합쳐지면 어떻게 되는가? 우리는 배울 게 별로 없는 경험도 많이 합니다. 이런 경험들은 뭔가 배울 점이 있는 경험과 어떻게 다를까요?"

경험에서 배울 수 있게 해주는 연습 형태 중 하나는 2장에서 신경외과 의사인 마이크 에버솔드가 이야기했던 반추(돌이켜보기)다. 라슨은 반추를 필수적 훈련으로 설계하고 그것을 학생들이 습관으로 삼도록 도와주는 데까지 연구의 범위를 넓혔다. 그는 학생들에게 매일 혹은 매주 무엇을 했는지, 그 일이 어떻게 되었는지, 다음에 더 나은 결과를 얻기 위해서 어떻게 행동에 변화를 주어야 할지 요약하게 하는 식으로 실험을 진행하고 있다. 그는 의대에서 실력을 쌓는 데 퀴즈와 시험이 중요한 만큼, 간격을 둔 인출 연습의 형태로 매일 반추하는 행동이 의학을 현실에 적용하는 데 중요한 역할을 하리라고 본다.

강의식 수업이나 이틀 정도에 몰아서 진행되는 일반적인 업무 연수는 어떨까? 라슨은 그가 일하는 학교의 인턴들이 학회에 앉아서 강연을 듣는 데 근무 시간의 10퍼센트 정도를 쓴다고 생각한다. 강연은 대사질환에 대한 이야기일 수도 있고, 전염성 질병이나 약물에 대한 이야기일 수도 있다. 강연자는 파워포인트 자료를 띄우고 자료를 보며 설명을 시작한다. 보통 점심시간을 사이에 두고 있으므로 참석자들은 밥을 먹고, 다시 강연을 듣고, 끝나면 강의실에서 빠져나간다.

의대생들과 수련의들은 학회나 강연회 참석에 상당 시간을 투자한다. 직장인들도 하루나 이틀간의 집중적인 직무 연수에 참여하는 경우가 많다. 그러나 듣기만 한 지식은 곧 기억에서 사라진다. 일정한 시간 간격을 둔 퀴즈나 시험 등의 인출 연습을 반드시 교육 프로그램에 포함시켜야만 망각을 막을 수 있다.

"제 생각은 이래요. 망각이 얼마나 많이 일어나는지 감안하면, 학습에 대한 연구에서 지금까지 비효율적이라고 밝혀진 활동에 그토록 많은 자원을 쏟아넣는다는 건 실망스러운 일이에요. 학회나 강연회에 참석하는 의대생들과 수련의들은 거기서 무슨 이야기를 듣더라도 반복적으로 접할 일이 없어요. 나중에 그 주제와 관련된 문제를 겪는 환자를 보게 될지 아닐지는 그때 가봐야 아는 문제죠. 그럴 일이 없다고 치면 결국 그 주제에 대해 공부도 하지 않고, 당연히 시험도 보지 않고, 그냥 듣기만 하고 끝내는 셈이에요."

라슨은 최소한 망각을 막을 만한 게 있었으면 좋겠다고 말한다. 강연이 끝날 무렵 간단한 퀴즈를 보고, 그 후에도 간격을 둔 인출 연습을 통해 지식을 유지하는 것이다. "간단한 시험을 아예 훈련과 교육 과정의 일부로 넣어보세요. 매주 공부해야 하는 열 가지 문제를 자기 이메일로 보내도 좋고요."

또 라슨은 이렇게 묻는다. "계속 일어나는 망각을 막거나 적어도 그 정도를 조정하기 위해서 교육과 훈련 체계를 어떻게 설계하고 있나요? 그리고 자신이 이루려는 일을 위해 학교에 그런 체계가 자리 잡게끔 하고 있나요? 지금 이대로라면 수련의 프로그램은 지시만 할 뿐이에요. 교육 과정대로 교육을 받아야 하고, 학회에 참석해야 하고, 거기서 끝이죠. 학교에서는 큰 학회를 자꾸 열고 교직원들을 있는 대로 불러서 강연하게 합니다. 그렇지만 우리가 실제로 성취하는 건 정말 조금밖에 안 돼요."[10]

스포츠 경기에 적용한 경우

대학교 미식축구는 학습 모형을 찾아보기에 적합하지 않은 예인 것 같지만, 조지아 대학교의 연습 체계에 대해 빈스 둘리(Vince Dooley) 코치와 나눈 대화는 흥미로운 사실을 알려준다.

둘리는 이 주제에 대해 권위 있는 사람이다. 1964년부터 1988년까지 불독스의 수석 코치로서 201승 77패 10무라는 놀라운 성적을 거두었고 컨퍼런스 우승 6회, 내셔널 챔피언십 진출의 경험이 있다. 뒤이어 대학의 체육 감독으로 일하던 그는 국내에서 가장 인상적인 운동 프로그램을 고안해냈다.

우리는 선수들이 경기의 복잡한 요소들을 어떻게 터득하는지 둘리 코치에게 물었다. 훈련과 지도에 대한 그의 프로그램은 토요일 경기에서 그다음 경기까지의 일주일 주기를 중심으로 한다. 선수들은 그 짧은 기간 동안 많은 것을 배운다. 강의실에서 상대편의 경기 유형을 배우고, 상대의 방식에 맞서 공격과 수비 전략을 논의하고, 그 논의를 경기장에 적용해보고, 전략을 각자의 포지션에 따라 쪼개서 개인별로 동작을 연습해보고, 각 부분을 하나로 종합하고, 시계처럼 정확하게 맞물려 움직일 수 있을 때까지 동작을 반복한다.

선수들은 이 과정을 진행하는 동시에 블로킹, 태클, 공을 받고 운반하기 등 기본기를 각자 최상의 상태로 유지해야 한다. 둘리 코치의 생각은 이렇다. 첫째, 때때로 기본기를 연습하는 일을 끝없이 계속해야 한다. 그래야 기술을 민첩하게 다듬을 수 있고, 그러지 않으면 망한다. 둘째, 하지만 지나치게 반복하면 지루하기 때문에 연습에 변화를 주어야 한다. 포지션 코

선수들은 경기의 복잡한 요소들을 어떻게 터득하는가?
그들은 강의실에서 상대편의 경기 유형을 배우고,
공격과 수비 전략을 논의하고, 그 논의를 경기장에 적용해보고,
전략을 각자의 포지션에 따라 쪼개서 연습해보고,
각 부분을 하나로 종합하고, 시계처럼 정확하게 맞물려
움직일 수 있을 때까지 동작을 반복한다.

치들은 선수들과 개인별로 구체적인 기술을 연구하고 각자 맡은 포지션을 팀 연습에서 어떻게 수행할지 상의한다.

또 뭐가 있을까? 이들은 키킹 게임(공을 발로 차는 것과 연관된 플레이를 통틀어 일컬음-옮긴이)을 연습하기도 하고 팀의 전략을 그림과 함께 기록한 플레이북을 각 선수들이 완전히 소화했는지 확인한다. 또 팀의 경기 레퍼토리를 활용해서 특별 경기를 하는데, 이 연습이 종종 실전에서 승패를 가른다. 둘리 코치의 이야기에 따르면 이 특별 경기는 간격을 둔 학습 방식의 전형이라고 한다. 이 연습은 목요일에만 하므로 그 사이에 항상 일주일의 간격이 생기며, 다양하게 변화를 준 형식으로 진행된다.

이 모든 과정을 다 소화한다면, 개인 연습과 팀 연습이 교차하는 아주 구체적인 일간 및 주간 일정이 이 팀의 성공에서 중요한 부분을 차지하는 것이 당연하다. 하루의 연습은 각 선수들의 포지션에 따른 기본기에 철저히 집중하면서 시작한다. 그런 다음 선수들은 작은 집단으로 나뉘어 일부 몇 개의 포지션을 포함하는 작전에 따라 연습한다. 이런 부분들이 서서히 합쳐져서 하나의 팀으로서 연습이 이루어진다. 경기는 빠르게도 느리게도 진행되며, 선수들은 몸으로 연습하는 만큼 머릿속으로도 연습한다. 한 주의 중반이 되면 팀은 실제 속도, 즉 최고 속도로 경기를 펼친다.

"빨리 달려들고 빨리 반응해야 할 때가 있어요. 하지만 경기 시간에 가까워지면 다시 속도를 늦춥니다. 이제 신체적 접촉이 없는 일종의 리허설이 됩니다. 기본적으로 경기는 매번 비슷하게 시작되지만 상대편이 어떻게 나오느냐에 따라 변합니다. 그러니 거기에 맞출 수 있어야 하죠. 동작에 들어가면서 이렇게 말합니다. '그쪽이 이렇게 반응하면 저렇게 해야지.' 조정하는 법을 연습하는 거죠. 다양한 상황에서 이런 식으로 충분히 연습하면 경기장에서 어떤 일이 일어나도 꽤 잘 대처할 수 있습니다."[11]

선수들은 어떻게 플레이북을 소화해낼까? 플레이북을 집에 가져가서 머릿속으로 경기를 그려본다. 단계별로 하나하나 짚어볼 수도 있다. 둘리 코치는 연습을 전부 몸으로 힘들게 할 수는 없다고 말한다. 그렇게 하면 지쳐 떨어질 것이다. "경기를 할 때 이쪽으로 걸어간 다음 저쪽으로 가야 한다면 머릿속으로 미리 그려볼 수 있습니다. 그쪽으로 가는 것처럼 몸을 기울이기만 할 수도 있고요. 그러다 어떤 상황이 벌어져 거기에 맞춰 행동해야 한다면 그것도 머릿속에서 할 수 있습니다. 플레이북을 읽고, 머릿속으로 예행연습을 하고, 한두 발짝 걷기도 하고 하나하나 훑어보면서 일어날 일들을 가상으로 경험합니다. 강의실과 경기장에서 배운 것에 이런 예행연습이 더해지는 거죠."

토요일 아침에는 마지막으로 쿼터백 회의에서 경기 계획을 재검토하고 머릿속으로 쭉 재현해본다. 가상의 경기에서는 공격 코치들이 원하는 대로 계획을 짤 수 있지만 일단 경기가 시작되면 실행은 쿼터백의 손으로 넘어간다.

둘리 코치의 팀은 인출, 간격 두기, 교차하기, 변화 주기, 반추, 정교화를 모두 경험했다. 토요일 경기에 나가기 위해 머릿속에서 경기와 반응, 적응을 거친 노련한 쿼터백은 수술실에서 일어날 일들을 머릿속으로 그려보는 노련한 신경외과 의사와 마찬가지 행동을 한 셈이다.

뒤섞어서 연습하라

　다음 내용은 오늘 우리가 집중 연습과 그 대안들에 대해 알게 된 점들을 요약한 것이다. 과학자들은 계속해서 여기에 대한 이해의 폭을 넓혀줄 것이다.

　한 가지에 집중해서 죽어라 반복하면 더 잘 배울 수 있다는 확신이 사람들에게 깊이 뿌리박혀 있다. 그리고 이러한 믿음은 '연습하고, 연습하고, 또 연습하는' 동안 눈에 보이는 향상 때문에 몇 번이고 인정을 받는다. 하지만 과학자들은 이렇게 기술 습득 단계에서 과장된 수행 양상을 가리켜 '순간 강도(momentary strength)'라고 하여 '근본적 습관 강도(underlying habit strength)'와 구분한다. 습관 강도를 높이는 기법인 간격 두기, 교차하기, 변화 주기는 눈에 보이는 습득 속도를 늦추는 데다 연습 중에 즉각적으로 향상된 결과를 내놓지 못해 동기를 유발하고 노력을 강화하도록 유도하지 못한다.[12]

　집중 연습의 한 형태인 **벼락치기**는 폭식하고 토하는 식습관에 비유되어왔다. 들어가는 건 많지만 그 중 대부분이 바로 다시 나와버린다. 시간 간격을 두고 공부하고 몇 번에 나누어 연습하는 간단한 변화만으로 학습과 기억을 강화하며 습관 강도를 높일 수 있다.

　얼마나 간격을 두어야 하느냐고 묻는다면 대답은 간단하다. 연습이 생각 없는 반복이 되지 않을 정도면 된다. 적어도 망각이 약간 일어날 정도는 되어야 한다. 약간 잊어버려서 연습에 노력이 조금 더 들 정도라면 좋은 일이지만 너무 많이 잊어버려서 인출할 때마다 새로 배우는 셈이 되어서는 안 된다. 연습 사이의 시간은 기억이 통합되는 시간이다. 수면도 기억의 통합에 큰 역할을 하는 것으로 보이므로, 적어도 하루를 사이에 두고 연습하는 것이 좋다.

플래시 카드처럼 간단한 방식도 **간격 두기**의 예가 될 수 있다. 하나의 카드가 다시 나오기 전까지 다른 카드를 많이 봐야 하기 때문이다. 독일의 과학자 세바스티안 라이트너(Sebastian Leitner)는 간격을 두고 플래시 카드를 연습할 수 있는 시스템을 개발했다. 이것은 라이트너 박스라고 알려져 있다. 네 칸으로 된 카드 정리 상자라고 생각하면 된다. 첫 번째 칸에는 계속 틀려서 자주 연습해야 하는 학습 자료(악보, 하키 동작, 스페인어 단어 카드 등)를 넣는다. 두 번째 칸에는 꽤 잘 알고 있어서 첫 번째 칸의 카드보다 반쯤 덜 연습해도 되는 카드를 넣는다. 세 번째 칸에는 두 번째 칸의 카드보다 덜 연습해도 되는 카드를 넣는 식이다. 문제를 틀리거나, 연주에서 실수를 하거나, 원터치 패스를 망치면 그에 해당하는 카드를 앞으로 옮겨서 더 자주 연습할 수 있게 한다. 이 장치의 바탕에는 **능숙해질수록 덜 연습한다**는 간단한 생각이 깔려 있지만, 중요하게 기억해야 하는 것이라면 연습 카드 상자에서 **결코 완전히 사라지지는 않을** 것이다.

익숙함이라는 함정을 조심하라. 익숙함은 무언가를 잘 알고 있어서 더 이상 연습할 필요가 없다는 느낌이다. 안다고 생각하는 부분을 건너뛰고 연습한다면 자체 시험을 볼 때 이 익숙함에 피해를 볼 수 있다. 라슨은 이렇게 말한다. "'그래, 이걸 전부 기억해봐야지.'라고 말하고, 안 떠오르는 게 있으면 '내가 뭘 잘못했지, 어떻게 이걸 몰랐을까?'라고 말하는 훈련을 해야 해요. 교사가 내는 시험이나 퀴즈는 일단 참여해야 해요. 그건 예정된 일이고, 부정행위를 할 수도 없고, 대충 넘어갈 수도 없고, 그냥 해야 하잖아요."

앤드루 소벨이 26차례의 정치경제학 수업 중에 실시하는 9번의 쪽지시험은 간격을 둔 인출 연습과 교차 연습의 단순한 예다. 학기가 시작할 때부터 연관성 있는 문제들이 이어지도록 출제하고, 그 사이사이 강의를 하기 때문이다.

두 가지 이상의 대상을 **교차**하면서 연습하면 간격을 두고 연습하는 효과도 얻을 수 있다. 또한 교차 연습은 나중에 다양한 문제의 유형을 **구분**하고 점점 늘어나는 정답 후보 중에서 해답을 고르는 능력을 기르는 데도 도움이 된다.

사람들은 보통 한 가지 주제를 완전히 연습하기 전까지 다른 주제로 넘어가지 않는다. 하지만 **한 가지 연습이 완전히 끝나기 전에 주제를 바꾸어야 한다.** 한 친구는 자신의 경험에 대해서 이렇게 말한다. "내가 하키를 배우러 다니는데, 스케이트 타는 기술이랑 퍽 다루는 법, 슛 하는 법을 배우거든. 그런데 스케이트를 조금 타다가 할 만하다 싶으면 스틱 다루는 법을 배우라고 해서, 집에 가면서 투덜거려. '이 양반은 왜 제대로 배울 때까지 놔두질 않을까?'라고 말이야." 이 코치야말로 여러 가지 기술을 배울 때 하나씩 차례로 연마하기보다 번갈아가며 연습하는 편이 더 효과적이라는 사실을 이해하는 보기 드문 코치다. 운동하는 사람 입장에서는 학습 진도가 빨리 나가지 않아 불만스럽지만 다음 주가 되면 수업 시간마다 한 가지 기술에 몰두했을 때보다 스케이트 타기, 스틱 다루기 등 모든 면에서 나아질 것이다.

교차 연습과 마찬가지로 **변화를 준 연습**은 학습자가 넓은 스키마(schema, 개인의 경험과 기억을 바탕으로 형성된 지식의 구조나 인식의 틀—옮긴이)를 형성하게 한다. 즉 변화하는 조건을 가늠하고 그에 맞춰 반응하는 능력을 계발할 수 있다는 말이다. 연습의 교차와 변화는 학습자가 암기를 넘어 더 높은 수준의 학습으로 나아갈 수 있도록 틀림없이 도와줄 것이다. 다시 말해서 개념적 학습과 응용, 더욱 깊이 있고 세련되며 지속력 있는 학습을 하게 되며 이는 운동 기술 학습에서 근본적 습관 강도로 나타날 것이다.

연구자들이 구획 연습(blocked practice)이라고 부르는 것은 다양하게 변화를 준 연습으로 오인되는 경우가 많다. 구획 연습은 노래를 같은 순서로만 재생할 수 있는 오래된 LP판과 같다. 흔히 운동할 때 이용하는(운동 분야에서만 이용하는 것은 아니지만) 구획 연습은 연습하고 또 연습하는 방법이다. 선수는 한 연습 구역(station)에서 다른 구역으로 옮겨가며, 각 구역마다 다른 연습을 수행한다. LA 킹스 팀이 깨달음을 얻고 변화하기 전까지 원터치 패스를 연습했던 방식이 구획 연습이다. 플래시 카드를 항상 똑같은 순서대로 보면서 연습하는 것과 마찬가지일 것이다. 플래시 카드를 섞어야 한다. 항상 경기장의 같은 장소에서 연습하고, 똑같은 수학 문제를 풀고, 똑같은 순서로 모의 비행을 하는 등 같은 기술을 같은 방식으로만 연습하면 효과가 줄어든다.

시간 간격, 교차, 변화는 살아가면서 **자연스럽게 마주치는 특성**이다. 모든 환자와 미식축구 경기는 인출 연습을 해야 하는 시험이자 훈련이다. 경찰의 일상인 도로 검문 역시 시험이다. 경찰은 차량을 정차시킬 때마다 다른 상황을 겪게 되고 매번 암묵적 기억과 명시적 기억이 새로 추가되며, 충분히 주의를 기울인다면 앞으로 더 효율적으로 차량 정지를 수행할 수 있게 된다. 흔한 말로 '경험에서 배운다'는 것이다. 경험에서 뭔가를 배우지 않는 것 같은 사람들도 있다. 경험에서 배우는 사람과 그렇지 않은 사람의 한 가지 차이점은 아마도 반추하는 습관의 유무일 것이다. 반추는 일종의 인출 연습(어떤 일이 일어났는가? 내가 무엇을 했는가? 그것이 어떤 효력을 발휘했는가?)이며 정교화(이번과 다르게 다음에는 어떤 행동을 할 것인가?)를 통해 향상되는 기법이다.

더글러스 라슨이 우리에게 일깨워주듯, 뇌의 뉴런(신경세포)들 사이의 연결은 매우 유연하여 쉽게 형태가 바뀐다. "뇌가 움직이게 하는 것이야말로 차이를 만들어내는 요인입니다. 더 복잡한 연결을 만들고, 그 회로를 반복적으로 사용해서 탄탄하게 하는 것이죠."

4장

어렵게 배워야 오래 남는다

• 학습이 일어나는 원리

• 인출 단서를 갱신해야 할 때

• 쉽다고 더 좋은 것은 아니다

• 힘들여 배울 때의 효과

• 바람직한 어려움을 포함하는 학습 전략들

• 실수 없는 학습에 대한 맹신

• 생성적 학습의 예

• 바람직하지 못한 어려움

오키나와의 병참기지로 발령받은 스물세 살의 미 해병대 중위 미아 블런데토는 공수훈련소인 점프 스쿨을 통과해야 했다. 2년 후 당시를 회상하며 그녀는 이렇게 말했다. "전 떨어질 때 그 가슴 철렁한 느낌이 싫어요. 살면서 비행기에서 뛰어내리고 싶었던 적은 단 하루도 없었고요. 중학교에 들어갈 때까지 워터슬라이드를 타본 적도 없어요. 하지만 전 낙하산을 지고 비행기에서 뛰어내리거나 화물을 떨어뜨리는 해병 소대를 이끌어야 했죠. 제가 발령받은 곳은 병참장교들 사이에서 제일 인기 있어서 들어가기 힘든 자리였어요. 지휘관이 이렇게 말하더군요. '넌 공중투하 담당 소대를 지휘하게 된다. 그게 싫으면 다른 곳으로 보내주고 네 자리는 후임에게 내주겠다.' 누구나 오고 싶어하는 이 자리를 다른 사람에게 준다니, 절대 그럴 수는 없었어요. 그래서 지휘관을 똑바로 보면서 말했어요. '네, 비행기에서 뛰어내리겠습니다.'라고요."[1]

미아는 170센티미터의 키에 금발의 야심가다. 해병대 출신인 그녀의 아버지 프랭크는 딸을 보며 경탄해 마지않는다. "웬만한 남자 동기들보다 미아가 턱걸이를 더 많이 할걸요. 벤치프레스(벤치에 누워 팔을 가슴 위로 밀어 올리는 동작으로 가슴근육을 강화하는 데 대표적인 운동-옮긴이) 메릴랜드 주 기록도 세웠고 파워리프팅(벤치프레스, 스쿼트, 데드리프트의 세 종목으로 이루어진 경기-옮긴이)으로 NCAA(미국 대학체육 협회)에서 6위를 하기도 했어요. (목소리를 낮춰서) 아마 상상도 못하실 거예요."

미아를 만나서 프랭크가 허풍을 떠는 것인지 물으니 그녀는 웃으며 말했다. "과장하는 걸 좋아하세요." 하지만 더 캐묻자 그것이 사실임을 인정했다. 최근까지 해병대 여군은 턱걸이 대신 철봉에 턱을 대고 하는 팔 굽혀 매달리기를 해야 했다. 하지만 2014년부터 새롭게 강화된 규칙에 따라 여자도 남자와 똑같이 턱걸이를 최소 세 번 해야 한다. 목표량은 여자 8번, 남자 20번이다. 미아는 13번을 할 수 있고, 20번을 채우기 위해 애쓰고 있다. 해군 사관생도 시절 미아는 2년 연속으로 파워리프팅(세 종목을 3세트씩 수행함) 전국대회 참가 자격을 얻어 메릴랜드 주 기록을 세웠다.

이제 우리는 미아가 강인한 사람이라는 것을 안다. 낙하를 싫어하는 것은 자기 보호 차원의 본능적인 반응이지만 임무를 받아들이기로 한 결정은 해병대와 블런데토 집안 특유의 근성이자 뒤집을 수 없는 결론이었다. 미아의 여동생과 두 오빠 모두 해병대에서 복무 중이다.

나중에야 알았지만, 미아는 381미터 상공의 C130 수송기에서 뛰어내리는 훈련 3차시에 다른 병사의 부풀어오른 낙하산 위로 곤두박질치는 사고를 당했다. 하지만 그 이야기에 앞서 우리가 관심을 가진 것은 미아의 점프 스쿨 훈련 과정이다. 이 과정은 노력을 끌어내고 학습의 속도를 늦추는 어느 정도의 어려움, 즉 간격 두기, 교차하기, 뒤섞어 연습하기 등이 학습을 더 확실하고 정확하며 오래 지속되게 하는 등 그 불편함을 보상하고도 남는다는 것을 보여주는 훌륭한 예이기 때문이다. 더욱 탄탄한 학습으로 이어지는 단기적인 장애물은 **바람직한 어려움**(desirable difficulties)이라고 불리게 되었다. 이 말은 심리학자 엘리자베스 비욕(Elizabeth Bjork)과 로버트 비욕(Robert Bjork)이 만든 용어다.[2]

조지아 포트 베닝에 있는 미군 점프 스쿨은 무언가를 확실히 이해하고 익히도록 고안된 체계이며 바람직한 어려움을 활용한 학습 모형이다. 공책을 가져가거나 적어서는 안 된다. 단지 듣고, 보고, 연습하고, 실행한다. 점프 스쿨에서는 시험이 주된 교육 수단이고 훈련 과정 자체가 시험이다. 모든 면에서 군대와 같은 조건이며 엄격한 규약을 고수한다. 그야말로 제대로 하지 않으면 낙오된다.

군대 용어로 낙하산 접지동작(parachute landing fall), PLF는 충격을 발바닥의 앞부분과 종아리, 허벅지, 엉덩이, 등 쪽으로 분산시키며 구르는 착지 기법이다. 몸의 면을 따라 착지가 가능한 방향은 여섯 가지이며 이것을 결정하는 요인은 그 순간 몸이 쏠리는 방향, 지형, 바람, 지면에 가까워지면서 몸이 흔들리는지 여부 등이다. 낙하산 강하에 필수적인 이 기술을 처음 배우러 가면 PLF를 설명하고 시범을 보이는 자갈밭에 서게 된다. 그리고 배우면서 바로 시도한다. 몸의 다양한 면을 따라 쓰러지는 연습을 하고, 틀린 부분을 교정해주는 피드백을 받고, 다시 연습한다.

다음 주가 되기 전 연습의 난이도가 높아진다. 땅에서 2피트(약 60센티미터) 정도 되는 단 위에 섰다가, '준비' 명령이 떨어지면 발의 앞부분으로 딛고 서서 발과 무릎을 모으고 팔은 위로 뻗는다. '착지' 명령이 떨어지면

미군 점프 스쿨은 바람직한 어려움을 활용한 학습 모형이다. 훈련 과정 자체가 시험이다. 제대로 하지 않으면 낙오된다. 현실 세계의 조건들을 모방한 시험을 통해 수행 능력이 입증되었다면, 그렇게 형성된 자신감에 의지하고 비행기에서 뛰어내릴 수 있다.

뛰어내려 PLF를 실행한다.

시험은 더욱 어려워진다. 이번에는 땅에서 12피트(약 3.66미터) 위에 매단 지프라인(zip line)에 몸을 고정하고 머리 위에 있는 T자 모양의 봉을 잡은 뒤 착륙장 쪽으로 줄을 타고 쭉 내려간다. 그곳에서 명령에 따라 봉을 놓고 PLF를 실행한다. 오른쪽, 왼쪽, 앞, 뒤로 쓰러지는 연습을 하고 뒤섞어서도 연습한다.

난이도가 또 한 번 높아진다. 땅에서 12피트 떨어진 단으로 기어 올라가서 낙하산을 몸에 고정하는 하네스(harness, 오랫동안 비행할 때 앉아서 탈 수 있도록 만든 멜빵 의자−옮긴이) 매는 연습을 하고, 둘씩 짝지어 장비를 점검한 뒤 비행기의 점프 도어를 본떠 만든 모형을 통과해서 뛰어내린다. 이 하네스에는 실제 낙하산처럼 라이저(riser)라는 줄이 달려 있다. 이 라이저가 지프라인에 연결되어 있지만 뛰어내리면 실제 강하할 때와 같이 긴 호를 그리며 떨어지고, 뛰어내리는 순간 자유 낙하할 때의 감각이 일시적으로 느껴진다. 그 뒤 지프라인을 따라 움직이면서 몸이 크게 흔들리므로 실제로 뛰어내릴 때의 진동에 익숙해진다. 하지만 마지막에 안전장치를 풀고 남은 2, 3피트 아래로 떨어지게 하는 사람은 자신이 아니라 교관이다. 훈련생은 일어날 수 있는 일을 가상으로 설정하여 어느 방향으로든 쓰러지는 연습을 한다.

이번에는 34피트(약 10.3미터) 높이의 탑에 올라가서 뛰어내리기의 모든 요소와 집단 강하의 구성을 익히고 높은 곳에서 떨어지는 기분, 장비 고장에 대처하는 법, 무거운 전투 장비를 지고 뛰어내리는 법 등을 배운다.

훈련생은 다음 단계로 넘어가기 위해 숙달해야 하는 어려움의 단계를 점점 높이면서 시범과 모의 훈련을 통해 고공 강하병으로서 항공기에 탑

승하는 법을 배우고, 30명의 장병이 낙하지점으로 집단 낙하하기 위해 지휘와 배치를 받는 과정에 동참한다. 점프 도어에서 제대로 내리는 법, 천, 이천, 삼천, 사천을 세고 낙하산이 퍼지는 것을 느끼는 법, 혹시 육천까지 센 경우 보조 낙하산 줄을 잡아당기는 법, 낙하산 줄이 꼬였을 때 대처하는 법, 충돌을 피하는 법, 바람을 안고 강하하는 법, 얽힌 조종줄을 정리하는 법, 다른 강하병에게서 공기를 뺏어오지 않는 법, 나무나 물이 있는 곳이나 송전선에 착륙하는 만일의 사태에 대처하는 법, 낮에 혹은 밤에, 다양한 바람과 날씨 상태에서 강하하는 법 등을 배운다.

훈련생은 습득해야 할 이 많은 지식과 기술을 간격을 두고 교차하여 연습한다. 숙달해야 하는 것들을 모두 다루고 이질적인 요소를 통합하기 위해서이기도 하고, 각 집결지에서, 항공기 모형에서, 뛰어내리는 단 위에서, 하네스 장치에서 차례를 기다리다 보면 자연스럽게 간격을 두고 교차하여 연습하게 된다. 마침내 실패하지 않고 3주차 훈련까지 버텼다면 실제로 군 수송기에서 다섯 차례 강하한다. 훈련을 성공적으로 마치고 다섯 번의 강하에도 성공하면 점프 윙(jump wings) 휘장과 공수훈련 자격증을 받는다.

비행기에서 세 번째로 뛰어내리던 날 미아는 비행기 좌측의 점프 도어 앞에 14명을 뒤로 하고 제일 앞에 서 있었다. 또 다른 14명은 반대쪽 문 앞에 선 사람 뒤로 줄을 서 있었다. "줄 맨 앞에 선 사람이, 이 경우에는 저겠죠, 낙하산 자동 열림줄을 교관에게 넘겨줍니다. 그리고 빨간색이나 녹색 불이 들어오는 등이 있는 곳에서 1분 전, 그 다음 30초 전이라는 알림을 받아요. 문 앞에 서 있는 몇 분 동안은 정말 멋져요. 살아오면서 본 것중에 제일 예쁜 풍경이 아닐까 싶지만, 무섭기도 하죠. 앞을 가로막는 건 아무것도 없었고, 생각해야 하는 건 기다리는 것, '뛰어!' 명령을 기다리는 것밖에 없었어요. 다른 쪽 문에 있는 사람이 뛰고 나서 저도 뛰어내렸어요. 천, 이천, 세고 있는데 갑자기, 사천에서 초록색 낙하산이 저를 온통 휘감는 거예요. 전 생각했어요. 이게 내 낙하산일 리가 없어! 제 낙하산이 열리는 걸 느꼈고, 몸이 위로 들리는 것도 느꼈거든요. 전 앞서 뛰어내린 사람 낙하산 위로 떨어진 걸 알게 됐어요. 그래서 그냥 그 속을 헤치고 나와서 그 사람에게서 멀리 떨어졌죠."

강하병들은 시간차를 두고 떨어지지만, 낙하산이 열리기 전 격동적인 4초 동안에는 다른 강하병과 가까워지는 것을 알지도 못하고 통제할 수도 없다. 이 사건은 그녀가 받은 훈련 덕분에 아무것도 아닌 일로 끝났지만 그럼에도 불구하고 인상적인 일이었다. 미아가 그 일로 겁을 먹었을까? 그녀는 전혀 그렇지 않다고 했다. 미아는 그 일에 대처할 준비가 되어 있었고 자신이 있었기 때문에 '그냥 그 속을 헤치고 나올' 정도로 침착했다.

자신의 지식에 확신을 **느끼는** 것과 숙달을 **증명하는** 것은 다르다. 시험은 강력한 학습 전략일 뿐만 아니라 자신이 할 줄 아는 것과 그렇지 않은 것을 정확히 판단하고 있는지 현실적으로 직시하는 강력한 도구다. 현실 세계의 조건들을 모방한 시험을 통해 수행 능력이 입증되었고 반복된 수행을 바탕으로 형성된 자신감이 있다면 그 자신감에 의지해도 된다. 미아는 이렇게 말한다. "점프 도어 앞에 설 때마다 다시 두려워질지 모르지만 뛰어내리는 순간 그 두려움은 증발해버려요."

학습이 일어나는 원리

어려움이 어떻게 바람직하게 작용할 수 있는지 이해하는 데 도움을 주기 위해 여기서는 학습이 어떻게 일어나는지 간략하게 설명하려 한다.

부호화(Encoding)

자신이 미아라고 상상하고, 자갈밭에 서서 강하 훈련 교관이 낙하산 접지 동작을 설명하고 시범을 보이는 모습을 보고 있다고 해보자. 뇌에서는 지각한 것들을 화학과 전기적 대체물로 변환하고 그것들은 우리가 관찰한 패턴의 심적 표상(mental representation)을 형성한다. 뇌에서 감각 인식 (sensory perception)을 의미 있는 표상으로 변환하는 이 과정은 아직 완벽하게 이해할 수 없는 부분이다. 이 과정을 부호화라고 하며 뇌에 생겨난 새로운 표상을 **기억 흔적**이라고 부른다. 연습장에 적힌 메모나 스케치 같은 단기 기억이다.

우리의 일상은 주로 단기 기억을 채우는 덧없는 것들에 이끌려간다. 다행히도 그것들은 기억에서 쉽게 사라진다. 오늘 운동하고 나서 엔진 오일을 교환하러 가야 한다고 기억하는 것 등이 여기에 해당한다. 하지만 나중을 위해 저장하고자 하는 경험과 지식은 더 강하고 오래 지속되게 해야한다. 미아의 경우 이러한 지식은 발목이 부러지거나 혹은 더 나쁜 일이 생기지 않도록 착지할 수 있는 자세일 것이다.[3]

통합(Consolidation)

장기 기억을 위해 이러한 심적 표상을 강화하는 과정을 통합이라고 한다.

새로운 지식은 불안정하다. 의미가 완전히 형성되지 않았기 때문에 쉽게 대체된다. 통합 과정에서 뇌는 기억 흔적을 재조직하고 안정시킨다. 이 과정은 몇 시간 혹은 그 이상에 걸쳐 일어나고 새로운 자료를 깊이 있게 처리하는 과정을 포함한다. 과학자들은 이 시간 동안 뇌가 그 지식을 재생하거나 예행연습하고, 의미를 부여하고, 빈 곳을 채우고, 과거의 경험 및 장기 기억에 저장된 지식과 연결한다고 생각한다.

사전 지식은 새로운 지식을 이해하는 데 필요하며 이러한 연결을 형성하는 일은 통합 과정의 중요한 과제다. 미아의 상당한 운동 기술, 신체적 측면의 자기 인식, 사전 경험은 그녀에게 성공적인 PLF의 요소들과 연결될 만한 지식이 많다는 것을 의미한다. 앞서 언급했듯 수면은 기억의 통합에 도움이 되는 것으로 보이기는 하지만 어쨌든 지식을 장기적으로 저장하기 위한 통합과 변환은 일정한 기간에 걸쳐 일어난다.

뇌가 새로운 지식을 통합하는 방식에 대한 적절한 비유는 에세이를 쓰는 경험 정도가 될 것이다. 초고는 군더더기가 많고 부정확하다. 초고를 쓰면서 무엇을 말하고 싶은지 발견하면, 두어 번 수정을 거쳐 내용에서 벗어난 부분을 좀 잘라내고 글을 다듬는다. 그 후 글을 잠깐 치워놓고 하루이틀 정도 묵힌다. 글을 다시 들춰볼 때쯤이면 말하고 싶은 점이 마음속에서 더욱 확실해진 상태다. 이제 자신이 주장하고 있는 핵심 내용이 뭔지 인식한다. 이 핵심 내용을 독자에게 익숙한 사례와 내용을 뒷받침하는 정보에 연결한다. 그런 다음 핵심 주장의 요소들을 한데 모으고 재배치함으로써 더욱 효과적이고 우아하게 주장을 전달한다.

마찬가지로 무언가를 학습하는 과정도 혼란스럽고 감당하기 힘들다는 느낌으로 시작할 때가 많고, 가장 중요한 요소가 반드시 두드러지게 눈에 보이지도 않는다. 통합은 지식이 체계적으로 굳어지게 하며, 약간 시간이 흐른 후 인출하는 경우에도 그런 효과가 있다. 그 이유는 장기 저장고에서 기억을 인출하는 행위가 기억 흔적을 강화하는 동시에 다시 변경이 가능하도록 하기 때문이다. 예를 들면 최근에 배운 지식과 연결할 수 있게 한다. 이 과정을 **재통합**이라고 한다. 인출 연습은 이런 식으로 지식을 수정하고 강화한다.

점프 스쿨에서 둘째 날을 맞이했다고 상상해보자. PLF 동작을 실행해야 하는 시점에서 우리는 정확한 자세를 회상하고 동작을 가다듬어 발과 무릎을 모으고 무릎을 살짝 구부린 채 눈은 지평선을 바라본다. 하지만 팔꿈치를 끌어당겨 몸에 붙여야 한다는 사실을 잊고 넘어지지 않으려고 반사적으로 팔을 휘젓는다. 실제 상황이라면 팔이 부러지거나 어깨가 탈구되었을 수도 있다. 전날 배운 것을 재현하려는 노력은 피곤한 일이지만, 그 과정에서 훈련의 중요한 요소들이 명확해지고 기억이 더욱 탄탄하게 재통합된다. PLF든 외국어의 동사 활용이든 무언가를 속사포처럼 반복하고 또 반복하면서 연습하고 있다면 단기 기억에 의존하고 있는 것이고 이때는 정신적인 노력이 거의 필요하지 않다. 꽤 빠른 시간 안에 흡족할 정도의 향상을 보이기는 하지만 그런 기술의 근본적인 표상을 강화하는 데는 기여한 것이 별로 없다. 그 순간 수행을 잘했다고 해서 학습의 효과가 오래 지속되고 있다는 뜻은 아니다. 그와 반대로 시간 간격을 두거나 교차하여 연습함으로써 기억을 약간 흐려지게 하면, 인출이 힘들어지고 솜씨를 그다지 능숙하게 발휘하지 못하며 실망스러운 기분이 들 수는 있어도, 한층 깊이 학습하게 되고 나중에 그 지식을 더 수월하게 인출할 수 있을 것이다.[4]

인출(Retrieval)

학습, 기억, 망각은 흥미로운 방식으로 함께 작용한다. 오래 지속되는 탄탄한 학습을 위해 완료되어야 할 일이 두 가지 있다. 첫째, 새로운 대상을 단기 기억에서 장기 기억으로 재부호화하고 통합하면서 단단히 뿌리 내리게 해야 한다. 둘째, 그 대상을 다양한 단서와 연관 지어 나중에 그 지식을 능숙하게 회상할 수 있어야 한다. 효과적인 인출 단서는 학습의 한 측면이지만 간과되는 경우가 종종 있다. 우리의 과제는 단순히 지식을 기억으로 넘기는 데서 그치지 않는다. 필요할 때 인출할 수 있는 것도 그만큼 중요하다.

이미 배웠는데도 매듭 묶는 법이 잘 생각나지 않는 이유는 배운 것을 연습하고 적용하지 않기 때문이다. 어느 날 시립 공원에 갔다가 매듭 묶는 법을 가르치는 보이 스카우트 단원과 마주쳤다고 해보자. 그는 8~10종류의 매듭 묶기 시범을 보이고 각각 어디에 유용하게 쓰이는지 설명한다. 그러고는 우리에게도 연습을 시킨 뒤 짧은 줄과 설명서를 들려 보낸다. 우리는 이 매듭 묶는 법을 익히리라 다짐하며 집에 돌아오지만 바쁘게 살다 보면 연습을 하지 못하고 매듭 묶는 법을 곧 잊어버린다.

이야기는 이렇게 아무것도 배우지 못했다는 결말로 끝날 수도 있다. 하지만 마침 봄이 되어 작은 낚싯배를 사고 나니 닻을 줄에 연결하고 싶어진다. 줄을 손에 들고 난감해 하다가, 줄 끝에 고리가 달린 매듭 묶기를 배웠던 사실을 떠올린다. 이때 우리는 인출을 연습하는 중이다. 이제 설명서를 찾아내서 고리 매듭 묶는 법을 다시 배운다. 그 작은 기억 장치(설명서)의 내용을 속으로 중얼거리면서 밧줄에 작은 고리를 만든 다음 짧은 쪽 끝을 고리 사이로 잡아당긴다. 마치 토끼가 굴에서 나와서 나무 주위를 돌아다니다가 다시 들어가는 것과 같다. 밧줄에 달라붙어 잠깐 씨름한 결과 매듭이 하나 생겼다. 항상 배우고 싶었던 스카우트 기술로 만든 멋진 작품이다. 얼마 후 TV를 보는 의자 옆에 줄을 하나 갖다두고 광고가 나오는 동안 고리 매듭 묶기를 연습한다. 시간 간격을 둔 연습을 하는 셈이다. 그 후 몇 주를 지내면서, 끝에 고리가 달린 줄만 있으면 쉽게 할 수 있는 사소한 일들이 꽤 많다는 데 놀란다. 그리하여 간격을 두고 하는 연습을 더 하게 된다. 여름이 되면 일상에서 고리 매듭이 어디에 어떻게 쓰일 수 있는지 모조리 알게 된다.

선명하고 중요한 의미를 담은 지식과 기술, 경험을 때때로 연습하면 머릿속에 남는다. 곧 군용 수송기에서 뛰어내려야 한다는 사실을 안다면 언제 어떻게 보조 낙하산 줄을 당겨야 할지, 1200피트 상공에서 잘못될 수 있는 일이 무엇인지, 어떻게 거기서 '그냥 헤치고 나올' 수 있을지 열심히 들을 것이다. 바로 잠들기에는 너무 피곤한 상태로 침상에 누워 내일 강하 훈련도 잘 마치고 일과도 이미 끝나 있기를 바라면서 머릿속으로 하는 예행연습도 간격을 둔 연습의 한 형태이며 그것 역시 우리에게 도움이 된다.

인출 단서를 갱신해야 할 때

이미 알고 있는 지식과 연결하는 한 기억할 수 있는 지식의 양에는 사실상 한계가 없다. 새로운 학습은 사전에 학습한 지식에 의존하기 때문에 많이 배울수록 앞으로 배울 내용과 연결할 수 있는 부분이 많아진다. 하지만 인출 능력에는 크게 제한이 있다. 배운 것 중 대부분은 아무 때나 꺼내 쓸 수가 없다. 이러한 인출의 한계는 우리에게 도움이 된다. 모든 기억이 항상 쉽게 꺼내 쓸 준비가 되어 있다면 엄청난 자료 가운데에서 그때그때 필요한 지식을 가려내기가 정말 힘들 것이다. 이를테면 모자를 어디 뒀는지, 전자 기기를 어떻게 동기화하는지, 완벽한 브랜디 맨해튼을 만들려면 뭘 넣어야 하는지 생각해내기가 힘들 것이다.

깊숙이 자리 잡은 지식은 더욱 오래 지속된다. 다시 말해서 어떤 개념을 확실하게 이해했고 그것이 우리 삶에서 중요하게 쓰이거나 감정적으로 깊은 의미가 있거나 이미 기억 속에 있는 지식과 연결된다면 그 지식은 오래 남는다는 뜻이다. 내부의 기록 보관소에서 얼마나 쉽게 지식을 회상할 수 있느냐를 결정하는 요인은 어떤 맥락에서 회상하는지, 그 지식이 최근에 사용되었는지, 지식을 불러오는 데 도움이 되는 단서와 얼마나 많이, 확실하게 연결되어 있는지 등이다.[5]

여기가 까다로운 부분이다. 우리는 새로운 지식에 단서를 성공적으로 결합시키기 위해 새로운 지식과 경합하는 오래된 지식의 단서를 잊어버려야 할 때가 많다. 중년이 되어 이탈리아어를 공부하려면 고등학교 때 배운 프랑스어를 잊어버려야 할 수도 있다. 아무리 성실한 태도로 공부하더라도 '~이다, 있다'를 생각할 때마다 이탈리아어인 'essere'가 떠오르기를 바라지만 프랑스어인 'etre'가 튀어나온다. 영국을 여행하면서 길의 왼쪽에서 운전해야 한다고 일깨워주는 확실한 단서가 먼저 튀어나오게 하려면 오른쪽에서 운전해야 한다고 상기시키는 단서를 억눌러야 한다. 아주 유창한 프랑스어나 몇 년씩 길 오른쪽에서 운전한 경험처럼 깊숙이 자리 잡은 지식은 한동안 쓰지 않거나 인출 단서를 할당받기 위한 경쟁에서 방해를 받더라도 나중에 쉽게 다시 배울 수 있다. 망각되는 것은 지식 그 자체가 아니라 그것을 찾아내고 인출할 수 있게 하는 단서다. 길 왼쪽에서 운전한다는 새로운 지식과 관련된 단서는 길 오른쪽에서 운전한다는 오래된 지식과 관련된 단서를 대체한다. 운이 좋다면 말이다.

역설적인 사실은 새로운 학습을 위해 어느 정도의 망각이 꼭 필요할 때가 많다는 점이다.[6] 윈도 기반의 컴퓨터를 사용하다가 매킨토시처럼 다른 운영체제를 사용하는 컴퓨터로 바꾼다고 해보자. 단순한 조작법이 아니라 작업에 집중할 수 있을 정도로 새로운 체계의 구성을 배우고 능숙하게 조작하기 위해서는 어마어마한 양의 정보를 잊어야 한다.

점프 스쿨 훈련도 이와 비슷한 예다. 군 복무를 마친 낙하산 부대원들은 화재 현장에 낙하산으로 강하하는 산림 소방대에 흥미를 보이는 경우가 많다. 산림 소방대원은 다른 항공기, 다른 장비, 다른 절차와 규약을 사용한다. 미군 점프 스쿨에서 훈련받은 경험은 산림 소방대 일에 확실히 **불리하다**고 간주된다. 반사적인 행동이 될 때까지 연습한 일련의 절차를 다른 절차로 대체해야 하기 때문이다. 경험이 없는 사람에게는 둘 다 낙하산을 지고 비행기에서 떨어지는 일이라서 비슷해 보일지 모르지만, 훈련받은 사람이 새로운 지식을 습득하려면 지금 보유하고 있는 복잡한 지식과 관련된 단서들을 잊어야 한다.

아주 간단한 수준의 일이라도 기억에 단서를 다시 부여하려 할 때 생기는 문제를 우리 역시 잘 안다. 잭이 조앤이라는 여자친구와 어울리기 시작한다면 가끔 그 커플을 '잭 앤 질(Jack and Jill)'이라고 부르기도 한다. '잭과 아무개'라는 말이 기억에 깊이 새겨진 오래된 동요 〈잭 앤 질〉을 떠오르게 하는 단서이기 때문이다. '잭과'라는 말에 확실하게 '조앤'이 떠오를 때쯤이면 어라, 잭은 조앤에게 차이고 제니와 만나기 시작한다. 하필 이럴 수

가. 잭과 제니라고 말해야 하는데 그 중 절반쯤은 '잭과 조앤'이라는 말이 튀어나와버린다. 잭이 케이티라는 여자와 만나기 시작했더라면 잭이라는 이름 마지막의 K 발음을 케이티의 K로 연결할 수 있어서 좀 더 쉬웠을지도 모르지만, 그런 행운은 없다. 같은 말소리로 시작하는 단어를 함께 사용하는 것은 유용한 단서일 수도 있고 혼란을 야기하는 단서일 수도 있다. 질이나 조앤, 제니를 미처 잊어버리지 못해서 이런 혼란이 생기기도 하지만, 잭의 인생이라는 오페라가 있다면 단서를 고쳐서 오페라의 흐름을 따라가는 데 활용할 수 있다.[7]

중요한 점은 새로운 것을 배우는 동안에도 예전에 잘 배워둔 지식의 대부분이 장기 기억에서 없어지지 않는다는 사실이다. 그와 관련된 단서를 사용하지 않거나 다른 기억에 재배치함으로써 잊어버리기는 하지만 이 잊어버린다는 말은 쉽게 떠올릴 수 없다는 의미일 뿐이다. 한 예로, 몇 번 이사를 다녔다면 20년 전에 살던 곳의 주소가 기억나지 않을 수도 있다. 하지만 선다형 시험에서 그 주소가 나온다면 아마 쉽게 고를 수 있을 것이다. 말하자면 청소하지 않은 머릿속 벽장 속에 그 기억이 아직 남아 있기 때문이다.

예전에 알았던 사람들과 장소를 떠올리면서 자신의 과거에 대한 글을 쓰는 데 푹 빠져본 적이 있다면 오랫동안 잊었던 기억이 물밀듯 밀려오는 것에 놀랐을 것이다. 딱 맞는 열쇠가 오래된 자물쇠를 열듯 맥락은 기억을 불러일으킬 수 있다. 마르셀 프루스트(Marcel Proust)의 『잃어버린 시간을 찾아서(Remembrance of Things Past)』에서 화자는 숙모와 숙부가 있던 프랑스의 마을에서 보낸 유년기를 회상할 수 없음을 한탄하다가, 어느 날 라임 꽃차에 적신 케이크를 맛보고 나서 시간 속에서 오랫동안 잊어버렸다고 생각했던 사람과 사건들에 대한 모든 기억이 한순간에 밀려 들어오는 경험을 한다. 많은 사람들이 이처럼 어떤 장면이나 소리, 냄새에 과거의 기억이 한꺼번에 밀려들면서 몇 년 동안 생각해본 적 없는 사건마저 되살아나는 경험을 한다.[8]

쉽다고 더 좋은 것은 아니다

심리학자들은 인출 연습의 용이함과 지식을 기억에 고정하는 연습의 효과 사이에 기이한 반비례 관계가 있음을 밝혀냈다. 지식이나 기술을 쉽게 인출할수록 기억을 오래 보유하게 하는 인출 연습의 효과가 약해진다. 거꾸로, 지식이나 기술을 어렵게 인출할수록 그 인출 연습은 지식이 깊이 뿌리내리도록 할 것이다.

얼마 전 샌 루이스 오비스포에 있는 캘리포니아 폴리테크닉(칼 폴리) 주립대학교 야구팀이 타격 기술 향상과 관련된 재미있는 실험에 참여한 적이 있다. 모두 노련한 선수들로서 공을 제대로 쳐내는 데 능했지만 일주일에 두 번 추가로 타격 연습을 하는 데 동의했다. 두 가지 체계로 나누어 연습한 뒤 어떤 유형의 연습이 더 나은 성과를 내는지 보기로 했다.

야구공을 치는 것은 스포츠에서 가장 어려운 기술에 속한다. 공이 홈 플레이트에 도달하는 데 걸리는 시간은 0.5초도 되지 않는다. 그 순간 타자는 지각, 인지, 운동 기술의 복잡한 조합을 실행해야 한다. 투구의 유형을 알아내고, 공이 어떻게 움직일지 예측하고, 공과 같은 순간 같은 장소에 배트가 도달하도록 시간을 측정하여 겨냥해야 한다. 이러한 일련의 지각과 반응은 자동적으로 일어날 정도로 깊이 자리 잡고 있어야 한다. 어떻게 칠지 생각하기도 전에 공은 이미 포수의 글러브에 들어간 지 오래일 것이기 때문이다.

칼 폴리 팀 중 일부는 표준적인 방법으로 연습했다. 45회의 투구를 세 세트로 나누어 치는 연습을 했다. 한 세트에는 같은 유형의 공을 15번씩 던져주었다. 예를 들면 첫 세트는 빠른 공 15번, 두 번째 세트는 커브 15번, 세 번째 세트는 체인지업 15번으로 구성했다. 이 연습은 집중 연습의 형태였다. 한 세트마다 타자가 같은 공을 여러 번 보게 되면서 공을 예측하고 스윙 타이밍을 계산하고 쳐내는 데 만족스러울 정도로 향상된 결과를 얻었다. 이들은 쉽게 학습하는 것으로 보였다.

나머지 팀원들은 더 어려운 체계에 따라 연습했다. 세 가지 유형이 45차례의 투구에 무작위로 섞여 배치되었다. 타자는 매번 어떤 유형의 공이 올지 전혀 알지 못했다. 45번의 스윙이 끝날 무렵에도 타자는 공을 치는 데 다소 애를 먹고 있었다. 이 선수들은 다른 집단의 팀원들만큼 예측 능력을 계발하지 못하고 있는 것처럼 보였다. 투구 유형의 교차와 각 유형 사이의 간격 때문에 타자는 학습이 더 힘들고 더디다고 느꼈다.

추가 연습은 일주일에 두 번씩 6주 동안 계속되었다. 마지막에 선수들의 타격을 평가했을 때 두 집단은 추가 연습에서 확연히 다른 이득을 얻었다. 결과는 선수들의 예상과 달랐다. 무작위적인 투구로 연습한 선수들은 같은 유형을 반복해서 친 선수들에 비해 현저히 나은 타격을 선보였다. 추가 연습 전에도 다들 이미 노련한 타자였다는 점을 감안하면 이 결과는 더욱 흥미롭다. 그런 사람들의 경기력을 더욱 높은 수준으로 끌어올렸다는 사실은 훈련 체계의 효과에 대한 좋은 증거다.

여기서도 두 가지 익숙한 교훈을 얻을 수 있다. 첫째, 노력을 요구하고 눈에 보이는 진전을 늦추는 어느 정도의 어려움, 즉 간격 두기, 교차, 혼합 연습이 당장은 덜 생산적으로 보이더라도 학습을 더욱 강력하고 정확하며 오래 지속되게 함으로써 그 점을 상쇄하고도 남는다. 둘째, 자신에게 어떤 학습 전략이 가장 좋을지에 대한 판단은 틀릴 때가 많으며 이는 자신이 능숙해졌다는 착각 때문이다.

커브볼만 연속으로 15번 연습했던 칼 폴리 팀 선수들은 공이 회전하는 모양, 방향을 바꾸는 방식, 방향을 바꾸는 속도, 방향을 틀 때까지 걸리는 시간 등 그 유형의 공을 칠 때 필요한 지각과 반응을 기억하기가 더 쉬워졌다. 경기력은 향상되었지만 이것은 효과가 오래 지속되지 않는 학습 방식이다. 커브볼이 올 것을 알고서 치는 것과 모르고 치는 것은 다른 기술이다. 야구선수들은 후자를 연마해야 하지만 전자의 방식으로 연습할 때가 많다. 집중 연습인 전자의 방식은 단기 기억에 의존해서 경기력을 향상시킨다. 무작위 투구로 연습해야 했을 때 타자들은 필요한 기술을 인출하기 더욱 어려워했다. 그 난관에 대처하는 과정은 경기력 향상의 속도를 고통스러울 정도로 늦추었지만 그 향상된 상태를 오래 지속하게 하기도 했다.

이 역설적인 점이 학습에서 바람직한 어려움이라는 개념의 핵심이다. 인출(사실상 재학습)할 때 더 많은 노력이 필요할수록 더 잘 배울 수 있다. 다른 말로 하면 어떤 주제에 대한 영구적인 지식을 형성할 때 그 주제에 대해 더 많이 잊어버릴수록 재학습이 더 큰 효과를 발휘한다는 것이다.[9]

힘들여 배울 때의 효과

기억이 재통합되며 강화된다

간격을 두고 연습하면 회상할 때 노력이 더 든다. 이 과정은 단기 기억 속의 기술이나 자료를 생각 없이 반복하기보다 장기 기억에 있던 것들을 '재장전'하거나 재구성할 때 일어난다.[10] 이렇게 핵심에 초점을 맞추고 노력이 필요한 회상을 거치면서 지식은 다시 유연해진다. 가장 중요한 점들이 명확해지고 그 결과 재통합이 일어나면서 지식의 의미, 사전 지식과의 연결, 단서, 인출 경로가 강화되고 경쟁이 약화된다. 어느 정도의 망각이 일어나게끔 시간 간격을 두고 하는 연습은 지식과 단서를 강화하고, 투수가 빠른 공을 여러 번 던진 후 커브볼로 타자를 놀라게 하려 할 때처럼 지식이 다시 필요해질 때 빠르게 인출할 수 있는 경로 역시 강화한다. 노력을 들여 회상에 성공한다는 전제 하에, 기억을 회상하거나 기술을 실행하는 데 노력이 많이 들수록 회상이나 실행 행위 자체가 학습에 더욱 크게 도움이 된다.[11]

집중 연습은 무언가에 아주 능숙하다는 느낌을 갖게 한다. 집중 연습을 할 때는 장기 기억에서 지식을 꺼내 재구성하지 않고 단기 기억 속에서 정보를 계속 반복해서 접하기 때문이다. 하지만 학습 전략으로서의 반복 읽기처럼 집중 연습으로 얻은 능숙함은 일시적이고, 잘한다는 느낌은 착각이다. 재통합과 더 깊이 있는 학습의 도화선이 되는 것은 노력을 많이 들여 지식을 재구성하는 과정이다.

심성 모형 형성을 촉진한다

노력을 들여 연습을 충분히 하고 나면 서로 관련된 복잡한 생각들이나 연속적인 운동 기술이 의미 있는 하나의 전체로 결합하여 일종의 '두뇌 앱'과 같은 심성 모형을 형성한다. 운전을 배울 때는 여러 가지 행동을 동시에 하게 되고 거기에 집중력과 재주를 있는 대로 쏟아부어야 한다. 하지만 시간이 지나면 인지와 운동 기술이 조합된 행동들, 예를 들어 평행 주차나 수동 변속기를 조작하는 데 필요한 지각과 기술이 운전과 관련된 심성 모형으로 기억에 깊이 새겨진다. 심성 모형은 확실히 자리 잡은 능숙한 기술(커브볼을 보고 쳐내기)이나 지식 구조(체스 말의 이동 순서를 암기하기)의 형태이며 습관처럼 다양한 상황에 맞춰 변하거나 응용될 수 있다. 숙련된 수행은 자신의 전문 분야를 다양한 조건에서 수천 시간 연습함으로써 완성된다. 이러한 연습을 통해 주어진 상황을 정확히 파악하고 올바른 반응을 선택하고 실행할 수 있게 하는 심성 모형의 광대한 정보를 축적하는 것이다.

지식을 다양한 상황에서 능숙하게 적용할 수 있다

여러 번 다양한 맥락에서 다양한 학습 자료를 교차하며 수행하는 인출 연습은 그 자료와 새로운 연관성을 형성한다는 이점이 있다. 이 과정에서 한 분야의 숙련도를 높이는 지식들이 서로 연결되어 지식의 망이 만들어진다. 또한 지식을 인출하기 위한 단서의 수가 늘어나고 나중에 그 지식을 여러 가지로 응용할 수 있는 융통성이 발달한다.

　맛과 질감의 상호작용에 대한 복잡한 지식을 체득한 노련한 요리사를 생각해보자. 그는 열을 가하면 재료의 형태가 어떻게 변하는지, 중국요리용 볶음팬인 웍(wok)과 소스팬, 구리솥과 무쇠솥에 요리했을 때 각각 어떤 차이가 있는지 안다. 이번에는 낚시꾼을 생각해보자. 그는 송어가 있다는 것을 느낌으로 알고, 거기 있을 법한 물고기 종류를 정확히 짐작한다. 드라이플라이와 님프, 스트리머 중 적절한 플라이를 고르고 바람을 가늠하며 미끼를 어디에 어떻게 던져야 송어를 낚을 수 있을지도 안다. BMX 자전거로 바니홉(점프하여 앞바퀴를 키의 한계치까지 들고 그 상태로 다리를 접어 뒷바퀴까지 들어올리는 기술), 테일휩(높게 점프하여 뒤쪽을 360도 돌리는 기술), 180도 회전, 월탭(벽을 치고 내려오는 기술) 등의 기술을 익숙지 않은 거리의 특징에 맞추어 선보일 수 있는 아이도 있다. 연습의 교차와 변화는 연습의 맥락, 다른 기술들, 새로운 자료와 연관된 지식을 한데 섞는다. 이 과정에서 심성 모형은 더욱 다양한 요소를 포함하게 되며 우리가 지식을 좀 더 광범위한 상황에 적용할 수 있게 해준다.

개념적 학습을 돕는다

인간은 어떻게 개념을 배울까? 개와 고양이의 차이는 어떻게 아는 것일까? 차우차우, 얼룩 고양이, 그레이트 데인, 그림책 속의 사자, 캘리코 고양이, 웰시 테리어 등 다양한 표본을 순서 없이 접하면서 알게 된다. 어떤 대상을 시간 간격을 두고 번갈아 접하는 것은 일반적인 인간 경험의 특징이다. 이것이 좋은 학습 방법인 이유는 이런 식으로 자료에 노출될 경우 각각을 구별하고 귀납적으로 결론 내리는 기술이 향상되기 때문이다. 즉 상세한 점들을 인지(거북이는 호흡을 위해 수면으로 나오지만 물고기는 그렇지 않다)하고 일반적 원칙(물고기는 물속에서 호흡할 수 있다)을 추측하게 된다.

새의 종류와 화가의 그림을 교차하여 제시했던 연구들을 생각해보자. 이 연구들에 쓰인 교차 방식은 다양한 새의 종류나 화가의 그림을 구별하는 동시에 한 종류에 속하는 새들이나 한 화가에 속하는 작품끼리의 공통점을 알아보도록 도와주었다. 학습 방식에 대한 선호도와 생각을 묻자 참가자들은 다양한 새 종류에 대해 공부했을 때보다 한 종류의 여러 표본을 공부한 경험이 더 나은 학습으로 이어졌다고 생각했다. 하지만 더 어렵고 매끄럽지 못하다는 느낌이 드는 교차 전략은 종류들 간의 차이를 더욱 잘 구분하게 하면서도 같은 종류에 속하는 개체들의 공통점을 학습하는 능력을 방해하지 않았다. 야구선수들의 타격 연습에서도 마찬가지였듯, 교차 방식으로 학습했을 때 특정 새가 어떤 종류에 속하는지에 대한 지식을 인출하기가 어려웠고 그만큼 탄탄하게 학습할 수 있었다.

교차 방식으로 인한 어려움은 두 번째 유형의 학습 촉진제다. 관련은 있지만 서로 다른 입체들을 교차 방식으로 공부하려면 부피를 계산할 공식을 제대로 선택하기 위해 공통점과 차이점을 파악해야 한다. 교차 연습을 하면서 이렇게 공통점과 차이점에 더욱 민감해지면 학습 자료의 표상을 더 복잡하고 섬세하게 부호화하는 것으로 추정된다. 따라서 표본이나 문제 유형이 어떻게 구별되는지, 왜 다른 해석이나 해법이 필요한지 더 잘 이해하게 된다. 말하자면 노던 파이크(nothern pike, 민물고기의 일종-옮긴이)는 스푼이나 크랭크 베이트(물고기를 모방한 미끼와 달리 엉뚱한 모습으로 호기심을 유발하도록 고안된 것-옮긴이)라는 미끼를 공격하는 데 반해 왜 배스는 그럽(곤충의 유충-옮긴이)이나 포퍼(코르크나 가벼운 나무로 만들어 1~2개의 바늘을 매단 물고기 모양의 미끼-옮긴이)를 던질 때까지 꿈쩍도 안하는지 말이다.[12]

실전에 강해진다

간격 두기, 교차하기, 변화 주기가 야기하는 인출상의 어려움을 극복하는 방법은 그 지식을 앞으로 일상에 적용할 때 요긴하게 쓰일 정신적 과정을, 연습할 때 미리 겪어보는 것이다. 이런 학습 전략은 실제 경험의 난관을 모방한다는 점에서 '실전처럼 연습하면 연습했던 대로 실전에 임하게 될 것이다.'라는 말과 일맥상통하며, 과학자들이 학습의 전이(transfer of learning)라고 부르는 능력을 향상시킨다.

학습의 전이란 배운 것을 새로운 환경에서 적용하는 능력이다. 칼 폴리 야구팀의 타격 연습 실험에서는 무작위 투구가 어려움을 유발했다. 집중적이고 변동 없는 연습을 한 타자들이 좁은 범위의 정신적 과정으로도 타격을 잘해내는 데 충분했던 것에 비해, 무작위 투구의 어려움을 극복한 타자들은 그 극복 행동을 통해 더욱 광범위한 정신적 과정이 담긴 '사전 (vocabulary)'을 형성했다. 여기에는 난관의 특성(예를 들면 투수가 어떤 공을 던질지)을 파악하는 정신적 과정과 자신이 실행할 수 있는 반응 중 하나를 선택하는 정신적 과정이 포함된다. 바구니로부터 90센티미터 떨어진 곳에서만 콩 주머니 던지기 연습을 했던 학생들에 비해 60센티미터와 120센티미터 떨어진 곳에서 번갈아 연습한 학생들이 90센티미터 떨어진 바구니에 주머니를 더 잘 던져넣었던 사례, 점점 어려움과 복잡함을 더해갔던 점프 스쿨의 모의 훈련, 매트 브라운의 제트기 모의 훈련을 떠올려보라.

학습 내용을 받아들일 마음의 준비가 된다

문제 푸는 방법을 보기 전에 풀어보라는 요청을 받고 문제와 씨름하고 난 후에는 해법을 더욱 잘 배우고 그 지식을 더 오래 기억할 수 있다. 보이 스카우트 단원은 매듭 몇 개만 만들 줄 알면 우리가 더욱 풍부한 인생을 살 수 있을 것이라며 시립 공원에서 이 고리 매듭 만드는 시범을 보인다. 이

때 그 모습을 거기 서서 구경할 때보다 낚싯배를 사서 직접 닻줄을 달려고 할 때 고리 매듭 만드는 법을 배울 가능성이 훨씬 높다.

바람직한 어려움을 포함하는 학습 전략들

간섭이라고 하면 학습에 해를 끼친다고 생각하기 쉽지만 학습상의 이득을 제공하는 간섭도 있으며 그 긍정적인 효과는 가끔 놀라울 정도다. 평범한 유형의 글을 읽겠는가, 어딘가 초점에서 벗어난 글을 읽겠는가? 분명 전자를 선택할 것이다. 하지만 사람들은 미묘하게 초점에서 벗어나거나 해독하기 약간 어려운 글씨체로 쓰인 글을 읽을 때 그 내용을 더욱 잘 회상한다. 강의의 개요는 꽉 짜인 교재의 흐름을 따라가야 할까, 어떤 식으로든 교재와 어긋나는 편이 나을까? 밝혀진 바로는 강의가 교재와 다른 순서로 진행될 때, 핵심 내용을 파악하고 어긋난 부분을 일치시키려는 노력을 통해 강의 내용을 더욱 잘 회상하게 된다. 또 하나의 놀라운 점은 글에 쓰인 단어에서 철자가 빠져 있으면 그것을 채워가면서 읽어야 하므로 읽는 속도가 느려지고 기억이 잘 유지된다.

이 모든 예에서 평범한 방식을 벗어나는 순간 어려움이 유발되고, 그것은 유창함에 방해가 된다. 학습자는 약간 어긋난 부분을 이치에 맞게 해석하느라 더 열심히 노력한다. 이 별도의 노력이 이해와 학습을 증진한다. 물론 어려움이 극복되지 못할 정도거나 자료의 의미를 완전히 흐린다면 학습이 증진되지 않을 것이다.[13]

정보나 해법을 제공받는 대신 문제를 풀려고 애쓰는 행동을 **생성** (generation)이라고 한다. 친숙한 자료로 시험을 보더라도 빈 칸을 채우는 간단한 행동만으로 그 자료에 대한 기억과 회상 능력을 강화하는 효과가 있다. 시험을 볼 때 여러 개의 보기 중에 선택하기보다 답을 스스로 만들어내야 하는 경우 더욱 강력한 학습상의 이득이 발생하기도 한다. 짧은 글을 써내야 한다면 그 효과는 더욱 커진다. 이와 같이 가벼운 어려움의 극복은 능동적 학습의 한 형태이며 이때 학생들은 고차원적인 사고 과제를 수행하게 된다.

낯선 문제의 답이나 해법을 내놓아야 하는 경우라면 학습을 돕는 생성의 힘이 더욱 눈에 띈다. 이 효과에 대한 한 가지 설명은 이런 것이다. 아직 답이 나오기 전이라도 답을 찾아다니며 기억에서 관련 지식을 인출하는 동안 그 빈자리와 관련된 인출 경로가 강화된다. 답을 구하고 나면 그동안 노력한 과정에서 떠오른 새로운 관련 자료와의 연결이 형성된다. 예를 들면 버몬트 출신인 사람에게 텍사스의 주도를 물어본다면 가능한 답들을 곰곰이 생각할 것이다. 댈러스? 샌 안토니오? 엘 파소? 휴스턴? 확실한 답은 모르더라도 정답이 떠오를 때까지(혹은 답을 들을 때까지) 정답 후보들을 생각해본 경험은 우리에게 도움이 된다. (답은 오스틴이다.)

문제와 씨름하는 동안 우리는 뭔가 답이 될 수 있는 생각을 떠올리려고 머리를 쥐어짠다. 궁금한 나머지 당혹스러워하거나 좌절감에 젖어 자신의 지식에 채워야 할 구멍이 있다는 사실을 예민하게 의식할 수도 있다. 이때 답이나 해법을 보게 되면 불이 하나 켜진다. 그냥 답을 읽었을 때와 달리, 문제를 푸는 데 실패한 시도들은 나중에 답이 나왔을 때 그 답을 머릿속 깊이 처리하도록 촉진하고 부호화하는 데 도움을 준다. 해법을 외우기보다는 문제를 푸는 편이 낫다. 시도를 하지 않는 것보다는 문제를 풀려고 시도하고 오답을 내놓는 편이 낫다.[14]

배운 것을 몇 분 동안 검토하고 자체적으로 질문하는 행동을 **반추**(reflection)라고 한다. 예를 들면 강의나 읽기 숙제를 마치고 혼자서 질문을 던지는 것이다. 핵심 내용이 무엇인가? 어떤 예가 있을까? 내가 이미 알고 있는 지식과 어떻게 연결되는가? 새로운 지식이나 기술을 연습한 후에는 이런 질문을 해볼 수 있다. 어떤 부분이 잘되었는가? 더 잘될 수 있었던 것은 무엇인가? 더 능숙해지려면 무엇을 배워야 하는가? 더 좋은 결과를 얻으려면 다음에는 어떤 전략을 사용해야 하는가?

앞서 언급했듯 반추는 몇 가지 인지적 활동을 통해 더욱 강력한 학습으로 이어진다. 이 인지적 활동에 해당하는 것은 인출(최근 배운 지식을 회상하기), 정교화(새로운 지식을 기존의 지식과 연결하기), 생성(핵심 내용을 자기만의 언어로 바꿔서 표현하기, 혹은 다음에 시도해볼 다른 방식을 머릿속으로 연습하고 시각화하기)이다.

학교에서 통용되는 반추의 한 형태로는 '**학습을 위한 글쓰기**(writing to learn, WTL)'를 들 수 있다. 요컨대 학생들은 최근 수업에서 배운 주제에 대해 반추하며 짧은 글쓰기 과제를 한다. 이 글에서 수업의 중심 내용을 자기만의 언어로 다시 표현하기도 하고 해당 수업 혹은 다른 수업에서 배운 다른 지식과 연관 지어보기도 한다. 반추하는 동안 다양한 인지적 활동(인출, 정교화, 생성)에 따라오는 학습상의 이득은 실증적 연구들을 통해 입증되었다.

최근 '학습을 위한 글쓰기'를 학습 수단으로 보고 구체적으로 조사한 홍미로운 연구가 있다. 여러 강좌가 개설된 심리학 개론 수업에 등록하고 한 학기 동안 수업을 들은 800명 이상의 대학생들을 연구 대상으로 했다. 강사들은 수업에서 핵심 개념들을 두 가지 방식으로 지도했다. 우선 어떤 개념들을 제시한 뒤 학생들에게 학습을 위한 글쓰기를 하게 했다. 학생들은 저마다 핵심 내용을 자기 나름의 표현으로 다시 쓰고 사례를 들어(생성) 핵심 개념을 정교화했다. 그리고 또 다른 핵심 개념들은 요약된 슬라이드를 보고 핵심 내용과 그 예들을 베껴 쓰게 했다.

  결과는 어땠을까? 학기 중 치른 시험에서 학생들은 노력을 들여 배운 핵심 개념을 이해했는지 평가하는 문제를 풀었다. 이들은 베껴 쓴 내용보다 자신만의 언어로 쓴 내용에서 현저히 높은 성적(A, B, C로 나눌 때 거의 반 등급 높은 성적)을 받았다. 이 결과는 학습상의 이득을 얻은 것이 단순히 핵심 개념에 노출되었기 때문만은 아니라는 점을 보여준다. 기억의 유지 상태를 측정하기 위해 두 달쯤 지나 이어진 시험들에서 반추의 일환이었던 '학습을 위한 글쓰기'의 이점은 약간 줄어들긴 했지만 확고하게 유지되었다.[15]

실수 없는 학습에 대한 맹신

  1950~1960년대에 심리학자 브루스 F. 스키너(Burrhus F. Skinner)는 교육 분야에 '실수 없는 학습(errorless learning)' 기법의 도입을 주장했다. 학습자의 실수는 비생산적인 것이며 잘못된 교육의 결과라는 생각에서였다. 실수 없는 학습 혹은 무오류 학습 이론이 낳은 학습 기법은 새로운 자료

를 주입식으로 가르치고 그 지식이 머릿속에 맴돌고 있을 때 즉각 시험을 보게 하는 기법이었다. 말하자면 단기 기억에 생생하게 남아 있는 것을 시험 형식으로 쉽게 뱉어내게 하는 것이었다. 실수를 저지를 가능성이 사실상 없었던 셈이다. 이후의 연구로 우리는 단기 기억에서의 인출이 비효율적인 학습 전략이며 실수는 새로운 지식에 더욱 통달하기 위한 노력의 필수 요소라는 점을 이해하기에 이르렀다. 하지만 우리 문화에서는 성취가 능력의 지표로 간주되고, 많은 학습자들이 실수를 실패로 받아들이며, 실수를 피하기 위해 감당할 수 있는 것만 하려고 하는 풍조가 형성되었다. 실패를 혐오하는 현상은 학습자에게 실수를 허용하면 그 실수를 배울 것이라는 믿음에 사로잡힌 교육자들 때문에 더욱 심화되었는지도 모른다.[16]

이것은 잘못된 흐름이다. 학습자가 실수를 하고 그것을 바로잡아주는 피드백을 받으면 실수는 학습되지 않는다. 문제 푸는 법을 보지 않고 문제를 풀려고 시도할 때처럼 실패로 끝날 가능성이 지극히 높은 전략이라도 실수를 바로잡아주는 피드백과 병행한다면 수동적인 학습 전략에 비해 학습과 정확한 정보를 보유하는 데 더욱 유리하다. 게다가 학습이 종종 실수를 동반하는 투쟁이라고 배우는 사람들은 어려운 도전에 더욱 기꺼이 달려들려고 하는 한편 실수를 실패가 아니라 교훈이자 완벽한 숙달로 향하는 전환점으로 보는 경향이 있다. 이 사실을 확인하려면 더 찾아볼 것도 없이 엑스박스 액션 게임에서 캐릭터 레벨을 올리는 데 푹 빠진 옆집 꼬마를 보면 된다.

실패에 대한 두려움은 학습에 필요한 실험과 위험 감수를 두려워하거나 시험과 비슷한 상황에서 압박을 받아 수행이 부진해지는 식으로 학습에 악영향을 미친다. 후자의 경우 시험에서 실수하기를 아주 두려워하는 학생은 그 불안 때문에 실제로 시험에서 더 나쁜 결과를 얻기도 한다. 왜 그럴까? 작업 기억(working memory) 용량의 상당한 부분이 자신의 수행을 감시하는 데 쓰이므로(내가 어떻게 하고 있지? 실수하고 있나?) 시험 문제를 푸는 데 쓸 작업 기억 용량이 얼마 남아 있지 않기 때문이다. '작업 기억'은 어떤 문제를 처리하는 동안, 특히 방해물과 마주하고 있을 때 머릿속에 담고 있을 수 있는 정보의 양을 가리킨다. 누구나 작업 기억은 아주 제한적이고 개인차도 있으며, 용량이 큰 작업 기억은 높은 지능과 연관이 있다.

한 연구에서는 실패에 대한 두려움이 시험에서의 수행을 어떻게 끌어내리는지 탐구했다. 프랑스의 6학년 학생들에게 아무도 풀지 못할 정도로 어려운 애너그램 문제를 주었다. 문제와 씨름한 끝에 성공하지 못한 아이들 중 절반은 그 후 10분짜리 강의를 들었다. 여기서 아이들은 어려움이 학습에 꼭 필요하고, 실수는 자연스럽고 있을 수 있는 일이며, 자전거 타는 법을 배울 때처럼 연습을 하면 도움이 된다는 점을 배웠다. 나머지 절반은 애너그램을 풀기 위해 어떤 시도를 했는지 질문을 받았다. 그 후 두 집단 모두 작업 기억을 측정하는 어려운 시험을 보았다. 실수가 학습에서 자연스러운 부분이라는 점을 배운 아이들은 다른 집단에 비해 월등히 나은 결과를 얻었다. 이 아이들은 작업 기억 용량을 시험이 어려울까 봐 염려하는 데 쓰지 않았던 것이다. 이 견해는 원래의 연구를 다양하게 변형한 연구들을 통해 추가적으로 검증되었다. 그 결과들은 어려움이 무능하다는 느낌을 불러일으키고 그 느낌이 불안을 유발하며 그것이 결국 학습을 방해한다는 발견과 더불어 "학생들은 어려움과 겨뤄볼 여지가 있을 때 더 좋은 성과를 거둔다."라는 발견을 지지했다.[17]

이 연구들은 학습에서 모든 어려움이 바람직하지는 않다는 점을 알려준다. 시험을 보는 동안 느끼는 불안은 바람직하지 못한 어려움에 해당한다. 또한 이 연구들은 새로운 것을 배울 때 어려움이 정상적일 뿐 아니라 유용한 것일 수도 있음을 학습자들이 알아야 한다고 강조한다. 이런 점에서 프랑스에서의 연구는 많은 다른 연구들을 토대로 삼았다고 볼 수 있는데, 그 중 가장 유명한 것은 캐롤 드웩(Carol Dweck)과 앤더스 에릭슨(Anders Ericsson)의 연구다. 드웩의 연구에 따르면 자신의 지적 능력이 타고난 유전으로 태어날 때부터 고정되어 있다고 믿는 사람들은 성공할 수 없을 것 같은 도전을 피하는 경향이 있다고 한다. 실패가 자신의 타고난 능력 부족을 나타내는 것 같기 때문이다. 반면 노력과 학습이 뇌를 변화시키고 지적 능력이 자신의 통제에 크게 의존한다는 점을 이해하도록 도움을 받은 사람들은 어려운 도전에 착수하고 꾸준히 버틸 가능성이 더 높다. 이들은 실패를 무능력의 표시이자 막다른 길이라고 생각하는 대신 노력의 표시이자 **전환점**으로 여긴다. 숙련된 수행의 특성을 조사한 앤더스 에릭슨의 연구는 전문적 지식이나 기술을 쌓으려면 현재 자신의 수준을 능가하기 위해 수천 시간을 연습에 전념하며 분투해야 한다는 점을 보여준다. 이 과정에서 실패는 숙달된 상태로 가는 데 필수적인 경험이 된다.

6학년 아이들을 대상으로 한 프랑스의 연구는 광범위한 언론의 주목을 받았고 파리의 명문 대학원에서 '실수 축제(Festival of Errors)'를 개최하는 계기가 되었다. 이 축제의 목적은 실수를 저지르는 것이 학습의 건설적인 부분이며 실패가 아니라 노력의 표시라는 사실을 프랑스 학생들에게 가르치는 것이다. 축제의 주최자들은 현대 사회의 결과 중심적 풍조가 지적으로 두려움이 만연한 문화로 이어졌으며, 이 문화에는 프랑스 역사에 남을 위대한 발견을 낳은 지적 숙성을 기다리고 위험을 감수하는 태도가 결여되어 있다고 주장했다.

샌프란시스코에서 열리는 '페일콘(FailCon)'은 파리의 '실수 축제'와 비슷한 개념이다. 페일콘에서는 기술 분야 사업가와 벤처 투자가들이 1년에 한 번 모여, 사업 전략을 바꾸어 성공하는 데 필요했던 결정적인 통찰력을 얻은 실패에 대해 연구한다. 토머스 에디슨은 실패를 영감의 원천이라고 불렀고 이런 말을 한 것으로 알려져 있다. "나는 실패하지 않았다. 다만 만 가지의 틀린 방식을 발견했을 뿐이다." 그는 실패에 부딪혔을 때 인내하는 것이 성공의 열쇠라고 주장했다.

실패는 우리가 살고 있는 세상에 대한 이해를 증진해온 과학적 방법의 근간이기도 하다. 실패를 유용한 정보의 원천으로 만드는 끈기와 회복력이라는 특성은 어떤 영역에서든 성공적인 혁신의 근저를 이루고 있으며 모든 성공적인 학습의 핵심에 해당한다. 실패는 노력이 더 필요함을 알려주기도 하고 다른 접근법을 시도하도록 우리를 깨우쳐주기도 한다. 스티브 잡스는 2005년 스탠포드 대학교 졸업식 연설에서 1985년 자신이 창업한 애플에서 서른 살의 나이로 해고된 이야기를 했다. "당시에는 몰랐지만 애플에서 해고당한 건 제 인생에서 일어날 수 있는 최고의 사건이었습니다. 성공의 무게에서 벗어나 모든 것이 불확실했던 초심으로 돌아갈 수 있었죠. 그 일로 자유로워진 덕분에 인생에서 가장 창의적인 시기로 걸음을 옮길 수 있었습니다."

바람직한 것은 실패 자체가 아니라 난관에 굴하지 않는 노력, 그리고 효과가 있는 방식과 없는 방식의 발견이다. 때로 이것은 실패를 통해서만 드러난다.

생성적 학습의 예

앞서 말했듯이 해법을 배우지 않고 문제를 풀려고 하는 과정을 생성적 학습이라고 한다. 이 말은 학습자가 답을 회상하는 것이 아니라 생성한다는 뜻이다. 생성은 예전 방식으로 말하면 시행착오의 다른 표현이다. 실리콘 밸리의 차고에서 컴퓨터를 만지작거리던 깡마른 아이들이 억만장자가 된 예는 이미 누구나 아는 이야기이고, 여기서는 또 다른 예를 들어보려고 한다. 미네소타의 보니 블로젯(Bonnie Blodgett) 이야기다.

원예를 독학한 장식용 원예가이자 작가인 보니는 최근 순간적인 기분으로 시작한 일들이 분명히 잘못되어 창피해질 것이라고 걱정하는 마음 속의 목소리와 끊임없이 다투고 있다. 그녀는 미적 감수성이 예민한 동시에 의구심 또한 어마어마하다. 그녀의 '학습 방식'은 아마도 '돌다리도 두들겨보기 전에 건넌다. 두들겨보면 건너고 싶지 않을 테니까.'일 것이다. 보니가 쓴 원예에 대한 글은 '실수투성이 원예가'라는 필명으로 연재된다. 이 필명은 마음속에서 울리는 의심의 목소리에게 사라져달라고 말하는 하나의 방편이다. "실수투성이라는 말은 어떤 일을 제대로 하는 법을 알기 전에, 무슨 일에 뛰어들고 있는지 알기도 전에 프로젝트에 뛰어든다는 의미예요. 자기가 도대체 무슨 일에 뛰어들고 있는지 알 경우 위험한 점은 이거예요. 그걸 안다는 사실 자체가 일을 시작하지 못하게 하는 엄청난 장애물이 된다는 거죠."[18]

보니의 성공은 문제와 씨름하는 과정이 어떻게 더욱 탄탄한 학습으로 이어지는지, 시행착오를 거치고 특정 분야에 꾸준히 전념하며 발전할 때 어떻게 사물의 연관성에 복합적으로 통달하고 해박한 지식을 쌓게 되는

해법을 배우지 않고 문제를 풀려고 하는 과정을 생성적 학습이라고 한다. 생소한 일에 훌쩍 뛰어드는 추진력은 보니를 광대한 식물의 왕국으로 인도했다. 보니는 자신의 경험을 글로 씀으로써 정교화, 반추 등을 통해 학습 효과를 극대화했다.

지 보여준다. 우리가 대화를 나눈 이때 보니는 농장주들을 만나러 막 미네소타 남부에 간 참이었다. 농장주들은 그녀가 화초 배치와 디자인부터 해충 관리와 물대기까지 전반적인 영역에서 통찰력을 발휘해주기를 바랐다. 그녀가 첫 삽을 뜬 이래로 원예와 관련된 보니의 책은 몇 년에 걸쳐 전국적으로 인정을 받았고 열성적인 팬들이 도처의 직판점에 줄을 섰으며 그녀의 정원은 다른 원예가들이 찾아오는 명소가 되었다.

보니는 중년 무렵 장식용 원예에 발을 들였다. 교육을 받은 것도 아니었다. 그저 손에 흙을 묻히고 역사와 전통이 깊은 세인트 폴의 한 동네에서 남편과 함께 쓰는 구석진 공간을 아름답게 꾸미고 싶다는 불타는 소망뿐이었다.

"아름다움을 창조하다 보면 마음이 차분하게 진정돼요." 늘 글을 써오던 그녀는 원예를 시작한 지 몇 년 후 〈가든 레터(Garden Letter)〉를 발행하기 시작했다. 북부 지방의 원예가들을 대상으로 1년에 네 번 발행하는 이 〈가든 레터〉에서 보니는 노력의 결실, 작은 사고들, 깨달은 점, 성공한 경험들을 시간 순서대로 적는다. 보니는 정원을 가꿀 때와 똑같은 방식으로 글을 쓴다. 꾸밈없고 겸손한 유머를 구사하면서 경험의 산물인 재미있는 실수와 뜻밖의 통찰력을 전해준다. 그녀는 자신을 실수투성이 원예가라고 부르면서 자신에게, 독자들에게, 또 우리에게 실수를 해도 괜찮으며 실수를 하면서도 잘 지낼 수 있다는 메시지를 보내는 셈이다.

보니가 자신의 경험에 대해 **글을 씀**으로써 원예 자체를 넘어 몇 가지 강력한 학습 과정을 경험한다는 점에 주목하라. 예컨대 두 종의 과일 나무를 접목하는 실험에 대해 글을 쓴다면, 새로 알게 된 점과 세부 사항들을 인출하고 경험을 독자들에게 설명하면서 정교화하며 이미 알고 있거나 알게 된 점과 실험의 결과를 연관 짓게 된다.

생소한 일에 훌쩍 뛰어드는 추진력은 보니를 광대한 식물의 왕국으로 인도했을 뿐 아니라 라틴어 명명법과 고전적인 원예학 작품에 깊이 빠지게 했다. 이런 충동은 그녀를 공간과 구조의 미학과 역학으로도 이끌었다. 그녀는 돌담을 세우고, 인공 연못을 판 후 장비를 연결하고, 차고에 작은 탑이 있는 지붕을 달고, 길, 계단, 문을 설치했다. 또 고딕풍의 말뚝 울타리를 뜯어낸 뒤 그 나무를 이용해서 좀 더 열린 느낌을 주도록 주변의 정원과 연결했다. 그렇게 3층짜리 빅토리아식 주택의 우뚝 치솟은 수직성을 누그러뜨리고 길에서 봤을 때 더 산뜻하게 보이도록 야외 공간을 꾸몄다. 그와 동시에 정원의 원래 용도에 맞게 사적인 공간의 느낌이 들도록 집 외부와 구분했다. 색다르고 비대칭적인 그녀의 공간은 얼핏 보면 제멋대로인 것 같지만, 질감과 선, 배열이 반복되며 일관성이 느껴지는 곳이다.

보니가 어떻게 점점 더 복합적으로 숙련되어갔는지에 대한 간단한 예는 식물의 분류와 라틴어로 된 용어들을 받아들인 방식이다. "처음에 식물의 세계는 외계어를 쓰는 곳 같았어요. 원예 책을 읽다가도 뭐가 뭔지 전혀 알아들을 수가 없어서 난감했죠. 어떤 이름이 라틴어인지, 어떤 이름이 일반적으로 쓰는 이름인지도 몰랐어요. 배워볼 생각도 전혀 없었고요. 뭐랄까, 왜 그런 걸 하려고 해? 그냥 밖에 나가서 구멍 하나 파고 거기에 식물을 심으면 되잖아? 이렇게 생각했어요." 보니는 아이디어가 떠오르게 하는 사진들과 글을 좋아했다. 이런 글에서 원예 디자이너들은 원하는 효과를 어떻게 얻었는지에 대해 쓰면서 '나의 방식'과 같은 말을 사용했다. 무작정 하면서 배우던 보니에게 확신을 준 것은 '나의 방식'이라는 소유대명사였다. 이것은 모든 원예가에게 자신만의 특별한 방식이 있다는 생각이 담긴 말이다. 전문가의 방향을 따라가는 것은 보니의 방식이 아니었고, 하물며 린네 분류체계(Linnaean taxonomy)에 통달하거나 자신이 구멍에 꽂아넣고 물을 대준 식물의 라틴어 이름을 아는 것도 아니었다. 하지만 마음속에서 춤추는 황홀한 공간들을 흙 속에서 일궈내려고 애쓰며 이리저리 생각하던 보니는 자기도 모르게 라틴어와 린네에게 의지하게 되었다.

"라틴어 이름이 유용하다는 걸 알게 돼요. 라틴어 이름을 보면 식물의 특성을 금방 이해할 수 있고 기억하기도 쉬워요. 타르디바(tardiva)는 한 종(種)의 이름인데, 속(屬)인 하이드런지아(hydrangea) 뒤에 붙어서 하나의 이름이 돼요." 보니는 고등학교에서 프랑스어와 함께 라틴어를 배웠고 영어는 당연히 할 줄 안다. 여러 단서들이 이러한 기억을 다시 일깨우기 시작했다. "저는 타르디바라는 말이 타디(tardy)처럼 '늦은(late)'이라는 뜻인 걸 쉽게 알 수 있어요. 이 말이 다양한 식물 종류 뒤에 붙어서 만들어진 이름을 보면 그 식물이 어느 속에 해당하는지 알 수 있고 타르디바라는 종에 해당하는 것도 알게 되죠. 그럼 그 식물이 늦게 꽃을 피운다는(late bloomer) 사실을 알 수 있어요. 이런 식으로 라틴어 이름이 식물을 기억하는 데 도움이 된다는 걸 깨닫기 시작하면 그 이름을 점점 더 많이 쓰게 돼요. 그리고 프로쿰버스(procumbus)는 땅 위로 뻗는(prostrate) 덩굴식물이라는 뜻인데, 이런 것을 아주 능숙하게 알게 되면 기억하기가 더 쉬워져요. 의미가 통하니까요. 어떤 속에 속하는지 알면 종의 이름을 기억하는 것은 그렇게 어렵지 않아요. 또 라틴어 이름이 중요한 이유는 그 식물을 정확히 지칭할 수 있어서이기도 해요. 식물에는 일반적 이름이 있는데 지방에 따라 다르게 부르기도 하거든요. 악타에아 라세모사(actaea racemosa)는 검은 코호시라는 일반적 이름이 있지만 검은 뱀 뿌리라고도 알려져 있고, 또 다른 식물을 이 이름으로 부를 때도 많아요. 하지만 악타에아 라세모사는 하나뿐이죠." 보니는 점점 장식용 식물들의 표준적인 분류법을 알게 되었고 린네의 체계가 과(科)를 어떤 식으로 구성하고 특징들을 어떻게 알려주는지 제대로 알게 되었다.

보니의 말에 따르면 최근에 만난 농장주들이 특히 관심을 보인 부분은 화학 비료에 비해 퇴비와 지렁이가 영양 공급과 토양의 공기 순환에 어떻게 좋은지, 그리고 집에서 만든 점적 관개(drip irrigation, 호스에서 뿌리 근처로 물이 조금씩 떨어지게 하는 방법 – 옮긴이) 장치로 물을 적게 공급할 경우 어떻게 뿌리를 튼튼하게 하는지에 대해 그녀가 배운 점들이었다. 보니는 그들과 만났던 이야기를 잠시 멈추고 그 모든 지식들이 어떻게 자기에게 흘러 들어왔는지 돌이켜보았다. 그녀 스스로 달려들었던 것은 결코 아니었다. "실수는 정말로 나쁜 게 아니에요. 일을 끝까지 마무리하려면 실수는 좋은 일이죠. 일을 거창하게 생각하고 앞으로 일어날 일들을 전부 생각하느라 거기서 발이 멈추고 마는 사람들이 많아요."

물론 어떤 환경에서는, 말하자면 비행기에서 뛰어내려서 살아남는 법을 배운다든가 할 때는 실수가 최적의 학습 전략은 아니다.

바람직하지 못한 어려움

'바람직한 어려움'이라는 말을 만든 엘리자베스 비욕과 로버트 비욕은 어려움이 바람직한 이유를 이렇게 적는다. "어려움은 학습, 이해, 기억을 뒷받침하는 부호화와 인출 과정을 촉발한다. 하지만 만약 학습자가 어려움에 성공적으로 대처할 배경지식이나 기술이 없다면 그 어려움은 바람직하지 못한 어려움이 된다."[19] 인지심리학자들은 실증적 연구를 통해 시험, 간격 두기, 교차, 변화 주기, 생성, 특정한 유형의 맥락 간섭(contextual interference)이 탄탄한 학습과 기억의 유지로 이어진다는 사실을 안다. 이 외에 어떤 유형의 어려움이 바람직하지 못한지 직관적으로 알 수 있지만 이것을 뒷받침하는 데 필요한 연구가 부족하므로 아직 확실하게 말할 수는 없다.

뛰어넘을 수 없는 장애물은 분명 바람직하지 못하다. 수업을 교과서와 다른 순서로 진행하는 것은 언어 능력이 부족한 학습자에게 바람직한 어려움이 아니다. 교과서가 리투아니아어로 쓰였고 학습자가 그 언어를 모른다면 바람직한 어려움이 되기 힘들다. 바람직한 어려움은 학습자가 노력을 더 했을 때 극복할 수 있을 정도여야 한다.

TV뉴스 진행자라면 뉴스를 읽는 동안 누군가 귓가에 와서 속삭이게 하는 것이 필수적인 훈련일지도 모른다. 정치가라면 시위자 역할을 맡은 사람들에게 야유를 받으며 선거 연설을 하는 연습이 훈련에 도움이 될지 모른다. 하지만 로터리클럽 회장이나 무대 매너를 향상시키려는 야심찬 유튜브 블로거에게는 이런 어려움이 별로 도움이 되지 않을 것이다. 미시시피 강의 풋내기 예인선 항해사에게는 높이 날뛰는 빈 바지선을 바람에 맞서 갑문으로 끌고 가는 연습이 필요할 수도 있다. 야구선수는 스윙 실력을 향상시키기 위해 보통에 비해 무거운 배트로 타격 연습을 할 수 있다. 미식축구 선수에게 균형과 움직임을 배울 수 있는 발레의 원칙을 가르칠 수는 있지만 골프 드라이브 샷을 잘 치는 방법이나 테니스를 칠 때 필요한 백핸드 서브 넣는 법을 가르치려 드는 사람은 없을 것이다.

어떤 유형의 장애물이 학습을 강화하는지를 결정하는 중요한 법칙이 있을까? 시간이 지나고 연구가 더 수행되면 답이 나올 수도 있을 것이다. 하지만 방금 살펴보았듯 많은 증거들을 통해 바람직함이 입증된 어려움들은 이미 손쉽게 쓸 수 있는 다양한 도구를 널리 제공하고 있다.

어렵게 배워야 오래 남는다

학습은 적어도 3단계의 과정을 거친다. 먼저 **부호화**는 정보가 잘 짜인 지식의 표상으로 장기 기억에 통합되기 전에 단기 기억 수준에서 일어난다. **통합**은 기억 흔적을 재조직하고 안정시키며, 의미를 부여하고 과거의 경험 및 장기 기억에 저장된 지식과 연결을 형성한다. **인출**은 기억을 새롭게 하고 필요할 때 그 기억을 적용할 수 있게 한다.

학습은 항상 축적된 사전 지식을 기반으로 한다. 우리는 이미 알고 있는 지식과의 연결을 통해 사건을 해석하고 기억한다. 장기 기억 용량은 사실상 제한이 없다. 많이 알수록 새로운 지식이 더해졌을 때 더 많은 연결을 형성할 수 있다. 장기 기억의 엄청난 용량 때문에, 아는 것을 필요할 때 찾아내고 인출하는 능력이 핵심이다. 아는 것을 불러오는 능력은 그 정보의 **반복적인 사용**과 기억을 다시 활성화할 수 있는 강력한 **인출 단서**의 확립에 달려 있다.

지식의 주기적인 인출은 기억과 그 기억을 불러오기 위한 단서의 연결을 강화한다. 쉬운 인출 연습은 학습을 강화하는 데 거의 도움이 되지 않는다. 연습이 어려울수록 이득이 커진다.

속사포처럼 몰아서 연습하면서 단기 기억에서 지식을 회상할 때는 정신적 노력이 덜 들며 장기적 이득도 마찬가지로 적게 쌓인다. 어느 정도 시간이 지나 기억이 흐릿해지면 그것을 재건하기 위해 노력을 들여야 한다. 이렇게 노력을 들여 인출하는 행동은 기억을 강화할 뿐만 아니라 다시 **유연하게** 만들어 **재통합**되게 한다. 재통합은 새로운 정보를 추가하여 기억을 새롭게 유지하도록 도와주며 그 기억을 더욱 최근에 배운 것과 연결하는 과정이다.

노력이 드는 인출이나 연습을 반복하면 배운 것을 심성 모형과 결합하는 데 도움이 된다. **심성 모형** 안에서는 서로 관련된 생각들이나 일련의 운동 기술이 하나의 전체로 합쳐져서 나중에 다른 환경에 맞춰 조정되거나 적용될 수 있다. 차를 운전하거나 야구장에서 커브볼을 치는 것과 관련된 인지 및 조작이 이런 경우의 예에 해당한다.

연습 조건이 다양해지거나 여러 종류의 자료를 연습하면서 인출이 교차하여 일어날 때, **상황을 판별하는 능력과 귀납적으로 결론 내리는 기술**, 그 지식을 나중에 새로운 환경에서 적용할 수 있는 융통성이 증진된다. 교차 학습과 변화를 준 학습은 새로운 연결을 형성하고, 지식을 확장하고 기억에 더욱 확고히 자리 잡게 하며, 인출을 위한 단서의 수를 늘린다.

답이나 해법을 보기 전에 답을 생각해내려고 노력하거나 문제를 풀려고 노력하면, 그러는 동안 생각해낸 답이 오답이더라도 그것을 바로잡는 피드백이 제공된다는 전제 하에 정확한 답이나 해법을 더욱 잘 배우고 기억을 오래 유지할 수 있게 된다.

5장

안다는 착각에서 벗어나라

• 앎의 두 가지 체계

• 착각과 기억 왜곡

• 심성 모형의 효과

• 미숙함과 그것을 모르는 상태

• 올바른 판단인지 점검하는 습관

우리의 효율성은 주변 세상을 파악하고 자신의 수행을 측정하는 능력에서 시작된다. 우리는 자신이 무엇을 알고 무엇을 모르는지, 어떤 과제를 다루거나 문제를 풀 수 있는지 끊임없이 판단한다. 무언가에 몰두할 때는 자신을 계속 지켜보면서 점차 생각이나 행동을 조정해나간다.

심리학자들은 자신의 생각을 지켜보는 것을 **상위 인지**(metacognition)라고 부른다. 메타는 about(~에 대하여, ~주변의)의 그리스어 표현이다. 정확한 자기 관찰자가 되는 법을 배우는 것은 막다른 길을 피해 제대로 결정을 내리고 다음에는 어떻게 더 잘할 수 있을지 돌아보는 데 도움이 된다. 여기서 중요한 것은 자신을 속일 수 있는 방식을 잘 판단하는 것이다. 이러한 판단력이 부족하면 자신이 뭔가를 언제 알게 되었는지 알 수 없다. 또 다른 문제는 우리의 판단이 어마어마하게 다양한 방식으로 잘못 인도될 수 있다는 점이다.[1]

이 장에서는 흔히 사람들을 잘못된 길로 이끄는 지각적 착각, 인지적 편향, 기억의 왜곡에 대해 논의하고 현실에 맞게 판단하는 기법을 제시할 것이다.

판단력 부족의 결과는 신문에 나기도 한다. 2008년 여름, 미니애폴리스에서는 세 명의 권총 강도가 전화로 패스트푸드를 대량 주문한 다음 배달이 오면 음식과 현금을 빼앗고 놓아주는 범죄를 되풀이했다. 이들은 항상 똑같은 두 대의 휴대전화로 주문했고 똑같은 두 개의 주소로 배달시키고 있다는 사실을 자각하지 못한 채 그런 일을 반복했다.

미니애폴리스 경찰인 데이비드 가먼은 그 여름에 위장 근무를 하고 있었다. "점점 공격적으로 변하더군요. 처음에는 '그들에게 총이 있을지도 모른다'였는데 어느 순간 그들이 총 두 자루를 가지고 있고, 강도짓을 하면서 사람들을 해치고 있다는 걸 알게 됐죠."

가먼이 중국 음식점에 걸려온 대량 주문 전화를 받은 것은 8월의 어느 날 밤이었다. 그는 부랴부랴 작은 팀을 꾸리고 배달원 행세를 할 준비를 했다. 방탄조끼를 입고 그 위에 캐주얼 셔츠를 입은 다음 45구경 자동 권총을 바지에 쑤셔넣었다. 동료들이 배달 주소 근처에서 잠복하는 동안 가먼은 음식을 가지고 그곳으로 가서 전조등이 앞문을 훤히 비추게 한 상태로 주차를 했다. 음식 봉투 아래쪽을 길게 찢어 그 안에 38구경 권총을 넣고 손으로 받친 채 짐을 가져갔다.

전 짐을 들고 가서 말했어요. "음식 주문하셨죠?" 그쪽에서는 "그래."라고 대답했고 저는 이 사람들이 정말로 돈을 내려나 보다 생각했어요. 그렇게 돈을 받고 나오면 평생 한 일 중 이게 제일 멍청한 짓이 되겠지 하고 생각했어요. 그쪽이 40달러를 주면 어떡하나 싶었죠. 음식값이 얼마인지도 모르고 있었거든요. 그런데 그 남자가 뒤를 살짝 돌아보니까 나머지 두 사람이 다가오기 시작했고, 제 쪽으로 다가오면서 후드를 덮어 쓰더라고요. 그때 게임이 시작된 걸 알았죠. 첫 번째 남자가 총을 주머니에서 쑥 뽑아 장전해서 제 머리에 갖다대더니 이렇게 말했어요. "가진 것 다 내놔, 이 새끼야. 안 그러면 죽여버릴 테니까." 전 결국 음식 봉투 속에서 총을 쐈죠. 네 발이었어요.[2]

결국 그 남자는 급소보다 낮은 부위에 총을 맞고 살아났다. 음식 꾸러미가 그렇게 무겁지만 않았다면 가면은 조금 더 위를 겨냥했을 것이다.

우리는 자신이 평범한 바보들보다 똑똑하다고 생각하고 싶어한다. 설사 그렇지 않더라도 매년 다윈 상 수상자가 이메일로 돌아다니는 것을 보면 이 착각이 역시 옳다는 느낌이 든다. 다윈 상은 아주 형편없는 판단으로 죽음을 자초한 사람들의 짧은 목록인데, 이 중에는 24층 사무실의 유리가 튼튼한지 보여주겠다며 몸을 던졌다가 유리가 깨지는 바람에 추락사한 토론토의 변호사도 있다. 사실 누구나 잘못된 판단으로 실수를 하게 되어 있다. 좋은 판단을 내리는 것은 자신의 생각과 수행을 빈틈없이 관찰함으로써 습득해야 하는 기술이다.

우리가 이런 문제에 서투른 몇 가지 이유가 있다. 먼저, 우리는 무능할 때 자신의 유능함을 과대평가하고 변해야 할 이유를 깨닫지 못하는 경향이 있다. 또한 한 인간으로서 착각, 인지적 편향, 주위의 세상과 그 안에 있는 자신의 위치를 설명하기 위해 구성하는 이야기에 잘못 이끌리기 쉽다. 더 유능해지고 나아가 전문적인 능력을 쌓기 위해서는 다른 사람들의 유능함을 알아보는 법을 배워야 하고, 자신이 무엇을 알고 무엇을 모르는지 더욱 정확히 판단해야 하며, 성과를 거둘 수 있는 학습 전략을 채택하

고 우리가 향상되고 있는지 객관적으로 파악할 수 있는 방법을 찾아내야
한다.

앎의 두 가지 체계

대니얼 카너먼(Daniel Kahneman)은 자신의 저서 『생각에 관한 생각
(Thinking, Fast and Slow)』에서 두 가지 분석 체계에 대해 이야기한다. 그가
1번 체계(자동 체계)라고 부르는 것은 무의식적이고 직관적이며 즉각적이
다. 이것은 감각과 기억을 이용하여 아주 짧은 시간 동안 상황을 평가한
다. 마치 태클을 피해 엔드 존으로 돌진하는 러닝백 같다. 또는 어느 쌀쌀
한 날 정차시킨 차로 다가가면서, 운전자의 관자놀이에 흐르는 땀방울을
보기도 전에 방어 태세를 취하는 미니애폴리스의 경찰과도 같다.

2번 체계(통제된 체계)는 의식적 분석과 추론 같은 느린 과정이다. 이것은
선택하고 결정하며 자기 통제를 전담하는 사고 체계의 일부다. 또한 우리
는 2번 체계를 이용하여 1번 체계가 유연하게 대처해야 하는 상황을 인
지하고 그에 대처할 수 있도록 훈련시키기도 한다. 러닝백이 플레이북에
적힌 대로 움직일 때는 2번 체계를 사용하는 것이다. 경찰이 총 든 사람
에게서 총을 빼앗는 연습을 할 때도 2번 체계를 사용하는 것이다. 신경외
과 의사가 찢어진 정맥동 수술을 예행연습할 때도 2번 체계를 사용하는
것이다.

1번 체계는 자동적이고 영향력이 깊지만 착각에 약하며, 우리는 2번 체
계에 의지하여 자기 자신을 관리한다. 충동을 억제하고, 계획을 세우고,

선택한 것들을 확인하고, 그 결과를 꼼꼼히 생각해보고, 지속적으로 행동을 관리한다. 식당에서 어떤 남자가 아기 엄마를 지나쳐갈 때 아기가 "빠빠!"라고 외치는 것은 1번 체계의 작용이다. 얼굴이 빨개진 아기 엄마가 "아빠 아니야, 아저씨야."라고 말할 때는 엄마가 2번 체계의 역할을 맡아 아기가 1번 체계를 다듬도록 도와주고 있는 셈이다.

1번 체계가 강력한 이유는 오래 축적된 경험과 깊은 감정을 이용하기 때문이다. 1번 체계는 위험한 순간 생존 반사(survival reflex)가 일어나게 하고, 자신이 선택한 전문 분야에서 수천 시간의 의도적 노력을 통해 얻은 능숙한 실력을 발휘하게 한다. 말콤 글래드웰(Malcom Gladwell)의 책 『블링크(Blink)』의 주제이기도 한 1번 체계와 2번 체계의 상호작용은 상황을 즉시 평가하는 능력과 의심하고 사려 깊게 분석하는 능력이 맞서는 양상으로 나타난다. 1번 체계의 결론이 오해나 착각에서 나왔다면 우리를 곤란한 상황에 빠뜨릴 수 있다. 언제 직관을 믿어야 하고 언제 의심해야 하는지 배우는 것은 자신이 전문가가 되고 싶은 분야에서 유능함을 향상시키는 중요한 방법이다. 바보들만 피해자가 되는 것은 아니다. 정도는 다르지만 누구나 그럴 수 있다. 예를 들면 비행기 조종사는 지각적 착각에 민감하다. 이들은 착각에 주의하고 계기판을 이용하여 자신이 사물을 바르게 지각하고 있는지 확인하도록 훈련받는다.

1985년 어느 겨울날 중화항공 006편에서 일어난 일은 해피엔딩으로 끝났지만 섬뜩한 사건이었다. 타이페이에서 LA까지의 11시간 중 거의 10시간째 비행 중이던 보잉 747기가 태평양 4만 1000피트 상공에서 4번 엔진이 고장 나 대기 속도가 떨어지기 시작했다. 승무원들은 책에 지시된 대로 수동 조작을 하거나 3만 피트 이하로 고도를 낮추어 엔진을 재가동하지 않고 대신 자동 조종 장치로 4만 1000피트를 유지하며 엔진을 재가동하려고 시도했다. 그러는 사이, 외부 엔진이 고장 난 터라 추진력이 비대칭적인 상태가 되었다. 자동 조종 장치는 이것을 바로잡고 수평을 유지하려 했지만 비행 속도가 계속 느려지자 오른쪽으로 롤(roll, 항공기가 비행 방향을 축으로 회전하는 것-옮긴이)하기 시작했다. 기장은 감속을 알아차렸지만 비행기가 기울어진 정도는 알지 못했다. 기장의 1번 체계는 단서로서 전정 반사(vestibular reflex), 즉 내이(內耳)가 감지한 균형과 공간적 방위를 인식할 수 있었겠지만 비행기의 궤도 때문에 기장은 수평으로 비행하고 있다고 느꼈다. 2번 체계가 인식할 수 있는 단서는 수평선과 계기판이었을 것이다. 올바른 절차는 방향타를 왼쪽으로 적용해서 오른쪽 날개를 들어올리는 데 도움을 주는 것이었지만 기장의 2번 체계는 엔진을 재가동하려는 부기장과 항공기관사의 노력, 그리고 대기 속도계에 집중하고 있었다.

기울어지는 각도가 점점 커지면서 비행 고도가 3만 7000피트를 지나 더 떨어지자 비행기는 수평선이 잘 보이지 않는 상층 구름으로 진입했다. 기장은 자동 조종 장치를 끄고 속도를 높이기 위해 비행기 앞부분을 아래로 숙이게 했다. 하지만 비행기는 이미 45도 이상 기울어진 상태였고, 이제 거꾸로 뒤집힌 채 걷잡을 수 없이 추락하고 있었다. 승무원들은 이런 상황에서 매우 당황했다. 비행기가 이상하게 움직이고 있는 것은 알았지만 뒤집혀서 수직 강하 중이라는 사실은 알지 못했다. 그들은 이제 1, 2, 3번 엔진의 추진력도 파악할 수 없었기 때문에 그 엔진들도 꺼졌다고 결론을 내렸다. 계기판의 수치를 보면 비행기가 추락하고 있는 것이 명백했지만 각도가 너무 예상 밖이어서 승무원들은 계기판이 고장 났다고 생각했다. 1만 1000피트까지 추락하여 구름을 뚫고 나온 이들은 땅으로 곤두박질치고 있다는 것을 알고 경악했다. 기장과 부기장은 조종간을 힘껏 잡아당겨 기체에 엄청난 힘을 가했지만 간신히 수평을 유지할 정도였다. 비행기 바닥에 착륙장치가 나와 있었고 유압 장치 중 하나를 잃었지만 네 개의 엔진이 다 살아난 덕분에 비행할 수 있었던 기장은 마침내 샌프란시스코로 우회하는 데 성공했다. 검토 결과 이들의 조치가 얼마나 위험했는지 드러났다. 중력의 다섯 배 되는 힘에 날개는 아예 위쪽으로 휘어버린 데다 착륙 장치의 버팀대는 부러졌으며 착륙 장치 문 두 개와 수평꼬리날개의 대부분이 찢겨나간 상태였다.

'공간감각 상실(spatial disorientation)'은 두 가지 요소의 위험한 조합을 가리키는 항공학 용어다. 수평선이 보이지 않는 상황에서 인간의 감각 인식에 의존할 때 공간감각 상실이 일어난다. 이 감각 인식은 현실과 다름에도 불구하고 조종사로 하여금 계기판이 망가졌다고 결론을 내리게 할 정도로 설득력이 있다. 카너먼의 말처럼, 위험을 감지하고 우리의 안전을 지켜주는 체계이자 본능적이고 반사적인 1번 체계는 무시하기가 아주 어렵다. 처음에 006편 항공기에서 일어난 비행 중 엔진 고장은 비상사태로 간주될 정도의 사건이 아니었지만 기장의 대처 때문에 순식간에 비상사태가 되었다. 그는 지시받은 절차를 따르거나 계기판을 모두 살펴보면서 2번 체계의 분석적인 능력을 사용하는 대신 엔진 재가동과 하나의 비행 지표인 대기 속도에 사로잡혔다. 상황이 걷잡을 수 없이 통제 불능 상태에 빠졌을 때도 기장은 비행기에서 일어나고 있는 일에 대해 자신만의 이야기를 구성하면서 계기판 대신 자신의 감각을 믿었다.

조종사들이 희생될 수 있는 착각의 종류는 무수히 많으며('기울기', '묘지

수평선이 보이지 않는 상황에서 인간의 감각 인식에 의존할 때
공간감각 상실이 일어난다. 조종사들의 전문성을
순식간에 무력화시키는 착각의 종류는 무수히 많다.
이것이 바로 의식적 분석과 추론의 인지 기능을 활성화하고,
계기판에 늘 주의를 기울이는 훈련을 지속해야 하는 이유다.

선회', '블랙홀 접근' 등 독설적인 이름을 얻은 것도 있다.) 일이 잘못되었다는 것을 이해하고 바로잡지 못한 채 공중 한복판에서 분투하는 조종사의 섬뜩한 마지막 말들을 들을 수 있는 사이트도 많이 있다. 공간감각 상실은 2000년 10월의 어느 날 밤 뇌우를 뚫고 비행하던 미주리 주지사 멜 카너헌을 죽음으로 몰고 간 추락사고와 1999년 7월의 안개 낀 어느 날 밤 마서즈 빈야드 앞바다에서 존 F. 케네디 주니어와 그의 아내가 죽음을 맞은 추락사고의 원인으로 추정되기도 했다. 다행히 중화항공 사건은 좋게 끝났지만 이 사건에 대한 미연방 교통안전위원회(National Transportation Safety Board)의 보고서는 전문성과 훈련이 1번 체계의 착각에 얼마나 빨리 장악될 수 있는지 잘 드러낸다. 이것이 바로 의식적 분석과 추론을 맡아 비행 계기판에 늘 주의를 기울이는 2번 체계를 훈련해야 하는 이유다.[3]

착각과 기억 왜곡

영화감독 에롤 모리스(Errol Morris)는 착각에 관해 〈뉴욕타임스〉에 기고한 일련의 글에서 사회심리학자 데이비드 더닝(David Dunning)을 인용했다. 인간은 '동기가 있는 추론'을 좋아하는 성향이 있으며, 혹은 더닝이 말했듯이 "진짜 천재적인 사람들은 불편한 결론이 진실임을 부정하는 동시에 마음에 드는 결론을 자신에게 열심히 설득한다."는 이야기였다.[4] (영국 수상이었던 벤저민 디즈레일리Benjamin Disraeli는 자신의 정적에 대해 언급하며 그의 양심은 인도자가 아니라 공범이라고 말한 적이 있다.) 1번 체계와 2번 체계의 판단이 잘못될 수 있는 길은 많이 있다. 우리는 조종사들이 겪는 지각적 착각, 틀린 이야기, 기억의 왜곡, 새로운 문제를 새로운 방식으로 풀어야 할 때가 언제인지 판단하지 못하는 상태, 다양한 인지적 편향에 휩쓸리기 쉽다. 여기서는 현실에 맞추어 생각하는 것을 돕기 위해 이런 많은 위험들에 대해 설명하고, 조종사들이 계기판을 훑어보았던 것처럼 그런 상황에서 취할 수 있는 조치를 제시하고자 한다.

우리는 모호하고 임의적인 사건들에 불편함을 느끼고, 거기서 발생한 **이야기에 대한 갈망**(hunger for narrative)을 바탕으로 세상을 이해한다. 놀라운 일이 일어나면 그에 대한 설명을 찾으려고 한다. 모호함을 해결하려는 충동은 놀라울 정도로 강력하다. 그 대상이 사소하더라도 마찬가지다. 한 연구에서, 독해와 애너그램 푸는 능력을 평가받는다고 생각하고 과제를 수행하던 참가자들이 집중을 방해하는 전화통화 소리를 듣게 되는 상황을 연출했다. 일부 참가자들은 통화에서 한쪽이 말하는 것만 들었고 나머지는 양쪽의 대화를 들었다. 이들은 연구의 진짜 주제가 뭔지 모른 채, 들리는 소리를 무시하고 읽기와 애너그램 풀이에 집중하려고 애썼다. 그 결과 무심코 엿들은 이 참가자들은 양쪽의 대화를 다 들었을 때보다 한쪽만 들었을 때 주의를 더 많이 빼앗겼고 통화 내용도 더 잘 기억했다. 왜 그랬을까? 아마 대화의 반만 엿들었을 때는 나머지 반을 추론해서 대화를 완성하려는 충동에 강하게 이끌리기 때문일 것이다. 연구자들이 언급하듯 이 연구는 공공장소에서의 통화가 왜 그렇게 거슬리는지 설명하는 데 도움이 될 수 있으며, 우리가 주변에서 벌어지는 일들을 합리적인 설명으로 채우는 데 마음을 빼앗길 수밖에 없다는 점을 보여주기도 한다.

모호함과 임의성에 대한 불편함은 삶을 합리적으로 이해하려는 욕구와 같거나 그 이상으로 강렬하다. 우리는 주변 환경과 일어나는 일들, 자신의 선택들을 응집력 있는 하나의 이야기에 들어맞게 하려고 애쓴다. 우리는 저마다 다른 이야기를 만든다. 이것은 다 같이 공유하는 문화와 경험에서 나온 이야기들뿐만 아니라 각자 과거에 경험한 독특한 사건을 설명하는 의견들로 짜인 이야기다. 모든 경험은 현재 상황에서 어떤 생각이 떠오를 지, 그 상황을 어떻게 설명할지에 영향을 미친다. 왜 나 이전에는 우리 가족 중에 대학에 간 사람이 없는가? 왜 아버지는 사업을 해서 부자가 된 적이 없는가? 왜 나는 회사에 들어가고 싶지 않은가?

우리는 자신의 감정을 가장 잘 설명하는 이야기에 끌린다. 이런 식으로 이야기와 기억은 하나가 된다. 의미 있게 정리한 기억은 더 잘 기억된다. 이야기는 의미뿐만 아니라 미래의 경험과 정보를 의미로 채우기 위한 정신적 틀도 제공한다. 요컨대 세상과 자기 자신에 대해 확립한 생각에 맞춰서 새로운 기억을 형성하는 것이다.

소설을 읽은 독자에게 소설 속 주인공이 갈등 끝에 내린 선택에 대해 설명하라고 해보면 그 인물이 어떤 심정이었을지 설명하면서 자신의 인생 경험을 완전히 떼어서 생각할 수 있는 독자는 없다. 마술사나 정치가, 소설가의 성공은 그들이 들려주는 이야기가 얼마나 유혹적인지, 사람들이 그 이야기를 기꺼이 믿어주는지에 달려 있다. 이것이 정치 논쟁만큼 명백히 드러나는 경우도 없다. 생각이 같은 사람들이 인터넷, 공동체 모임, 대중 매체에 모여 공통의 목적을 찾고, 세상이 어떻게 돌아가야 하고 사람들과 정치가가 어떤 역할을 해야 하는지, 자신들의 입장을 가장 잘 설명한다고 느끼는 이야기에 살을 붙이는 것이다.

어떤 주제에 대해서든 한쪽 입장을 주장하는 글을 인터넷에서 읽어보면 감정을 설명하기 위해 개인적인 이야기가 얼마나 빨리 작동되는지 알수 있다. 예를 들면 시험을 강력한 학습 도구로 이용하는 것을 뒷받침하는 논평이 실렸다고 해보자. 댓글을 살펴보면 각자 논평의 핵심 주장을 지지하는 개인적 이야기를 상기하며 할렐루야를 외치는 사람도 있는 반면 분노를 삭이지 못하는 사람도 있다. 이해, 능력, 기억 관련 착각에 대한 연구를 요약한 심리학자 래리 자코비(Larry Jacoby), 로버트 비욕, 콜린 켈리(Colleen Kelley)는 사람들이 주관적 경험에 바탕을 두지 않고 판단하기가 거의 불가능하다고 한다. 사람들은 과거의 사건에 대한 객관적 기록보다 자신의 기억을 더 신뢰한다. 또한 상황에 대한 자신의 해석이 자기만의 주관적인 것이라는 사실에도 놀라울 정도로 둔감하다. 따라서 개인적인 기억에서 나온 이야기는 어떻게 행동하고 판단해야겠다고 느끼는 직관의 중심이 된다.[5]

변화할 수 있다는 기억의 특성이 지각을 왜곡할 수 있을 뿐만 아니라 학습 능력에 필수적이기도 하다는 사실은 혼란스러운 역설이다. 여러분도 이제 잘 알겠지만 우리는 기억을 떠올릴 때마다 그 기억을 떠올리는 경로를 강화한다. 또한 이렇게 기억을 강화하고, 확장하고, 수정하는 능력은 배운 것을 더욱 깊이 새겨야 할 때, 그리고 새로운 지식을 이미 아는 것과 이미 할 수 있는 것에 더욱 넓게 연결할 때 중심 역할을 한다. 기억은 구글 검색 알고리즘과 몇 가지 공통점이 있다. 배운 지식을 기존의 지식과 더 많이 연결할수록, 기억과 많은 연결고리를 형성할수록(예를 들면 기억을 시각적 이미지, 장소, 더 자세한 이야기에 링크할수록) 그 기억을 나중에 검색하고 인출하는 데 쓰일 정신적 단서가 많아진다. 이렇게 늘어난 정신적 단서의 용량은 어떤 일에 조치를 취하고 세상에서 효율적으로 살아가는 능력을 높인다. 이와 동시에 기억은 서로 경합하는 감정, 암시, 이야기의 영향을 조율하며 형태가 바뀌므로 우리는 자기 자신이 확실하지 않을 수 있다는 점을 인정하는 편이 낫다. 가장 소중히 여기는 기억이라 해도 과거에 일어난 사건을 있는 그대로 반영하지 않을 수도 있다.

기억은 여러 가지 방식으로 왜곡될 수 있다. 사람들은 세상에 대한 지식을 기준으로 이야기를 해석하고, 좀 더 논리적인 이야기를 만들 수 있도록 아무것도 없는 곳에 질서를 부여한다. 기억은 재현이다. 어떤 사건의 모든 면을 기억할 수는 없기 때문에, 우리는 자신에게 감정적으로 가장 중요한 요소를 기억하고 자신의 이야기와 잘 맞지만 객관적으로 틀렸을 수도 있는 세부 사항으로 빈틈을 채운다.

사람들은 암시되었지만 구체적으로 언급되지 않은 사항을 기억하기도 한다. 문학에는 이런 예가 아주 풍부하다. 한 연구에서, 사람들은 헬렌 켈러라는 이름의 파란만장한 삶을 산 소녀의 이야기를 읽었다. 그 중 많은 사람들이 나중에 그 이야기에서 '눈멀고 귀 먹고 말 못하는'이라는 구절을 읽었다고 잘못 기억했다. 똑같은 이야기지만 소녀의 이름이 캐롤 해리스였다는 점만 차이가 있는 다른 글을 읽은 사람들 중에는 그런 실수가 거의 발견되지 않았다.[6]

상상 팽창(imagination inflation)은 어떤 사건을 생생하게 상상하라고 요청받았던 사람들이 나중에 질문을 받았을 때 그 사건이 실제로 일어났다고 믿는 경향을 말한다. 사전에 "손으로 유리를 깬 적이 있습니까?"라는 질문을 받은 성인들은 나중에 그런 일이 실제로 일어났다고 믿는다는 응답을 할 확률이 높았다. 사람들은 질문을 받으면 그런 사건을 상상하는데,

그 상상하는 행위에는 그런 일이 있었다고 쉽게 믿게 하는 효과가 있는 듯하다(그런 과정 없이 질문에 즉석으로 대답만 한 다른 집단과 비교했을 때).

　생생하게 상상했던 그 가상의 사건에 대한 기억은 실제 사건에 대한 기억만큼 확고한 듯하다. 예를 들면, 어떤 아이가 성적으로 학대를 받은 것으로 의심될 때 그 아이와 이야기를 나누고 질문을 던지면, 그 아이는 질문을 받은 사건을 상상하고 나중에 그 일이 실제로 일어난 것으로 '기억'하게 된다.[7] (물론 가슴 아픈 일이지만 아동의 성적 학대에 대한 기억은 전적으로 사실인 경우가 많고 사건 직후 바로 보고된 경우에 더욱 그렇다.)

　기억 착각의 또 다른 유형은 **암시**(suggestion)에 의한 것이다. 암시에 의한 착각은 질문을 받았을 때와 같은 방식으로 일어나는 듯하다. 한 연구에서, 사람들은 교차로에서 정지 표지판을 무시하고 달리던 차가 다른 차와 충돌하는 영상을 보았다. 그 차들이 '접촉'했을 때 속도가 어땠을지 판단하는 질문을 받은 사람들은 평균적으로 시속 51킬로미터라고 답했다. 차가 '충돌'했을 때의 속도가 어땠을지 판단하는 질문을 받은 사람들은 시속 66킬로미터라고 추정했다. 제한 속도가 시속 48킬로미터였다고 가정하고 두 번째 방식(충돌)으로 질문한 경우, 첫 번째 방식(접촉)으로 물었을 때에 비해 운전자가 속도위반으로 걸렸을 것이라고 답할 가능성이 높았다. 사법 체계에서는 목격자에게 '유도 질문(특정한 대답을 이끌어내는 질문)'을 하는 것의 위험성이 잘 알려져 있지만 암시는 매우 미묘하게 일어날 수 있기 때문에 그런 질문을 완전히 피하기는 어렵다. 어쨌든 위에 언급한 사례에서 실제로 두 자동차는 '서로 충돌'했다.[8]

　범죄 목격자가 회상에 곤란을 겪는 경우, 추측이라도 좋으니 마음을 자유롭게 풀어놓고 뭐든 떠올려보라는 지시를 받기도 한다. 하지만 사람들이 사건에 대해 추측하다 보면 잘못된 정보를 제공하게 된다. 이렇게 잘못된 정보를 바로잡지 않으면 나중에 그런 일이 진짜 있었다고 기억할 가능성도 있다. 이런 이유로, 최면 상태에서 면담을 했던 사람은 미국과 캐나다의 거의 모든 주에서 법정 증언을 할 수 없다. 대개 최면 면담에서는 사람들로 하여금 마음을 자유롭게 풀어놓고 떠오르는 생각을 모두 말할 수 있게 한다. 최면에 걸리지 않았으면 생각나지 않았을 정보가 떠오를지도 모른다는 기대에서다. 하지만 이 과정에서는 잘못된 정보가 많이 발생한다. 연구들에 따르면 이런 사람들에게 실제로 있었던 일에 대한 기억만 정확히 말하도록 테스트해본 결과 최면의 영향으로 추측한 사실들이 실제 사건에 대한 기억을 흐린다고 밝혀졌다. 특히 이들은 최면 중에 생각해낸 사건을 실제 경험인 것처럼 기억하며 심지어 질문을 받은 사건들이 실제로 일어나지 않았다는 사실을 알고 있는 상황(실험실 연구)에서도 마찬가지 결과를 보여주었다.[9]

　다른 사건에 **간섭**(interference)을 받을 때도 기억이 왜곡될 수 있다. 범죄 발생 직후에 경찰이 목격자와 면담을 하면서 용의자의 사진 여러 장을 보여준다고 해보자. 시간이 지나 결국 경찰은 목격자가 보았던 사진 중에 있었던 인물을 피의자로 체포했다. 이제 목격자가 용의자 사진들을 보게 되면 전에 사진을 본 사람들 중 한 명을 범죄 현장에 있던 사람으로 잘못 지목할 수 있다. 이와 관련 있는 아주 생생한 사례로 호주 심리학자인 도널드 M. 톰슨(Donald M. Thomson)에게 일어났던 일을 들 수 있다. 시드니에서 한 여성이 한낮에 TV를 보고 있다가 문을 두드리는 소리를 들었다. 문을 연 그녀는 공격당하고 강간당한 뒤 의식을 잃은 채 방치되었다. 정신이 든 그녀가 경찰에 연락하자 구조하러 온 경찰은 폭행범에 대해 묻고 수사를 시작했다. 경찰은 시드니 거리를 걷고 있는 도널드 톰슨을 발견했다. 그는 폭행범에 대한 묘사와 일치했다. 경찰은 그 자리에서 톰슨을 체포했다. 나중에 톰슨은 강간이 일어난 바로 그때 텔레비전 생방송에서 인터뷰를 받고 있었다는 확실한 알리바이가 있었음이 밝혀졌다. 경찰은 그 말을 믿지 않고 그를 심문하면서 조롱했다. 하지만 그의 이야기는 사실이었다. 문을 두드리는 소리가 났을 때 피해자가 그 방송을 보고 있었던 것이다. 그녀가 경찰에게 묘사한 범인의 인상착의는 강간범이 아니라 텔레비전에서 보고 있던 도널드 톰슨의 모습이었다. 그녀의 1번 체계, 빠르지만 가끔 실수를 하는 그 사고 체계가 아마도 극단적인 감정 상태 때문에 잘못된 묘사를 제공했던 것이다.[10]

심리학자들이 **지식의 저주**(the curse of knowledge)라고 부르는 현상은 자신이 이미 능숙하게 익힌 지식이나 기술을 다른 사람이 처음으로 배우거나 과제를 수행할 때 더 짧은 시간이 걸리리라고 생각하는 경향을 가리킨다. 교사들은 종종 이 착각을 경험한다. 미적분학을 가르치는 교사는 미적분학이 아주 쉽다고 생각한 나머지 이제 막 배우기 시작해서 끙끙대는 학생들의 입장을 이해하지 못한다. 이 지식의 저주 효과는 **사후해석 편향**(hindsight bias), 혹은 종종 **처음부터 그럴 줄 알았어 효과**(knew-it-all-along effect), **후견지명 효과**라고 불리는 것과 아주 비슷하다. 이것은 어떤 사건이 일어난 후에 그 사건이 일어나기 전부터 예상 가능했다고 평가하는 오류다. 주식 전문가는 저녁 뉴스에서 그날 주식 시장이 왜 그렇게 되었는지

자신 있게 말할 것이다. 그날 아침에는 그렇게 되리라고 예측하지 못했더라도 말이다.[11]

많이 들어본 것 같은 이야기를 들을 때 우리는 **안다는 느낌**(the feeling of knowing)에 빠지고 그 착각이 사실이라고 믿는 실수를 저지를 수 있다. 사실이 아니지만 반복되는 정치적 주장이나 광고가 대중의 관심을 끌고, 특히 감정에 호소할 때 더욱 그런 것도 이런 이유에서다. 들은 적 있는 것을 또 한 번 듣게 되면 익숙하고 아늑한 느낌이 든다. 이 느낌이 기억으로 잘못 인식될 수 있다. 선전의 세계에서는 이것을 '새빨간 거짓말(the big lie)' 기법이라고 한다. 새빨간 거짓말이라도 자꾸 들으면 진실로 받아들여지게 마련이다.

유창성 착각(fluency illusion)은 텍스트에 유창한 것을 내용에 숙달한 것으로 착각하는 데서 일어난다. 예를 들어 어려운 개념을 특히 명료하게 표현한 자료를 읽는다고 해보자. 자료를 읽으면서 그 개념이 정말로 간단하다고 생각할 수 있고 다 아는 것이었다는 생각마저 들 수 있다. 앞서 언급했듯 교재를 반복해서 읽는 방식으로 공부하는 학생들은 교재를 여러 번 읽어서 익숙한 것을 그 과목에 대해 이용 가능한 지식을 얻은 것으로 착각할 수 있고, 그 결과 자신이 시험에서 얻을 성적을 과대평가하게 된다.

우리의 기억은 **사회적 영향**을 받기도 한다. 즉 우리는 기억을 주변 사람들의 기억과 맞추어 조정하려고 한다. 과거의 경험을 추억하는 사람들에

둘러싸여 있을 때 누군가 그 이야기에 잘못된 세부 사항을 덧붙이면 우리는 그것을 자신의 기억에 받아들이고 나중에 잘못된 세부 사항까지 같이 떠올리는 경향이 있다. 이 과정을 '기억 동조(memory conformity)' 혹은 '기억의 사회적 전염(social contagion of memory)'이라고 한다. 한 사람의 오류는 다른 사람의 기억에 '감염(infect)'될 수 있다. 물론 사회적 영향이 항상 나쁘지만은 않다. 우리에게 희미하게만 남아 있던 사건을 누군가 자세히 회상한다면, 나중에 그 사건을 떠올릴 때 더 새로워지고 정확한 기록을 자세히 담은 기억을 떠올릴 수 있을 것이다.[12]

사회적 영향의 효과와 반대로 다른 사람들이 자신과 같은 믿음을 갖고 있을 것이라고 가정하는 성향을 **거짓 합의 효과**(false consensus effect)라고 한다. 우리는 사람마다 세상에 대한 이해와 사건을 해석하는 독특한 방식이 있으며 우리의 관점이 타인의 관점과 다르다는 사실을 인식하지 못할 때가 많다. 최근에 친구와 이런저런 이야기를 하다가 놀란 적이 있는지 상기해보자. 여러분은 기후 변화, 총기 규제, 천연가스정 시추와 같이 일반적인 문제에서부터 학교 건물을 위한 공채 발행을 통과시키느냐, 동네에 창고형 대형 상점 입점을 반대하느냐 하는 상당히 구체적인 문제에 이르기까지, 근본적으로 올바른 의견이 명백히 존재한다고 생각했던 문제를 친구가 전혀 다른 시각으로 보고 있다는 사실을 발견하고 놀랐을지도 모른다.[13]

기억에 대한 확신은 그 기억이 정확함을 말해주는 믿을 만한 지표가 아니다. 우리는 어떤 사건에 대한 생생함을 넘어 거의 사실에 가까운 기억이

9·11 사건이나 허리케인 카트리나 같은 국가적 비극은
'섬광 기억'을 형성한다. 충격적인 소식을 접했을 때
자신이 어디에 있었는지, 그 소식을 어떻게 알게 되었는지,
무슨 일을 했는지에 대한 기억은 머릿속에 새겨져 지워지지 않는
기억이라고 여겨진다. 그러나 연구 결과에 따르면
이러한 기억은 시간이 흐름에 따라 크게 변화한다.

있다고 철석같이 믿을 수 있지만, 사실 그 기억이 전부 틀렸다는 것을 발견할 수도 있다. 존 F. 케네디 대통령 암살이나 9·11테러와 관련된 사건들 같은 국가적 비극은 심리학자들이 '섬광 기억(flashbulb memory)'이라고 부르는 기억을 형성한다. 이 용어는 충격적인 소식을 접했을 때 자신이 어디에 있었는지, 그 소식을 어떻게 알게 되었는지, 어떤 기분이었는지, 무슨 일을 했는지 등 머릿속에 남는 생생한 이미지 때문에 붙은 이름이다. 섬광 기억은 머릿속에 새겨져 지워지지 않는 기억이라고 여겨진다. 이러한 참사의 대체적인 윤곽이 언론에서 발표한 대로 낱낱이 기억에 남는 것은 사실이지만 그 사건을 둘러싼 개인적 상황에 대한 기억은 반드시 정확하다고 볼 수 없다. 이런 현상에 대해서는 수많은 연구가 진행되었는데, 그 중 9·11 사건에 대한 미국인 1500명의 기억을 조사한 일이 있었다. 이 연구에서는 9·11 사건 이후 일주일, 1년, 3년, 10년이 지난 시점에 응답자들의 기억을 조사했다. 응답자들의 가장 감정적인 기억은 사건에 대해 알게 된 순간의 개인적이고 자세한 상황에 대한 기억들이었다. 이 기억은 그들이 가장 확신하는 기억이기도 했지만, 역설적으로 9·11에 대한 다른 기억과 비교할 때 시간에 따라 가장 많이 변한 기억이기도 했다.[14]

심성 모형의 효과

우리는 문제를 해결하기 위해 필요한 단계들을 한데 묶는 경향이 있다. 앞 장에서 비유했듯이 뇌에 스마트폰 앱 같은 것이 들어 있다고 생각하면 된다. 우리는 그것을 심성 모형이라고 부른다. 경찰 업무의 두 가지 예를 들어보면 일상적인 도로 검문에 필요한 단계들과 괴한에게 가까이 다가 가서 흉기를 빼앗을 때의 동작이 있다. 이 업무들은 각각 경찰이 의식하지 않고 맥락과 상황에 따라 응용할 수 있는 지각과 동작들을 포함한다. 바리 스타의 심성 모형은 완벽한 16온스짜리 무카페인 프라푸치노를 만드는 데 필요한 재료와 절차일 것이다. 긴급의료센터 접수원의 심성 모형은 부 상자 분류 및 등록과 관련 있을 것이다.

무언가를 더 잘 알수록 가르치기는 더 어려워진다. 하버드 대학교의 물 리학자이자 교육자인 에릭 마주르(Eric Mazur)의 말이다. 왜 그럴까? 복잡 한 영역에서 전문가가 되어갈수록 그 영역의 심성 모형도 복잡해지고, 그 것을 구성하는 각각의 단계는 희미해져 기억의 배경으로 넘어간다(지식의 저주). 예를 들면 물리학자는 일하면서 마주치는 다양한 문제를 푸는 데 사 용하는 물리 법칙이 있을 것이고, 그 법칙이 가득한 자료실을 머릿속에 만 들 것이다. 그 자료실에는 뉴턴의 운동 법칙, 운동량 보존의 법칙 등이 있 을 것이다. 물리학자는 근본 원리에 따라 문제의 유형을 나누겠지만 미숙 한 학생은 문제에서 다루는 장치, 즉 도르래나 빗면 같은 표면 세부 특징 (surface features, 문제의 해결에 부적절한 세부 특징-옮긴이)의 유사점을 기준으로 나눌 것이다.

어느 날 물리학 교수가 물리학 입문 수업을 하러 간다. 교수는 자신이 오래전에 하나의 심성 모형으로 통합한 기초적인 단계들을 학생들이 아 직 소화하기 전이라는 사실을 잊고, 문제를 푸는 데 뉴턴 역학의 무언가가 어떻게 필요한지 설명한다. 교수는 자기 기준에는 기초적인 복잡한 내용 을 학생들이 잘 따라오리라고 가정했다. 이 가정은 자신이 아는 지식과 학생들이 아는 지식이 무척 다르다는 것을 판단하지 못한 상위 인지 오류에 해당한다. 마주르는 어떤 학생이 새로운 개념을 이해할 때 어떤 점이 힘든지 가장 잘 아는 사람은 교수가 아니라 **다른 학생**이라고 말한다.[15]

이 문제는 아주 간단한 실험에서 잘 드러난다. 한 사람이 머릿속으로 흔한 곡조를 떠올린 다음 그 박자를 손가락 마디로 똑똑 두드리며 연주한다. 또 다른 사람은 그 박자를 듣고 어떤 곡인지 맞혀야 한다. 25개의 곡 중 하나를 골라서 연주했으므로 통계적으로는 정답률이 4퍼센트 정도였다. 결과는 너무나 뚜렷했다. 머릿속으로 곡을 재생한 참가자는 다른 참가자가 곡을 맞힐 확률을 50퍼센트라고 예상했지만 사실은 2.5퍼센트밖에 되지 않았다. 우연히 맞힌 것과 다름없는 수치였다.[16]

플레이북을 암기한 둘리 코치의 미식축구 선수들처럼 우리는 모두 유용한 해법이 무수히 많이 든 머릿속 자료실을 짓는다. 토요일 경기에서 다음 토요일 경기까지 그 머릿속 자료실에서 자료를 마음대로 불러내 도움을 받을 수 있다. 하지만 심성 모형에 걸려 넘어질 수도 있다. 친숙해 보이는 문제가 사실은 전혀 다른 새로운 문제라는 사실을 인식하지 못할 때, 그리고 문제를 다룰 해법을 꺼냈지만 효과가 없거나 오히려 상황을 악화시킬 때가 그런 경우다. 해법이 문제에 맞지 않는다는 것을 인식하지 못한다면 자기 관찰을 잘못하는 것이며 이는 우리를 곤란한 상황으로 이끌 수 있다.

어느 날 신경외과 의사 마이크 에버솔드는 수술실에서 호출을 받았다. 외과 수련의에게 뇌종양 제거 수술을 받던 환자가 죽어가고 있었기 때문에 수술을 도와주어야 했다. 대개 종양을 잘라내는 모범답안은 서두르지 않고 종양 주변으로 조심스럽게 접근하여 깔끔하게 절제하고 주변 신경을 살리는 것이다. 하지만 종양이 뇌 안에 있고 그 뒤쪽으로 출혈이 있다면 뇌에 압력이 가해져 치명적인 상태가 될 수 있다. 이럴 때는 '천천히, 조심스럽게' 대신 그 반대의 태도가 필요하다. 피가 빠져나갈 수 있도록 종양을 재빨리 잘라낸 다음에 출혈을 막는 것이다. 에버솔드는 이렇게 말한다. "처음에는 과감한 조치를 하기가 조금 겁나기도 하죠. 썩 괜찮은 기술은 아니지만, 최대한 빨리 조치해야 한다는 사실을 내가 아느냐 모르느냐에 환자의 생사가 달려 있어요." 에버솔드의 도움을 받아 수술은 성공적으로 끝났다.

아기가 모르는 사람을 빠빠라고 부르는 것처럼, 우리는 언제 심성 모형이 효과를 발휘하지 못하는지 파악하는 능력을 길러야 한다. 익숙해 보이는 상황이 사실은 그렇지 않을 때, 다른 해결책에 손을 뻗고 새로운 시도를 해야 하는 때가 언제인지 알아야 한다.

미숙함과 그것을 모르는 상태

무능한 사람은 능력을 향상시킬 기술이 부족하다. 무능과 유능을 구별할 수 없기 때문이다. 상위 인지에 대한 특별한 관심에 힘입어, 이 현상은 심리학자 데이비드 더닝(David Dunning)과 저스틴 크루거(Justin Kruger)의 이름을 따서 **더닝-크루거 효과**(Dunning-Kruger effect)라고 부른다. 이들의 연구는 무능한 사람이 자신의 유능함을 과대평가하고 자신의 수행과 바람직한 수행의 불일치를 감지하지 못하기 때문에 개선의 필요성을 느끼지 못한다는 점을 보여주었다. 이 주제에 대한 첫 논문의 제목이 '미숙함과 그것을 모르는 상태'였다. 또한 더닝과 크루거는 무능한 사람들이 자신의 수행을 좀 더 정확히 판단하는 기술, 즉 상위 인지를 정밀하게 다듬는 법을 배우면 능력을 향상시키는 법을 배울 수 있다는 사실도 밝혀냈다. 이러한 결과를 얻은 연구들 가운데 하나로 학생들에게 논리적 사고를 검사하는 문제를 주고 자신의 수행을 평가하게 하는 실험을 실시했다.

첫 번째 실험의 결과는 가장 무능한 학생이 자신의 수행에 대해 가장 모른다는 예상을 입증했다. 평균 점수가 하위 12퍼센트에 해당했던 학생은 자신의 논리적 추론 능력이 상위 32퍼센트 안에 든다고 생각했다.

두 번째 실험에서는 테스트 후 다른 학생들의 답과 자신의 답을 보고 자신이 올바르게 대답한 문제가 몇 개인지 다시 평가하게 했다. 수행 성적이 하위 25퍼센트에 해당했던 학생들은 더 잘하는 학생들을 보면서도 자신의 수행을 정확하게 판단하는 데 실패했고, 심지어 자신의 능력에 대한 기존의 과대평가보다 더 높게 평가하는 경향을 보였다.

세 번째 실험에서는 수행 성적이 낮은 학생들이 판단력을 향상시키는 법을 배울 수 있을지 조사했다. 학생들은 논리적으로 추론하는 문제로 테스트를 받은 뒤 자신의 논리적 추론 능력과 수행의 순위를 평가하게 했다. 이번에도 하위 25퍼센트에 해당하는 학생들은 자신의 수행을 아주 높이 평가했다. 그런 다음, 절반의 학생들은 10분짜리 논리 훈련(삼단 논법의 정확성을 확인하는 법)을 받고, 나머지 반은 관계없는 과제를 받았다. 그 후 모든 학생들이 테스트에서 자신의 수행이 어느 정도 위치를 차지할지 다시 한번 평가하게 했다. 그러자 하위 25퍼센트의 학생 중 논리 훈련을 받은 학생은 정답을 쓴 문제의 수와 자신의 수행 성적 순위에 대해 더 정확하게 평가하게 되었다. 하위 25퍼센트의 학생 중 논리 훈련을 받지 않은 학생들은 자신의 수행이 훌륭했다는 잘못된 확신을 계속 유지했다.

왜 무능한 사람은 경험을 통해서 자신의 미숙함을 배울 수 없을까? 더닝과 크루거는 여기에 대해 몇 가지 이론을 제시한다. 하나는, 사람들은 나쁜 소식을 전하고 싶어하지 않으므로 일상생활에서 기술과 능력에 대해 타인에게서 부정적인 피드백을 받을 일이 거의 없기 때문이다. 또, 혹시 부정적인 피드백을 받더라도 왜 실패했는지에 대한 정확한 이해가 뒤따라야 하지만 그러지 못하기 때문이다. 성공하기 위해서는 모든 요소가 제대로 들어맞아야 하지만 실패는 얼마든지 외부로 그 원인을 돌릴 수 있다. 손이 할 수 없으면 도구를 탓하는 편이 쉬운 것처럼 말이다. 마지막으로, 더닝과 크루거에 따르면 그냥 다른 사람들의 수행 능력을 잘 판단하지 못하는 사람들이 있다고 한다. 이런 경우 다른 사람의 유능한 모습을 보아도 잘 감지하지 못할 뿐만 아니라 자신의 수행과 비교해서 판단하는 능력이 떨어진다고 한다.

한편 어떤 영역에서는 잔인할 만큼 노골적으로 특정인의 무능함이 드러나기도 한다. 저자인 우리는 모두 어린 시절 선생님이 두 명을 지명해서 소프트볼 팀을 나누라고 하던 일을 떠올릴 수 있었다. 잘하는 아이들은 처음에 뽑히고, 못하는 아이들은 마지막까지 남는다. 이런 일을 통해 우리는 자신의 소프트볼 실력을 다른 아이들이 어떻게 평가하는지 공개적으로 알게 된다. 마지막까지 남아 있던 아이가 '난 정말 소프트볼을 잘해.'라고 생각하기는 어려운 일이다. 하지만 이렇게까지 가혹하게 능력을 평가받는 영역은 거의 드물다.[17]

요약하면 대니얼 카너먼의 1번 체계와 2번 체계, 즉 우리가 세상을 탐색하는 수단은 지각 체계, 직관, 기억, 인지와 이 과정에 수반되는 버릇, 결점, 편견 등에 의존한다. 우리는 저마다 놀라운 지각과 인지 능력을 지닌 반면, 오류를 범하기도 쉬운 존재다. 어떻게 학습하는 것이 효과적인지 판단하고 선택할 때 우리는 잘못된 방법에 마음이 흔들리는 경우가 많다.

우리가 착각과 잘못된 판단에 약하다는 점을 생각하면 지금 하는 일들을 전부 멈춰야 한다. 특히 학부모와 교육자들 사이에서 유행하는 '**자기 주도 학습**(student directed learning)'을 옹호하는 입장이라면 더욱 그렇다. 그들은 무엇을 공부해야 할지, 진도는 어떤 일정으로 짤지, 어떤 방법으로 공부하는 게 좋을지 가장 잘 아는 사람이 학생 본인이라고 주장한다. 예를 들면, 2008년 이스트 할렘에 생긴 맨해튼 프리 스쿨에서 학생들은 "점수로 서열화되지 않고, 시험을 보거나 하고 싶지 않은 일을 하지 않아도 된다." 홈스쿨링을 받고 자란 자칭 '언스쿨러(unschoolers)'들과 더불어 2004년 생긴 브루클린 프리 스쿨의 학생들은 학습자가 흥미를 보이는 방식이 결국 최고의 학습으로 이끈다는 논리에 따른다.[18]

의도는 칭찬할 만하다. 이 책에서 소개한 전략들을 학생들이 스스로 활용하여 학습에 더 통제력을 행사해야 한다는 점을 우리도 알고 있다. 예를 들면 학생들은 기억력을 향상시켜 직접적인 이득을 보기 위해서뿐만 아니라 자신이 무엇을 알고 무엇을 모르는지 정확히 판단하여 공부가 더 필요한 부분에 집중하기 위해 자체 시험을 보아야 한다. 하지만 이런 전략을 실행하는 학생은 거의 없고, 있다 해도 그 전략을 효과적으로 사용하려면 격려만으로는 충분하지 않다. 인출 연습이 좋은 전략이라는 사실을 이해하는 학생이라도 지속적으로 이득을 얻을 때까지 끈기 있게 전략을 사용하지 못하는 경우가 많다. 가령 학생에게 외국어 공부용 플래시 카드 같은 학습 자료를 주고 다 배운 카드를 마음대로 뺄 수 있게 했을 때 대부분의 학생은 한두 번 이해한 다음 카드를 빼지만, 제대로 배웠다고 하기에는 아직 한참 부족하다. 역설적이게도 가장 효율이 떨어지는 학습 전략을 사용하는 학생들이 자신을 가장 과대평가하고, 부적절한 자신감의 결과로 자신의 학습 습관을 바꾸려는 생각을 하지 않게 된다.

다음주 토요일 경기를 준비하는 미식축구 선수는 경기를 직관에 맡기지 않는다. 동작을 하나하나 예행연습 해보고 순서를 뒤섞기도 하면서 찾아낸 부족한 부분을 중요한 경기 전까지 경기장에서 연습한다. 일반적으로 학교생활을 하는 학생들에게서 이런 태도를 찾아볼 수 있다면 자기 주도 학습이 아주 효율적인 전략일 것이다. 하지만 당연히 미식축구 선수도 혼자서 연습의 방향을 잡는 것이 아니라 코치에게 지도를 받는다. 이와 마찬가지로 대부분의 학생들도 자신에게 어떤 부분이 부족한지 파악하고 그 부분을 채우는 데 필요한 연습의 체계를 잡아주는 교육자의 지도를 받을 때 학업 성취도가 높아진다.[19]

착각과 잘못된 판단의 해결책은 결정의 근거가 되는 주관적 경험을 외부의 객관적 기준으로 대체하여 올바른 현실 감각을 갖추는 것이다. 비행기 계기판처럼 믿을 만한 기준이 있고 그것을 확인하는 습관이 있다면 어떤 부분을 집중적으로 노력해야 할지 제대로 판단할 수 있고, 방향을 잃었을 때 그 사실을 인식하여 다시 길을 찾을 수 있다. 이제 이와 관련된 몇 가지 예를 살펴보자.

올바른 판단인지 점검하는 습관

가장 중요한 것은 잦은 시험과 인출 연습을 통해 자신이 실제로 아는 부분과 안다고 착각하는 부분을 확인하는 일이다. 수업 시간에 부담이 적은 시험을 자주 보면 도움이 된다. 학생들이 공부하는 것처럼 보이기만 하는 것인지 실제로 공부를 하고 있는지 확인할 수 있고, 따로 주의를 기울여야 할 부분이 어디인지 밝힐 수 있다. 앤드루 소벨이 정치경제학 수업에서 시행하는, 수업이 진행되는 만큼 시험 범위를 누적해서 실시하는 쪽지 시험은 배운 것을 기억에 통합하고 특정 단계에서 배운 개념을 나중에 배울 새로운 자료에 적용하는 데 특히 강력한 도움이 된다. 학생들은 플래시 카드 기법에서 자신만의 언어로 핵심 개념을 표현하는 기법과 (아래에서 곧 설명할) 동료 교수법(peer instruction)에 이르기까지, 다양한 방법으로 자신의 숙련도를 확인할 수 있다.

두어 번 이해했다고 해서 시험 범위에서 빼버리는 실수를 해서는 안 된다. 중요한 지식이라면 연습하고, 또 연습해야 한다. 또한 집중 연습으로 얻은 순간적인 이득을 신뢰해서는 안 된다. 시간 간격을 두고 시험을 보고, 다양하게 변화를 주어 연습하고, 장기적인 관점에서 학습 계획을 짜는 것이 좋다.

에릭 마주르가 개발한 학습 모형인 **동료 교수법** 혹은 **협동 학습**에는 앞에서 언급한 원리들이 많이 포함된다. 수업 시간에 배울 내용은 과제로 미리 읽어 온다. 수업 시간에 강의는 짧은 시험 사이사이에 진행되고 시험은 개념을 묻는 문제들로 구성되며 1, 2분 정도 고민할 시간을 준다. 이때 학생들은 작은 집단으로 나뉘어 올바른 답을 구하기 위해 의견을 모은다. 마주르의 실험에서 이 과정은 학생들이 수업 내용의 기본적인 개념을 받아들이고, 수업을 이해하는 과정에서 각자의 문제를 발견하며, 이해한 점을 설명한 후 피드백을 받고 다른 학생과 비교해서 자신이 배운 점을 평가할 수 있는 기회가 된다. 또한 교육자에게는 학생이 수업 내용을 얼마나 잘 소화하는지, 어떤 부분에서 노력이 더 필요하고 덜 필요한지 알려주는 계기판 역할을 한다. 마주르는 학생들이 각자의 관점을 접하고 누가 옳은지 서로 설득할 수 있도록 이 과정을 시작할 때 같은 질문에 다른 대답을 하는 학생들을 짝지어주려고 노력한다.

이 기법을 잘 보여주는 두 가지 사례를 더 살펴보려면 8장에 나오는 메리 팻 웬더로스(Mary Pat Wenderoth) 교수와 마이클 D. 매튜스(Michael D. Matthews) 교수의 개요서를 참고하라.[20]

자신이 무엇을 배웠는지 판단할 때 사용하는 **단서**(Cue)에 주의를 기울여야 한다. 익숙함이나 유창함 같은 느낌이 항상 믿을 만한 학습의 지표인 것은 아니다. 조금 전 강의나 교재에서 접한 사실이나 구절을 시험 중에 인출할 때의 난이도보다는 시간이 어느 정도 지난 후 측정한 인출의 난이도가 더 좋은 지표다. 이보다 훨씬 좋은 지표는 교재에 나오는 다양한 내용을 통합하고 그것을 자신이 이미 배운 지식과 연결하며 거기서 추론을 이끌어낼 수 있게 해주는 심성 모형을 만드는 것이다. 교재의 내용을 얼마나 능숙하게 설명할 수 있느냐는 이해도를 판단할 수 있는 훌륭한 단서다. 교재를 능숙하게 설명할 수 있으려면 기억에서 교재의 핵심 내용을 인출하고 그것을 자신만의 언어로 표현하며 그것이 왜 중요한지, 더 넓은 주제와 어떤 관련이 있는지 설명해야 하기 때문이다.

교육자는 틀린 부분을 바로잡아주는 피드백을 주어야 하고, 학습자는 피드백을 요구해야 한다. 심리학자 데이비드 더닝은 에롤 모리스와의 인터뷰에서 자기 통찰로 향하는 길은 다른 사람에게도 통한다고 주장한다. "정말로 그건 어떤 종류의 피드백을 받고 있느냐에 달려 있어요. 세상이 좋은 이야기를 해주나요? 유능한 사람이 받을 만한 보상을 해주나요? 다른 사람을 보면 일을 처리하는 다른 방식들이 있다는 것을 알게 될 때가 많죠. 더 나은 방식도 있고요. 그러면서 '난 생각했던 것만큼 잘하진 않지만 노력해서 향상될 수 있는 부분이 어딘지 알지.'라고 생각하죠." 앞서 예로 든, 소프트볼 팀에 들어가려고 줄 선 아이들을 생각해보라. 과연 나는 선택을 받을까?[21]

많은 분야에서 동료의 평가는 수행에 대한 피드백을 제공하는 외부적 기준이 된다. 대부분의 의료 시설에서는 질병률과 사망률에 대한 회의를 연다. 한 의사가 환자에게서 좋지 않은 결과를 얻으면 회의에서 그 문제를 다룬다. 다른 의사들이 정황을 자세히 살펴보고 이렇게 말할 수 있다. "선생님은 잘하셨는데 상황이 안 좋았을 뿐이에요." 마이크 에버솔드는 의료인들이 조직 차원에서 일해야 한다고 주장한다. "주변에 있는 다른 신경외과 의사들은 안전장치예요. 내가 용인되지 않는 행동을 하고 있으면 그 사람들이 책망할 테니까."

많은 경우 우리의 판단과 학습은 상대적으로 노련한 파트너와 함께 일할 때 조정된다. 부기장과 기장, 풋내기 경찰과 노련한 경찰, 수련의와 경험 많은 전문의가 함께 일하는 경우가 그 예다. **도제 모형**(apprentice model)은 아주 오래된 인간의 경험을 반영하는 학습 모형이다. 구두 장인이든 변호사든 초보자는 전통적으로 노련한 전문가에게 기술을 배워왔다.

이와는 또 다른 경우로 **팀**(teams)은 상호 보완적인 전문 영역에 종사하는 사람들로 구성된다. 의사들이 실금(失禁)이나 파킨슨병의 증상을 치료하는 데 필요한 신경 시뮬레이터나 심박 조율기 같은 의료기기를 환자 몸에 심을 때, 의료기 제조업자는 대리인을 보내서 의사와 함께 수술실에 들어가게 한다. 대리인은 그 기기를 사용한 수술을 많이 보았고, 혜택을 볼 환자들의 유형, 그 기기를 사용하면 안 되는 경우, 부작용 사례 등을 알고 있으며, 제조사에 근무하는 기술자 및 임상의와 연결되는 직통 연락처도 갖고 있다. 그는 수술을 지켜보며 기기가 올바른 위치에 들어가는지, 리드(절연된 의료용 전선－옮긴이)가 적절한 깊이로 삽입되는지 등을 확인한다. 팀의 모든 구성원이 이득을 본다. 환자는 성공적인 수술을 보장받는다. 의사 입장에서는 의료기기를 얻는 동시에 기기와 관련된 문제 해결 전문가를 가까이 둘 수 있고, 제조회사 입장에서는 제품이 제대로 사용되는지 확인할 수 있다.

실제 환경에서 발생할 수 있는 여러 필요성이나 가변적인 조건을 가상으로 경험하게 하는 모의 훈련은 학습자와 교육자가 숙련도를 평가하고 이해나 숙련도가 부족한 부분에 집중하도록 도와준다. 다양한 형태의 **모의 훈련**이 이용되는 경찰 업무를 살펴보자. 사격 훈련은 경찰관이 실제로 마주칠 수 있는 상황을 모방하여 여러 가지 소품을 배치한 방 한쪽 끝에 커다란 화면을 설치하고 영상을 기반으로 한 시나리오를 이용하여 진행

사격 모의 훈련에서는 위험할 수도, 일상적일 수도 있는 다양한 상황에 맞닥뜨린다. 훈련에는 상황을 판단할 시각적, 언어적 단서들, 발생 가능한 결과들, 살상무기의 적절한 사용, 긴급한 순간 왜 그런 조치를 취했는지 설명하기 등이 포함된다.

된다. 경찰관은 훈련 프로그램과 상호작용할 수 있도록 개조한 총을 들고 설정된 장면으로 들어간다.

미니애폴리스 경찰서의 캐서린 존슨 경위는 자신이 받았던 몇 번의 모의 훈련을 이렇게 묘사한다.

한번은 차량을 정차시킨 상황이었어요. 훈련실은 한쪽 끝이 화면으로 되어 있고 커다란 파란색 우체통, 소화전, 출입구 같은 것들이 방 여기저기에 있죠. 화면에 나오는 상황에 대처할 때 엄폐물로 쓸 수 있는 것들이에요. 저는 화면 쪽으로 걸어갔고, 화면에는 제가 정차시킨 차로 다가가는 장면이 나왔어요. 진짜처럼 느껴진 그 상황에서, 갑자기 트렁크가 열리더니 웬 남자가 엽총을 들고 튀어나와서 저를 쐈어요. 지금까지도 전 차량에 정차 지시를 한 후 다가갈 때마다 트렁크를 세게 눌러 열려 있지 않은지 확인해요. 그때 받았던 바로 그 훈련 때문에요.

또 다른 사격 훈련은 가정폭력으로 신고를 받고 출동한 상황이었어요. 제가 집으로 다가가고 현관에 남자가 하나 서 있는 장면에서 시작했어요. 제가 나타난 순간 그 남자 손에는 총이 들려 있었어요. 저는 총을 내려놓으라고 지시했지만 그 남자가 처음 취한 행동은 뒤돌아서 걸어가는 것이었어요. 그때 저는 그 남자를 뒤에서 쏠 수도 없고 위험해 보이는 사람도 없는데 어떻게 해야 하나 생각했죠. 쏴야 하나 말아야 하나 고민하는 순간 그 남자는 이미 돌아서서 저를 쐈더라고요. 제 반응이 그 행동보다 느렸기 때문이었어요. '행동은 항상 반응을 이긴다.' 이건 제 머릿속에 박혀버린 일종의 주문이에요.[22]

사격 모의 훈련에서는 위험할 수도 있고 일상적일 수도 있는 다양한 상황에 맞닥뜨린다. 그 상황에는 정답과 오답으로 단순화할 수 없는 여러 복잡한 요인이 섞여 있고, 그 요인 중에는 현관에 서 있는 사람의 범죄기록 유무라든지, 훈련에 들어가는 경찰관이 알 수 있는 정보도 있다. 훈련의 마지막에 경찰관은 교육 담당자와 함께 보고를 들으며 피드백을 받는다. 이 훈련은 단지 기술을 익히는 것이 목적이 아니라 명확한 사고와 적절한 반사 행동도 익히고자 하는 것이다. 즉 시각적, 언어적 단서들, 발생 가능한 결과들, 살상무기의 적절한 사용, 긴급한 순간에 왜 그런 조치를 취했는지 설명하기 등이 포함되어 있다.

모의 훈련은 완벽하지 않다. 존슨은 어떤 훈련을 통해 경찰이 폭력범과 아주 가까운 거리에서 총을 빼앗는 연습을 하는지 설명한다. 이 기술은 동료 경찰과의 역할극을 통해 연습한다. 신속하고 능숙하게 행동해야 한다. 폭력범이 총을 놓치게 하기 위해 한 손으로는 그의 손목을 치는 동시에 다른 손으로는 총을 비틀어 빼낸다. 경찰은 이 연습을 계속 이어서 한다. 총을 뺏고, 다시 건네주었다가 다시 뺏기를 반복하는 것이다. 하지만 이 연습은 한 경찰관이 실제 범행 현장에 출동해서 폭행범에게 총을 뺏었다가 습관적으로 도로 건네주는 일이 발생하는 바람에 중지되었다.

서로 놀란 가운데 경찰관은 가까스로 총을 다시 빼앗고는 폭력범을 꽉 붙잡았다. 이 훈련 체계는 연습한 대로 실전에 임하게 되므로 실전처럼 연습해야 한다는 가장 기본적인 규칙을 어겼던 것이다. 무엇을 알고 무엇을 모르는지에 대한 감각을 측정하는 데 가장 강력한 피드백은 현장에서 저지르는 실수일 때가 가끔 있다. 실수를 저지르고도 살아남았고, 그 교훈을 받아들일 자세가 되어 있다면 말이다.[23]

6장

학습 유형이라는 신화

• 출발부터 능동적인 학습

• 성공 지능

• 역동적 평가

• 구조 형성

• 규칙 학습 대 사례 학습

모든 학습자는 다르다. 그리고 프랜시스 베이컨(Francis Bacon)의 말처럼 모두 나선계단을 통해 위대한 곳으로 올라가고 있다.[1]

1942년생인 브루스 헨드리(Bruce Hendry)의 이야기를 살펴보자. 미니애폴리스 북부의 미시시피 강둑에서 기계공과 주부의 아들로 자란 그는 여느 미국 아이들처럼 개구지고 부자가 되겠다는 야망을 품은 소년이었다. 여기까지는 흔히 듣는 자수성가 이야기다. 하지만 이 이야기에서 주목할 점은 '그가 나선계단을 오르며 어떻게 자신의 길을 찾았는가'와 '사람들의 학습 방식에 어떤 차이가 있는지 이해하는 것이 인생에 어떤 도움을 주는가'다.

사람마다 학습 유형이 다르다는 견해는 교육 현장에 전해 내려오는 전설 같은 이야기이자 많은 사람들이 스스로의 차이점을 인식하는 방식으로 삼을 정도로 오래전부터 믿어오던 것이다. 이러한 관점은 사람들이 새로운 정보를 각자 다르게 처리하고 받아들인다는 것을 전제로 한다. 예를 들면 시각 자료로 공부할 때 더 잘 배우는 사람이 있고 청각 자료나 책으로 공부할 때 더 잘 배우는 사람이 있다는 말이다. 나아가 이 말은 각자의 학습 유형에 어긋나는 방식으로 교육을 받으면 학습에 불리하다는 뜻이기도 하다.

이 책에서는 누구나 선호하는 학습 유형이 있다는 사실을 인정하지만 교육 방식이 선호하는 학습 유형에 맞으면 더 잘 배울 수 있다는 의견에 동의하지는 않는다. 하지만 사람들의 학습 방식에는 이와는 다른 형태의 중요한 차이가 존재한다. 일단 논의의 틀을 잡기 위해 브루스의 이야기부터 살펴보기로 하자.

출발부터 능동적인 학습

브루스의 비결 중 하나는 그가 아주 어렸을 때부터 자기 행동에 스스로 책임을 진다고 느꼈다는 점이다. 그가 두 살이었을 때 어머니 도리스는 차에 치일지 모르니 길을 건너지 말라고 말했다. 브루스는 날마다 길을 건너고 날마다 어머니에게 엉덩이를 찰싹 얻어맞았다. 도리스는 친구들에게 이렇게 말했다. "걔는 태어날 때부터 적극적이었어."

여덟 살에는 창고 세일에서 10센트를 주고 노끈 뭉치를 사서 여러 조각으로 잘라낸 다음 한 조각에 5센트씩 받고 팔았다. 열 살 때는 신문 배달을 했다. 열한 살에는 캐디 일도 겸했다. 열두 살에는 저축해두었던 30달러를 주머니에 쑤셔넣고 빈 서류가방을 들고서 동 트기 전에 몰래 창문으로 빠져나가 히치하이킹으로 차를 얻어 타고 410킬로미터 떨어진 사우스

다코타 애버딘까지 갔다. 거기서 블랙 캣츠, 체리 밤, 로만 캔들스 등 미네소타에서 불법으로 취급되던 폭죽을 잔뜩 사서 가방에 쓸어넣은 뒤 다시 차를 얻어 타고 저녁 전에 집으로 돌아왔다. 그 다음 일주일 동안 도리스는 신문 배달하는 아이들이 몇 분씩 자신의 집에 들렀다 가는 걸 보았지만, 이유를 알 수 없었다. 신문 배급소 관리자가 브루스의 새로운 수익원을 알아내서 브루스의 아버지에게 일러바쳤다. 아버지는 한 번만 더 그 짓을 했다가는 실컷 얻어맞을 줄 알라고 말했다. 브루스는 여름에 또 구매 출장을 갔고, 그 결과 실컷 얻어맞았다. 브루스는 이렇게 말한다. "그럴 만한 가치가 있었어요."[2] 열세 살이었던 그는 높은 수요와 공급 부족 현상에 대해 배웠다.

브루스는 부유한 사람들이 자기보다 더 똑똑한 것은 아니라는 것을 깨달았다. 그저 자신에게 없는 지식이 있을 뿐이었다. 부자가 되기 위한 지식을 그가 어떻게 얻었는지 살펴보면 그의 학습 방식이 드러난다. 브루스는 끊임없이 새로운 계획에 뛰어들어 자신의 안목과 판단력을 개선할 수 있는 교훈을 이끌어냈다. 그는 배운 것을 바탕으로 투자에 관한 심성 모형을 만들었고, 그것을 이용해서 더 복잡한 투자를 할 수 있었다. 그러는 한편 관련 없는 정보 더미에서 작고 덜 중요한 세부 항목은 무시하고 최종적인 이득을 향해 나아갔다. 심리학자들은 이런 행동을 '**규칙 학습**(rule learning)'과 '**구조 형성**(structure building)'이라고 부른다. 새로운 경험에서 근본적인 원리나 규칙을 뽑아내는 습관이 있는 사람은 경험을 액면 그대로 받아들이고 나중에 비슷한 상황에 적용할 교훈을 이끌어내지 못하는 사람에 비해 훨씬 성공적인 학습자다. 이와 마찬가지로 새로 맞닥뜨린 문제의 부차적인 정보들에서 핵심 개념을 추려내고 이 핵심 개념을 심성 모형과 연결하는 사람은 밀알과 겨를 가려내지 못하고 밀이 어떻게 밀가루로 만들어지는지 이해하지 못하는 사람보다 훨씬 성공적인 학습자다.

    십대 소년 브루스는 미네소타 중심부의 호숫가에 숲이 우거진 공터를 판다는 전단 광고를 보았다. 그는 부동산에 투자하면 손해보지 않는다는 조언을 듣고 그 중 하나를 구입했다. 그 후 네 번의 여름을 보내는 동안 가끔 아버지의 도움을 받으면서 그곳에 집을 한 채 지었다. 집을 짓는 전 과정을 한 번에 하나씩 거쳐가면서 스스로 방법을 알아내기도 하고 방법을 가르쳐줄 사람을 구하기도 했다. 브루스는 지하실을 파기 위해 트레일러를 하나 빌려서 자기 차인 1949년식 허드슨에 연결했다. 또한 친구들에게 땅을 파게 하고 한 삽에 50센트씩 지불하는 한편 흙을 채워야 하는 근처 공터의 주인에게 한 삽에 1달러씩 받고 팔았다. 또한 시멘트 사업을 하는 아버지를 둔 친구로부터 블록 쌓는 법을 배워서 직접 토대를 깔았다. 목재상 영업사원에게서는 뼈대 세우는 법을 배웠다. 배관과 전기 설비도 이런 방식으로 배웠다. 브루스는 눈을 동그랗게 뜨고서 "그건 어떻게 하는 거야?"라며 이리저리 물어보고 다니는 아이였다. "전기 검사관이 승인을 안 해주더라고요. 난 그 사람들이 조합원에게 그 일을 맡기고 싶어하는 걸 알게 됐어요. 그래서 시티즈(Cities)에서 조합원 한 명을 구해 와서 전기 배선을 전부 다시 하게 했죠. 이제 와서 생각해 보면 그때 내가 했던 일은 엄청 위험한 일이었어요."

    열아홉 살의 대학생이었던 브루스는 집이 완공된 해 여름, 계약금을 받고 그 집을 미니애폴리스의 4세대용 아파트 건물과 맞바꿨다. 아파트가 네 채 있으면 달마다 넉 장의 수표를 받을 수 있을 것이라는 단순한 생각에서였다. 그는 대학 공부를 하면서 임대 부동산을 관리했고, 대출금도 갚 았다. 그러나 한편으론 한밤중에 배관이 망가졌다는 전화를 받았는가 하 면, 임대료를 올린 후 세입자를 잃었으며, 빈 방에 들어올 사람을 구하려 고 애썼고, 더 많은 돈을 쏟아부었다. 그는 공터를 집으로 바꾸고 집을 아 파트로 바꾸는 법을 배웠지만 마지막에 배운 교훈은 이 사업이 수익보다 골치 아픈 일이 더 많다는 점이었다. 그는 아파트 건물을 판 후 20년 동안 부동산에서 손을 뗐다.

대학을 졸업한 브루스는 코닥에서 마이크로필름 영업사원으로 일했다. 3년째 되던 해에는 전국에서 다섯 손가락 안에 드는 영업사원이 되어 있 었다. 그때 그는 지점장이 얼마나 버는지 알게 되었다. 회사에서 제공하는 차와 판공비를 빼면 영업사원인 브루스의 수입보다 적었다. 지점장보다 실적이 우수한 영업사원이 돈을 더 잘 번다는 또 다른 교훈을 배운 브루 스는 나선계단을 또 한 계단 올라갔다. 그는 회사를 그만두고 증권회사에 들어가 주식을 매매했다.

새로운 관점에서 보니 배울 점이 더 많았다. "수수료로 1달러를 받으면 반은 회사가 가져가고 나머지 반의 반은 국세청이 가져갔죠. 실제로 돈을 벌고 싶으면 매매 수수료 받는 데 집중하기보다는 내 돈을 투자하는 데 더 집중해야 했어요." 하지만 주식 투자는 위험하다는 또 다른 교훈을 얻 었을 뿐이었다. 그는 고객에게 투자 상품을 팔아서 번 수수료보다 더 많은 투자금을 잃었다. "하락세에는 손을 쓸 수가 없어요. 주가가 50퍼센트 하 락하면 본전을 찾기 위해선 100퍼센트 올라야 하는데 50퍼센트 떨어지는 것보다 100퍼센트 오르는 건 훨씬 어렵죠." 점점 지식이 쌓였다. 그는 때 를 기다리며 통찰력을 얻기 위해 여러 군데로 눈을 돌렸다.

그때 눈에 들어온 사람이 샘 레플라(Sam Leppla)였다.

브루스의 말에 따르면 당시 레플라는 미니애폴리스 스카이웨이(미니애폴리스 곳곳에 건설되어 있는 건물 사이의 실내 보행자 통로-옮긴이)를 돌아다니며 투자회사들에게 주식거래에 관해 조언하던 사람이었다. 어느 날 레플라는 브루스에게 부실기업의 채권이 1달러당 22센트에 팔리고 있다고 말했다. "그 채권에 갚지 않은 이자가 22포인트 있다는 이야기입니다. 회사가 부도나면 이 미지급 이자, 그러니까 투자비용의 100퍼센트를 받게 됩니다. 이자를 받고도 채권을 그대로 갖고 있는 거죠." 결과적으로 공돈이나 마찬가지였다. "전 사진 않았지만 어떻게 되나 지켜봤어요. 정확히 샘이 예견한 대로 되더군요. 그래서 샘에게 전화해서 말했어요. '여기 와서 자네가 어떤 일을 하는지 말해줄 수 있겠나?'라고요."

레플라는 가격, 공급, 수요, 가치 등의 관계에 대해 브루스가 폭죽을 판매할 때 익혔던 것보다 더 복잡한 지식을 가르쳤다. 레플라의 방식은 다음과 같은 규칙에서 나온 것이었다. 회사에 문제가 생기면 회사의 자산에 우선권이 있는 사람은 소유주인 주주가 아니라 채권자다. 채권에는 우선순위가 있다. 가장 먼저 지불되는 채권은 우선순위 채권(senior bonds)이라고 한다. 우선순위 채권자에게 지불되고 남은 자산은 후순위 채권(junior bonds)에 지불된다. 투자자들이 그 기업의 가치에 비해 자산이 충분히 남아 있지 않을까 봐 우려하게 되면 문제가 생긴 기업의 후순위 채권은 가격이 떨어진다. 투자자들의 두려움, 게으름, 무지 때문에 채권 가격은 기초자산의 가치보다 낮아질 수 있다. 따라서 그 기업의 실질적 가치와 채권의 가격을 비교한다면 아주 적은 위험을 안고 투자할 기회를 잡을 수 있다.

이것은 바로 브루스가 추구해오던 종류의 지식이었다.

당시 플로리다 부동산 투자 신탁회사들이 부실기업으로 분류되었는데 곧 샘과 브루스는 이 회사들을 살펴보기 시작했다. 이들은 급매로 나와 가격이 기업의 자산에 비해 상당히 낮은 채권을 사들였다. "우리는 이것들을 5달러에 사서 50달러에 팔았습니다. 사는 것마다 돈이 됐죠." 이 일에서 좋은 결과를 얻기는 했지만 시장 가격이 가치를 따라잡자 곧 다른 아이디어가 필요해졌다.

이 무렵 동부의 철도 회사들이 도산하고 있었고 연방정부는 그 자산을 매입해서 콘레일(Conrail)과 암트랙(Amtrak)을 설립했다. 브루스는 이렇게 말한다. "어느 날 샘이 와서 말하더군요. '철도회사는 50년마다 망하는데 거기에 대해 아는 사람이 없어. 굉장히 복잡한 문제여서 조사하는 데 몇 년씩 걸리거든.' 그래서 우리는 철도에 대해 아는 사람을 찾았어요. 바니 도나휴(Barney Donahue)였죠. 바니는 전 국세청 직원이자 철도광이었어요. 진짜 철도광은 늘 철도를 생각하고 철도로 숨을 쉬는 사람이에요. 선로의 무게나 엔진 개수도 말해줄 수 있을 정도예요. 바니가 바로 그런 사람이었어요."

이들의 투자는 채권이 지불되는 순서와 잔여 자산에 대해 다른 투자자들보다 많이 아는 것을 신조로 삼았다. 맞춤 지식으로 무장한 세 사람은 평가 절하된 후순위 채권 가운데 지불 가능성이 가장 높은 것을 선별할수 있었다. 도나휴는 여러 철도 회사를 살펴보고 투자하기 제일 좋은 곳이 에리 라카와나(Erie Lackawanna)라고 결정했다. 가장 현대적인 장비를 보유하고 있었기 때문이었다. 헨드리와 레플라, 도나휴는 더 자세히 알아보는 작업에 착수했다. 직접 기차를 타고 노선 전체를 지나며 장비의 상태를 확인했다. 남아 있는 장비를 세고, 상태를 살펴보고, 무디스에서 발간한 매뉴얼을 보면서 기업 가치를 계산했다. "계산을 하는 거예요. 엔진의 가치는 얼마나 될까? 화물칸은? 선로 1마일은?" 에리 철도회사는 운영되는 150년 동안 15종류의 채권을 발행했고, 각각의 가치는 다른 채권에 비해 얼마나 우선하느냐에 달려 있었다. 브루스는 조사를 하다가 작은 문서를 발견했다. 자산을 처분할 경우 채권이 어떤 순서대로 지불되어야 하는지 금융기관에서 승인한 문서였다. 기업의 자산과 부채의 가치, 채권 구조를 명확히 평가한 이들은 어떤 채권이 가치 있는지 알게 되었다. 이런 작업을 하지 않은 채권 투자자들은 어둠 속에 있었다. 후순위 채권은 크게 할인된 가격에 팔리고 있었다. 후순위 채권이 먹이사슬의 한참 아래쪽에 있었으므로 투자자들이 여기에 투자하면 원금을 만져볼 수나 있을까 우려했기 때문이었다. 브루스의 계산은 달랐다. 그래서 그는 그 채권을 사들였다.

브루스의 성공담은 여기에 다 적지 못할 만큼 긴 이야기다. 철도회사 파산은 놀라울 정도로 복잡한 일이다. 브루스는 그 과정 전체를 누구보다도 완벽하게 이해하는 데 몰두했다. 그 다음에는 이곳저곳 문을 두드리며 이 절차를 주관하는 남부 백인 남성들의 권력 구조를 파악했고, 결국 법원의 지정을 받아 파산 과정에서 채권 투자자들의 이익을 대변하는 협의회를 주재하는 데 성공했다. 2년 후 에리 철도회사가 파산 위기에서 벗어나자 브루스는 회장이자 최고경영자(CEO)가 되었다. 그는 바니 도나휴를 고용해서 회사 경영을 맡겼다. 브루스 헨드리와 도나휴, 이사회는 남은 소송들을 처리하면서 기업 회생을 이끌었다. 사태가 정리되자 브루스의 채권은 액면가의 두 배, 매입 당시 가격의 스무 배 수익을 올렸다.

에리 라카와나 건은 아주 복잡했고 다윗과 골리앗의 싸움처럼 터무니

철도 채권과 기차 화물칸 등에 투자하여 엄청난 성공을 거둔 브루스의 비결은 무엇일까? 브루스
가 투자 기법을 익힌 것처럼 새로운 경험에서 근본 원리를 이끌어내고 새로운 지식을 심성 모형
에 맞게 바꾸어 통합하는 능력은 학습에서 아주 중요하다.

없이 어려워 보였지만 결국 이런 일이 브루스의 직업이 되었다. 곤경에 처한 기업을 찾아내고, 자산과 부채를 탐색하고, 신용 채무에 대한 세세한 항목을 읽어보고, 그 산업과 상황이 어떻게 흘러가는지 들여다보고, 소송 과정을 이해하고, 일이 어떻게 펼쳐질지에 대한 해박한 지식으로 무장하고 거기에 뛰어든 것이다.

이 외에도 브루스는 카이저 철강의 경영권을 장악하여 CEO로서 회사가 파산에서 벗어날 수 있도록 이끈 뒤 새 기업의 지분 2퍼센트를 받았다. 텍사스 퍼스트리퍼블릭 은행의 파산 과정을 조율하며 초기 투자비용의 600퍼센트를 지급받기도 했다. 이뿐 아니라 과잉 공급 상태가 되어 생산이 중단된 화물칸을 최신 제품으로 1000대 구입한 뒤 철도회사에서 임차료를 지급하기로 했던 계약서에 따라 투자금의 20퍼센트 수익을 올렸고, 1년 후 공급이 부족해져 가격이 상당히 올랐을 때 팔았다. 헨드리의 성공담은 친숙하기도 하고 특이해 보이기도 한다. 친숙한 것은 우리가 이런 종류의 이야기에 익숙하기 때문이고, 특이한 것은 그가 모험을 하면서 '학교에 간' 것처럼 학습을 했다는 점이다. 브루스는 매력적인 투자 기회를 잡는 자신만의 법칙을 세우고, 그 법칙을 이어붙여서 하나의 견본을 만들고, 그것을 적용하는 새롭고 색다른 방법을 찾아냈다.

어떻게 성공할 수 있었는지 설명해달라는 요청에 브루스가 남긴 조언은 믿을 수 없을 만큼 간단했다. "경쟁이 없는 곳으로 가라. 깊게 파고들어라. 적절한 의문을 품어라. 큰 그림을 봐라. 위험을 감수해라. 정직해라." 하지만 이 설명은 썩 만족스럽지 않다. 그 뒤에는 더욱 흥미로운 이야기, 행간에서 추론할 수 있는 이야기가 있다. 우리가 궁금한 점은 브루스가 자신에게 필요한 지식을 어떻게 알아냈는지, 그 후 어떻게 지식을 구하고 다

넜는지, 예리한 판단력의 싹을 키우는 데 초기의 장애물이 어떻게 도움이 되었는지, 다른 사람들이 골치 아픈 냄새만 맡는 곳에서 어떻게 가치를 찾아내는 눈을 길렀는지 등이다. 가치를 발견하는 그의 재능은 묘한 데가 있다. 그의 이야기를 들으면 네 살짜리 아이가 생일날 아침에 일어나서 마당에 쌓인 커다란 거름 더미 주위에서 춤을 추면서 소리치는 장면이 떠오른다. "저 안 어딘가에 분명히 조랑말이 있을 거야!"

사람은 모두 다르다. 형제자매를 서로 비교해보아도 금방 알게 되는 뻔한 이야기다. 그것은 초등학교에서도, 운동 경기장에서도, 중역 회의실에서도 명백한 사실이다. 브루스 헨드리와 같은 욕망과 결의를 품고 그의 조언을 가슴 깊이 새긴다 해도, 조랑말이 들어 있는 거름 더미를 찾아내는 기술을 배울 사람이 우리 가운데 몇이나 될까? 브루스의 이야기가 보여주듯 학습을 할 때 상대적으로 중요한 영향을 미치는 차이가 있다. 그 차이는 과연 무엇일까?

"할 수 있다고 생각하든 할 수 없다고 생각하든 그렇게 될 것이다."라는 격언이 있다. 7장에서 언급할 캐롤 드웩의 연구는 이 견해를 입증하는 데 크게 도움이 된다. 몇 년 전 〈포춘〉 지에 실린 기사도 이와 마찬가지다. 모순처럼 보이지만 난독증이 있는 사람들이 학습 장애에도 불구하고 사업을 포함한 여러 분야에서 크게 성공했다는 이야기다. 버진 레코드와 버진 애틀랜틱 항공의 리처드 브랜슨(Richard Branson)이 열여섯 살에 학교를 중퇴하고 시작한 사업은 이제 수십 억 달러의 가치를 지닌다. 다이앤 스윙크(Diane Swonk)는 미국 최고의 경제 예측 전문가 중 한 사람이다. 크레이그 매코(Craig McCaw)는 휴대전화 산업의 선구자다. 폴 오팔리아(Paul Orfalea)

는 킨코스(Kinkos, 세계적 인쇄 편의점-옮긴이)를 창립했다. 이들을 비롯하여 난독증을 지녔음에도 성공한 사람들이 기사에 소개되었다. 이들 모두 일반적인 학습 방식과 학교생활에 곤란을 겪었고 대부분 지능이 낮다고 잘못 평가되었다. 학급에 받아들여지지 않거나 지적장애 학생을 위한 학급으로 보내진 사람도 있었다. 이런 조건에서도 성공한 사람들은 거의 모두 그들을 믿어주는 부모, 교사, 멘토의 지지를 받았다는 공통점이 있다. 브랜슨은 이렇게 회상했다. "어느 순간부터는 멍청한 것보다 난독증이 낫다고 마음먹었던 것 같아요." 여기에는 예외론과 관련된 브랜슨의 개인적인 관점도 포함된다.[3]

우리 자신을 이해하기 위해 만들어내는 이야기들은 '내가 무엇을 잘하는지, 내가 가장 관심을 두는 일이 무엇인지, 내가 어디로 향하고 있는지'처럼 우리를 지금 이 자리에 데려다놓은 사건과 선택을 설명하는 인생 스토리가 된다. 소프트볼 팀원을 고를 때 가장 마지막까지 남아 있는 아이라면 이 세상에서 자신의 위치를 이해하는 방식이 조금 바뀔 가능성이 크며, 그것이 자신의 능력에 대한 느낌이나 이후의 행보를 형성한다.

스스로 자신의 능력에 대해 이야기하는 것은 학습과 수행 방식을 형성하는 역할을 한다. 예를 들면 자신이 얼마나 열심히 몰두하는지, 위험 부담을 어디까지 허용하는지, 어려움에 부딪혔을 때 굴하지 않으려는 의지가 있는지 등이다. 새로운 지식을 심화 학습을 위한 자료로 바꾸는 능력이나 기술은 성공으로 향하는 경로를 형성하기도 한다. 가령 소프트볼 실력은 공을 치는 능력, 베이스까지 달리는 능력, 수비하고 공을 던지는 능력 같은 다양한 기술에 따라 좌우된다. 한편 경기에서 필요한 이런 기술들이 스포츠 분야에서 남다른 능력을 가진 스타가 되는 데 꼭 필요한 전제 조건은 아니다. 프로 스포츠의 세계에서 최고의 매니저와 코치 중에는 선수 시절 평범하거나 형편없기까지 했지만 경기를 연구하는 데는 특출한 사람들이 많았다. 토니 라루사(Tony LaRussa)는 야구선수로서의 경력은 짧고 썩 눈에 띄지도 않았지만 팀을 관리하는 분야로 진출해 크게 성공했다. 은퇴할 때까지 여섯 번의 아메리칸 리그와 내셔널 리그 챔피언십 진출, 세 번의 월드 시리즈 우승을 달성한 그는 역대 최고의 감독 중 한 명으로 인정받았다.

우리는 저마다 광범위한 자원을 보유하고 있으며 그것은 소질, 사전 지식, 지능, 흥미, 학습 방식과 단점 극복 방식을 구성하는 개인적인 스타일로 나타난다. 이 중 어떤 차이는 아주 중요하다. 예를 들면 새로운 경험에서 근본 원리를 이끌어내고 새로운 지식을 심성 모형에 맞게 바꾸어 통합하는 능력의 차이는 학습할 때 아주 중요하다. 그 밖의 다른 차이, 즉 언어적 학습을 하느냐 시각적 학습을 하느냐 하는 문제는 중요하다고 여겨지지만, 사실은 중요하지 않다.

학습에서 가장 중요한 차별화 요인을 꼽아본다면 **언어 유창성**과 **읽기 능력**이 아마도 가장 윗자리를 차지할 것이다. 앞서 인지적 노력을 더 많이 들여야 하는 어려움이 존재할 때 학습을 강화할 수 있다는 것을 보았지만, 우리가 접하는 모든 어려움에 그런 효과가 있는 것은 아니다. 부족함을 극복하는 데 추가로 드는 노력이 탄탄한 학습에 도움이 되지 않는다면 그 어려움은 바람직하지 않다. 한 예로, 문장 속의 단어는 해독하면서도 글의 맥락을 파악하지 못해서 읽기가 부진한 경우가 있다. 여기에 해당하는 난독증은 읽기 능력 부족의 유일한 원인은 아니지만 가장 흔한 원인이며 인구의 15퍼센트 정도가 난독증의 영향을 받는 것으로 추정된다. 임신 중 이례적으로 신경이 발달한 결과인 난독증은 입으로 내는 소리와 철자를 연결하는 능력, 즉 단어 인지에 필수적인 능력이 방해를 받아 나타나는 증상이다. 난독증을 고치지 못하더라도 도움을 받아 난독증에서 발생하는 문제들을 해결하거나 피해 가는 법을 배울 수 있다. 난독증과 관련하여 가장 성공적인 프로그램이 강조하는 것은 음소(音素)를 다루는 연습, 어휘의 확장, 이해 증진, 유창하게 읽는 능력의 향상이다. 신경과 의사들과 심리학자들은 아이의 뇌가 아직 변하기 쉽고 신경 회로를 변경할 수 있는 3학년 이전에 난독증을 빨리 진단받고 아이와 함께 노력할 것을 강조한다.

난독증은 일반인보다 교도소 재소자들 사이에서 훨씬 흔하게 볼 수 있다. 이런 현상은 잘 읽지 못하는 아이가 학교생활에 실패하면서 자아 존중감(self-esteem)이 낮아짐으로써 악순환이 거듭된 결과다. 이런 아이들 중 낮은 자아 존중감을 보상하기 위해 친구들을 괴롭히거나 다양한 형태의 반사회적 행동을 하는 경우가 있는데, 여기에 개입하지 않고 내버려두면 이런 행동이 범죄 행위로 발전하기도 한다.

난독증이 있는 학습자는 필수적인 독서 기술을 익히기 어렵고 여기서 또 다른 학습상의 어려움이 무리지어 발생하기도 한다. 하지만 〈포춘〉에서 인터뷰한 사람들은 신경학적인 이유에서였는지 장애를 보상할 방법을 찾아야 했기 때문이었는지 난독증을 앓는 사람들이 더 우수한 창의력과 문제 해결 능력을 가졌거나 계발하는 것 같다고 주장한다. 이들 중 많은 사람들은 성공하기 위해서 해야 했던 일들에 대해 이야기했다. 부분적인 요소를 해독하려고 애쓰는 대신 큰 그림을 보는 법, 상자 바깥에서 생각하는 법, 전략적으로 행동하는 법, 위험을 감수하는 법 등, 한 번 배우고 나면 나중에 일을 할 때도 확실히 도움이 될 만한 기술들을 어릴 때부터 배워야 했다고 한다. 이런 기술들 중에는 정말로 신경학적 배경이 있는 경우도 있다. 매사추세츠 공대(MIT)의 가디 가이거(Gadi Geiger)와 제롬 레트빈(Jerome Lettvin)이 수행한 실험에서는 난독증이 있는 사람들이 그렇지 않은 사람들에 비해 시야의 중심에 있는 정보를 해석하는 능력은 떨어지지만 주변시에 있는 정보를 해석하는 능력에서는 훨씬 뛰어나다는 사실을 발견했다. 이러한 연구 결과는 큰 그림을 더 잘 파악하는 능력이 뇌의 시냅스 연결과 관련이 있을 수도 있음을 시사한다.[4]

난독증에 대해서는 엄청난 분량의 문헌이 있지만 여기서는 그 자료를 살펴보지 않을 것이다. 그 대신 약간의 신경학적 차이가 학습 방식과 관련하여 많은 것을 설명할 수 있다는 점, 그리고 일부 사람들이 난독증이 있음에도 불구하고 성공할 수 있었던 이유는 높은 동기, 집중적으로 꾸준하게 도와준 사람들, 기술 혹은 '지능'을 보완하려는 노력 등이 결합하여 작용했기 때문이라는 점을 살펴볼 것이다.

학습 유형에 대한 믿음은 널리 퍼져 있다. 지금까지 어떤 교육 수준에서든 학생의 학습 유형을 파악하는 것이 권장되어왔으며 교사들은 다양한 수업 자료를 제공하여 학생들이 각자 최선의 학습을 할 수 있게 하라고 요구받는다. 사람마다 학습 유형이 다르다는 생각은 기업교육뿐만 아니라 군용기 조종사, 의료 서비스인, 지방 경찰의 훈련을 비롯하여 여러 직업 분야에 깊이 뿌리를 내렸다.

영국의 학습 및 기술 연구 센터(Learning and Skills Research Centre, LSRC)에서 2004년 실시한 조사 보고서는 현재 시중에서 활용되는 70가지 이상의 학습 유형 이론을 비교한다. 여기에는 특정 개인의 학습 유형을 진단할 수 있는 평가 도구 안내서도 첨부되어 있다. 보고서 작성자들은 이 유형 평가 도구의 공급업자들을 가리켜 '모순된 주장들을 어지럽게 늘어놓은 난장판'을 자꾸만 요구하는 기득권자들에게 시달리는 산업이라고 하며, 개인을 분류하고 딱지를 붙이고 정형화하라는 유혹에 우려를 표한다. 이들의 말에 따르면 행사에 참석한 학생이 평가 도구를 사용한 후 이렇게 말했다고 한다. "저는 청각적 학습, 운동 감각적 학습을 잘 못하는 유형이었어요. 그러니 누가 말하는 걸 몇 분 이상 들어봐야 소용없겠네요."[5] 이 결론은 여러 가지로 잘못되었다. 과학적인 근거도 없고, 잠재력이 줄어든 것 같은 잘못된 느낌을 불어넣는다.

학습 유형에 대한 모형은 많지만, 가장 널리 받아들여지는 모형으로 범위를 좁혀보아도 일관성 있는 이론적 패턴을 발견할 수는 없다. 닐 플레밍(Neil Fleming)이 주창한 바크(VARK)라는 접근법은 어떤 경험을 통한 학습을 선호하는지에 따라 사람들을 분류한다. 분류 기준이 되는 학습 경험의 유형은 주로 시각(Visual), 청각(Auditory), 읽기(Reading), 운동 감각(Kinesthetic, 움직이고, 만지고, 활동적으로 탐색하는 것)이다. 플레밍에 따르면 VARK는 학습 유형의 오직 한 측면만을 표현한 것이고, 그 외에도 선호하는 기온, 조명, 음식 섭취, 생체 리듬과 더불어 여럿이 혹은 혼자 공부하고 싶어하는지를 포함하여 모두 18가지의 기준으로 이루어져 있다고 한다.

다른 학습 유형 이론과 자료는 또 다른 기준에 바탕을 둔다. 흔히 이용되는 이론 중 하나는 케네스 던(Kenneth Dunn)과 리타 던(Rita Dunn)의 연구를 토대로 한 것으로 개인 학습 유형의 여섯 가지 측면, 즉 환경, 감정, 사회학, 지각, 생리학, 심리학적 측면을 평가한다. 다른 모형들은 다음과 같은 기준으로 유형을 평가한다.

- 구체적으로 인식하는 유형 대 추상적으로 인식하는 유형
- 능동적으로 실험하며 정보를 처리하는 유형 대 깊이 생각하며 관찰하는 유형
- 무작위로 구성하는 유형 대 순서대로 구성하는 유형

경영 분야에서 많이 이용하는 허니 & 멈포드 학습 유형 설문지(Honey and Mumford Learning Styles Questionnaire)는 직원들이 자신을 '행동가', '사색가', '이론가', '실무가' 중 대체로 어떤 유형이라고 생각하는지 결정하도록 도와준다. 또 더욱 다재다능한 학습자가 되기 위해 점수가 낮은 영역을 개선하게끔 해준다.

다양한 이론들이 이렇게 극도로 모순적인 기준을 포함한다는 간단한 사실만으로도 과학적 기반에 대한 우려를 자아낸다. 우리 대부분이 새로운 자료를 학습할 때 확실하게 선호하는 방식이 있는 것은 사실이다. 논점이 되는 것은 학습 유형 이론에 깔린 전제, 즉 자료를 제시하는 유형이 개인이 **가장 잘 배울 수 있는 학습 유형에 들어맞을 때 가장 잘 배운다**는 생각이다.

2008년 인지심리학자인 해럴드 패슐러(Harold Pashler), 마크 맥대니얼, 더그 로러(Doug Rohrer), 로버트 비욕은 이 학습 유형 이론의 전제가 과학적 근거가 있는지 판단하는 작업을 요청받았다. 연구팀은 두 가지 의문을 제기하며 시작했다. 첫 번째 의문은 이것이었다. 기관에서 학생이나 직원들의 학습 유형 평가에 따라 교육 유형을 정하는 것을 정당화하려면 어떤 형태의 증거가 필요한가? 연구팀은 믿을 만한 결과를 얻기 위해서 연구가 몇 가지 특성을 갖추어야 한다고 규정했다. 우선 학생들을 학습 유형에 따

라 여러 집단으로 나눈다. 그런 다음 똑같은 내용을 다른 방식으로 제시하는 다양한 학급에 무작위로 배정한다. 나중에 모든 학생은 똑같은 시험을 보아야 한다. 시험은 특정한 학습 유형(예를 들면 시각적 유형)에 해당하는 학생이 다른 유형(청각적 유형)의 교육 방식에 비해 자신에게 맞는 유형(시각적 유형)의 교육을 받았을 때 가장 좋은 성적을 얻었는지 알 수 있도록 구성되어야 한다. 이뿐 아니라 다른 유형의 학습자들도 각자 다른 유형에 비해 자신에게 맞는 유형의 교육 방식으로 배웠을 때 더 이득을 얻었다는 결과가 나와야 한다(청각적 유형의 학습자가 시각적 유형보다 청각적 유형으로 교육받았을 때 더 잘 배울 수 있었다는 결과).

두 번째 의문은 이런 종류의 증거가 기존에 존재하느냐는 것이었다. 답은 '아니요'였다. 교육 분야에서 학습 유형 이론의 타당성을 검사할 수 있도록 설계된 연구는 아주 드물었다. 연구팀의 발견에 따르면 사실상 학습 유형 이론의 타당성을 입증한 연구는 없었으며 몇몇 연구는 학습 유형 이론과 정면으로 반대되는 결과를 얻었다. 또한 연구팀의 검토 결과 교육 유형이 **과목**의 특성과 맞는지가 더욱 중요하다는 사실이 드러났다. 예컨대 기하학과 지리학을 가르칠 때는 시각적 방식을 사용하고 시를 가르칠 때는 언어적 방식을 사용하는 것이 더욱 중요하다는 말이었다. 교육 유형이 내용의 특성과 잘 맞을 경우, 자료를 어떻게 배우느냐에 대한 개인적인 선호와 상관없이 모든 학습자가 더욱 잘 배울 수 있었다.

학습 유형 이론의 타당성을 입증하는 증거가 없다고 해서 모든 학습 유형 이론이 틀렸다는 뜻은 아니다. 학습 유형 이론에는 여러 가지 형태가 있으므로 그 중 타당한 이론도 있을지 모른다. 하지만 그렇다고 해도 어떤 이론이 타당한지 가려낼 수 없었다. 엄격한 연구 사례 자체가 지극히 적어

타당성을 가려낼 근거가 존재하지 않기 때문이다. 패슐러와 동료들은 발견한 사실들을 토대로, 현재 이용할 수 있는 증거만으로는 학습 유형 이론에 따라 학생들을 평가하고 교육 방식을 재설계하는 데 드는 막대한 시간과 비용 투자를 정당화할 수 없다고 주장했다. 학습 유형 이론이 타당하다는 증거가 도출될 때까지는 이 책에서 제시한 것처럼 선호 유형에 상관없이 엄격한 연구와 실험을 통해 학습자에게 이득이 된다는 것이 입증된 교육 기법을 활용하는 편이 이치에 맞는다.[6]

성공 지능

지능은 우리가 중요한 차이를 낳는다고 여기는 학습 요인이다. 하지만 정확히 지능이란 무엇일까? 모든 사회에는 서구 문화에서 통용되는 지능에 해당하는 개념이 있다. 지적 능력을 설명하고 잠재력을 적절히 나타내려면 지능을 어떻게 정의하고 측정해야 하는가 하는 문제는 심리학자들이 이 개념을 측정하려고 노력해온 20세기 초반부터 100년 이상 존재해온 과제다. 오늘날 심리학자들은 일반적으로 한 사람에게 적어도 두 가지의 지능이 있다는 의견을 받아들인다. **유동 지능**(fluid intelligence)은 추론하고, 관계를 발견하고, 추상적으로 생각하고, 한 문제를 다루는 동안 머릿속에 정보를 담고 있는 능력이다. **결정 지능**(crystallized intelligence)은 과거의 학습과 경험을 토대로 만든 절차나 심성 모형, 그리고 세상에 대해 축적한 지식이다. 우리는 이 두 가지 지능의 작용으로 배우고, 추론하고, 문제를 풀 수 있다.[7]

오래 전부터 IQ 검사는 개인의 논리력과 언어능력을 측정하는 도구로 쓰였다. 이 검사 결과로 나온 지능 지수(Intelligence Quotient)는 신체적 연령에 대한 정신 연령의 비율에 100을 곱한 수치를 나타낸다. 말하자면 여덟 살인 아이가 대부분의 열 살짜리들이 풀 수 있는 문제를 풀 수 있다면 그 아이의 IQ는 125다(10을 8로 나누고 100을 곱한 수치). 예전에는 IQ가 태어날 때부터 고정되어 있다고들 생각했지만 이제는 달라지고 있다.

기존의 개념에 대항하여 사람들의 능력을 더욱 광범위한 변수로 설명하자는 심리학자 하워드 가드너(Howard Gardner)는 우리에게 여덟 종류의 지능이 있다는 가설을 제시한다.

- **논리·수학적 지능** : 비판적으로 생각하고 숫자와 추상적 개념 등을 다루는 능력
- **공간적 지능** : 3차원적 판단을 할 수 있고 마음의 눈으로 시각화할 수 있는 능력
- **언어적 지능** : 언어를 다루는 능력
- **운동 감각적 지능** : 신체적인 민첩함과 몸을 통제하는 능력
- **음악적 지능** : 소리, 박자, 음, 음악에 대한 민감성
- **대인관계 지능** : 다른 사람을 '읽고' 잘 어울리는 능력
- **자기이해 지능** : 자기 자신에 대해 올바로 이해하고 자신의 지식, 능력을 정확히 판단하는 능력
- **자연탐구 지능** : 자연 환경을 분류하고 관계를 맺는 능력(예를 들면 정원사, 사냥꾼, 요리사가 이용하는 지능)

가드너의 생각이 흥미로운 이유는 여러 가지가 있지만 그 중에서도 단연 돋보이는 것은 이 지능들은 언어와 논리적 능력에 치중하여 지능을 정의하는 현대 서구의 방식으로는 설명할 수 없는 것들이라는 점이다. 학습유형 이론과 마찬가지로 다중 지능(multiple intelligence) 모형은 교육자들이

약초의 적절한 사용법을 아는 것은 케냐의 생활방식에서
매우 중요했다. 그러나 이런 비공식적인 지식 검사에서
가장 우수했던 아이들은 학교 시험에서 가장 성적이 낮았다.
실용적 지식을 중시하는 환경에서 자라난 아이들이
분석적 지식 중심의 시험 성적이 낮았다는 연구 결과는
지능과 실력을 측정하는 현재의 기준을 재평가하게 한다.

제공하는 교육 경험을 다양화하는 데 도움이 되어왔다. 개인의 학습 능력에 한계가 있다는 잘못된 생각을 심어줄 수 있는 학습 유형 이론과 달리 다중 지능 이론은 타고난 능력을 더욱 다양하게 계발할 수 있게 해준다. 두 이론의 공통점은 경험적으로 입증된 근거가 없다는 점이다. 가드너 자신도 이 문제를 인식하고 있으며, 여러 지능이 혼합된 특정인의 지능을 규정하는 일은 과학보다 예술에 가깝다고 인정한다.[8]

가드너가 지능의 개념을 확장하여 우리에게 도움이 많이 되고 있다면, 심리학자 로버트 J. 스턴버그는 그것을 한 번 더 다듬어 더욱 유용하게 만들었다. 스턴버그는 여덟 가지 지능 대신 세 가지 지능을 포함하는 모형을 제시한다. 그 세 가지는 분석적, 창의적, 실용적 지능이다. 가드너의 이론과 달리 스턴버그의 이론은 한 발 더 나아가 실증적 연구를 통해 입증되었다.[9]

지능 측정 방식에 특별히 초점을 맞춘 스턴버그의 연구 중 하나는 케냐의 한 지방에서 수행되었다. 스턴버그와 동료들은 이곳 아이들이 일상에서 약초로 만든 약에 대한 지식을 배운다는 것을 발견하고 살펴보았다. 이 약을 주기적으로 사용하는 것은 케냐의 생활 방식에서 중요한 부분을 차지한다. 이 지식은 학교에서 배우거나 시험으로 평가받지 않지만 약초를 알아볼 수 있고 약초의 적절한 사용법과 복용량을 아는 아이들은 이런 지식이 없는 아이들에 비해 자신이 처한 환경에 더욱 잘 적응했다. 이런 토착적이고 비공식적인 지식 검사에서 **가장 우수했던** 아이들은 학교에서 공식적으로 가르치는 과목의 시험에서 **가장 성적이 낮았으며**, 스턴버그의 표현에 따르면 공식적인 시험이라는 측정 기준에서 볼 때 '멍청한' 것으로 나타났다. 이 불일치를 어떻게 해결할 것인가?

스턴버그는 학교에서 가르치는 지식 학습에 뛰어난 아이들에 비해 토착적 지식 학습에 뛰어난 아이들은 실용적 지식을 훨씬 중시하는 가정환경에서 자랐다는 사실을 제시한다. 어떤 종류의 지식을 다른 종류의 지식보다 중시하는 환경(학교에서 배우는 지식보다 실용적인 지식을 중시하여 아이들에게 약초에 대해 가르친 가정)에서 자란 아이들은 자신의 환경에서 강조하지 않는 영역인 학문적 영역에서 지식의 수준이 낮았다. 다른 가정에서는 분석적(학교에서 가르치는) 정보에 더 큰 가치를 부여하고 약초와 같은 실용적인 지식에는 상대적으로 가치를 덜 부여했다.

여기서 두 가지 중요한 점을 알 수 있다. 첫째, 기존의 지능 측정 방식은 환경의 차이를 설명하지 못했다. 비공식적이고 토착적인 지식 학습에 뛰어난 아이들에게 적절한 기회만 생긴다면 학문적 영역에서 또래 아이들을 따라잡을 수 없거나 앞지르지 못하리라고 생각할 이유가 없다. 둘째, 토착적인 지식을 강조하는 환경에서 자란 아이들이 학문적 지식에 숙달되는 과정은 아직 진행 중이다. 스턴버그의 관점에 따르면 우리 모두는 전문성이 발달하고 있는 상태이며 어느 한 시점에서 알고 있는 지식을 측정하는 시험은 **잠재력**에 대해서는 전혀 알 수 없는 고정적인 측정법이라고 한다.

스턴버그는 여기서 도움이 될 만한 짧은 이야기를 두 가지 더 언급한다. 하나는 브라질의 고아들을 대상으로 한 연구에 대한 이야기다. 이 아이들은 살아남기 위해 노점상을 열고 운영하는 법을 배워야 한다. 이 아이들의 동기는 강력하다. 생계를 유지하는 수단으로 강도짓을 한다면 갱들과 충돌하는 위험을 안게 된다. 장사를 잘하기 위해 계산을 해야 하는 이 아이들은 똑같은 문제가 필기시험에서 추상적인 형태로 제시되면 풀지 못한다. 스턴버그는 전문성이 발달하는 과정이라는 관점에서 보면 이치에 맞는 현상이라고 주장한다. 이 아이들은 학문이 아니라 실용적인 지식을 강조하는 환경에서 살아가고, 현실에서 당장 필요한 지식이 학습의 형태와 중요도를 결정하기 때문이다.[10]

또 하나의 이야기는 전문적이고 능숙하게 경마를 하는 사람들의 이야기다. 이들은 경주마에 돈을 걸기 위해 극도로 복잡한 심성 모형을 고안하고 사용하지만 표준적인 IQ 검사에서는 평균 정도밖에 되지 않는다. 이 사람들과 IQ가 똑같지만 경마에는 덜 능숙한 사람들의 심성 모형과 이 사람들의 심성 모형을 비교하여 검사해보았다. 경마를 하려면 경주마 한 마리마다 획득한 상금의 액수, 지금까지 기록한 속도, 돈을 많이 벌어들인 경주, 이번 경주에 나오는 기수의 능력, 과거 각각의 경주 기록에서 고려해야 할 10여 가지의 특징들 등 엄청나게 다양한 변수를 고려해서 비교해야 한다. 경마 전문가는 특정 경주마가 마지막 400미터에서 어떤 속도로 달릴 것인지 예측하기 위해서 일곱 가지 변수가 포함된 복잡한 심성 모형을 이용한다. 이 연구에서는 IQ가 경마 실력과 관계가 없으며 "IQ 검사로는 인지적으로 복잡한 형태의 다변수(multivariate) 추론 능력을 측정할 수 없다."는 사실을 발견했다.[11]

이렇게 IQ가 측정하지 못하는 영역을 측정하기 위해, 로버트 스턴버그는 성공 지능(Successful Intelligence)의 삼위일체 이론(three part theory)을 내놓았다. **분석적 지능**은 보통 시험에 나오는 문제 해결 과제를 완수할 수 있는 능력이다. **창의적 지능**은 새롭고 비일상적인 상황에 대처하기 위해 이미 존재하는 지식과 기술을 통합하고 응용하는 능력이다. **실용적 지능**은 구체적인 환경에서 해야 하는 일을 이해하고 실행함으로써 일상에 적응할 수 있는 능력이다. 이런 지능이 높은 사람을 가리켜 세상 물정에 밝은 사람이라고 표현한다. 특정한 상황에서 성공하기 위해 필요한 자질 가운데 많은 부분이 표준적인 IQ 검사나 적성검사로는 측정되지 않는다. 이런 검사들은 중요한 능력을 간과할 수 있다.

역동적 평가

로버트 스턴버그와 엘레나 그리고렌코(Elena Grigorenko)는 역동적인 방식으로 능력을 평가하는 방식을 사용하자는 아이디어를 제안했다. 스턴버그의 발달 중인 전문성(developing expertise)이라는 개념은 우리가 어떤 분야에서 계속되는 경험을 통해 능력이 낮은 상태에서 높은 상태로 움직이고 있다는 의미를 담고 있다. 또한 이 개념에는 표준적인 평가 방식이 잠재력을 정확히 측정하지 못한다는 뜻도 담겨 있다. 표준적인 평가 방식은 연속적인 학습 과정 중에서 평가 시점에만 국한된 고정적 기록밖에 보여주지 못하기 때문이다. 삼위일체 지능 모형에 이어, 스턴버그와 그리고렌코는 고정적 평가 대신 그들이 역동적 평가(Dynamic Testing)라고 부르는 방식을 제안했다. 역동적 평가 방식은 현재 전문성의 발달 상태를 밝히고, 수행이 부진한 영역의 학습에 다시 초점을 맞추며, 전문성을 계속 높이기 위해 향상의 정도를 측정하고 학습에 다시 몰두하게 하는 방식이다. 따라서 이 평가 방식은 부족한 부분을 드러낼 수 있으나 그것을 고정적인 무능함으로 보는 것이 아니라 개선될 수 있는, 지식과 기술의 부족 상태로 해석한다.

표준적인 평가와 비교할 때 역동적 평가에는 두 가지 이점이 있다. 하나는 학습자와 교육자가 성취한 영역이 아니라 성취되어야 할 영역에 초점을 맞추게 하고, 다음 평가까지 학습자의 발전 양상을 측정할 수 있기 때문에 잠재적인 학습 능력을 더 정직하게 드러내 보이는 역할을 한다는 점이다.

또 하나는 학습자가 학습의 정해진 한계에 맞춰야 한다고 가정하는 것이 아니라 그의 지식이나 수행이 어떤 수준에 있으며 어떻게 성공으로 나아가야 할지, 즉 실력이 향상되려면 무엇을 공부해야 할지를 평가한다는 점이다. 다시 말하면 적성 검사와 대부분의 학습 유형 이론이 잘하는 부분을 강조하고 그것에 초점을 맞추도록 권장하는 경향이 있는 데 비해 역동적 평가는 부진한 부분을 발견하고 바로잡도록 도와준다. 인생 경험이라는 학교에서 장애물은 어느 부분을 더 잘해야 하는지 보여주는 역할을 한다. 그 덕분에 나중에 비슷한 난관에 부딪혔을 때 피해 가거나 혹은 두 배로 노력해서 그것을 뛰어넘음으로써 역량과 전문성을 더욱 넓힐 수 있다.

브루스 헨드리는 임대 부동산이나 주식 시장에 투자하는 경험을 통해 장애물에 부딪혔고, 거기서 받은 교훈은 그가 받은 교육의 핵심 요소였다. 그 교훈은 자신에게 무언가를 팔려고 하는 사람이 있으면 의심해야 하고, 올바른 의문을 찾아내고 답을 구하는 법을 배우라는 것이었다. 이런 과정이 발달 중인 전문성이다.

역동적 평가는 세 단계로 진행된다.

- **1단계 :** 어떤 경험이나 필기시험 같은 일종의 시험을 통해 지식이나 기술이 부족한 곳을 알려준다.

- **2단계** : 반추, 연습, 간격 두기 등 효과적인 학습 기법을 사용하여 더욱 능숙해지는 데 전념한다.
- **3단계** : 자신을 다시 테스트하고 어느 영역에서 잘하고 있는지 주의를 기울이며, 특히 더 노력해야 할 부분에 유의한다.

아기는 첫 걸음마를 하면서 역동적 평가를 하는 것이다. 처음으로 단편 소설을 쓸 때, 글 쓰는 친구들에게 공개하고 피드백을 받은 뒤 수정해서 다시 가져온다면 역동적 평가를 하는 셈이다. 이 과정을 통해 작가로서 익혀야 할 기술을 배우고 자신에게 잠재력이 있다는 느낌을 받을 수 있다. 지적 능력이나 타고난 한계같이 자신의 통제를 넘어서는 요인에 따라 인지적 기술이든 손재주든 그 분야에서 수행의 상한선이 정해질지도 모른다. 하지만 우리 대부분은 부족한 부분을 발견하고 그 수준을 끌어올림으로써 대부분의 영역에서 최고의 잠재력에 가깝게 수행하는 법을 배울 수 있다.[12]

구조 형성

학습 유형 이론에서 주장하는 차이와는 다르지만, 학습 방식에서 인지적 차이라는 것은 정말로 존재하는 것으로 보인다. 이러한 차이 중 하나는 앞서 언급했듯 심리학자들이 구조 형성(structure building)이라고 부르는 개념이다. 구조 형성이란 새로운 자료를 접할 때 핵심 내용을 뽑아내서 그것으로 일관성 있는 정신적 구조로 만들어내는 것을 말한다. 이 정신적 구조는 심성 모형이나 심적 지도라고도 불린다. 구조 형성을 잘하는 사람은 구조 형성을 잘 못하는 사람에 비해 새로운 내용을 더욱 잘 배운다. 후자는 핵심 내용과 상관없거나 그와 경합하는 정보를 치워버리는 데 어려움을 겪는다. 그 결과 너무 많은 개념을 붙잡고 있어서 심화 학습을 위한 토대가 될, 쓸 만한 모형(혹은 전반적인 구조)으로 요약하지 못한다.

구조 형성 이론은 레고 블록으로 마을을 만드는 것과 비슷한 데가 있다. 새로운 과목을 배우기 전에 맛보기 수업을 듣고 있다고 해보자. 온갖 개념이 가득한 교재를 읽기 시작해서 곧 거기 실린 지식으로 일관성 있는 심성 모형을 만드는 데 착수할 것이다. 레고 조각이 가득한 상자를 하나 받는 것으로 시작해서 곧 상자에 인쇄된 사진을 따라 마을을 만드는 데 열중하는 것에 비유해보자. 조각을 버리기도 하고 몇 무더기로 분류하기도 한다. 먼저 도로와 인도를 배치함으로써 구역을 대충 정하고 중심 장소들을 설계한다. 그런 다음 아파트 건물, 학교, 병원, 운동 경기장, 쇼핑몰, 소방서 등 마을을 구성하는 요소에 따라 남은 조각들을 분류한다. 이 요소들은 교재의 중심 내용과 같고, 조각을 하나씩 끼워넣을 때마다 조금씩 형태가 잡힌다. 이 중심 내용들은 함께 모여서 마을이라는 더 큰 구조를 형성한다.

이번에는 남동생이 전에 가지고 놀다가 치워버렸던 다른 세트에서 조각들을 가져와 여기에 넣었다고 해보자. 어떤 블록은 이미 지은 건물들에 맞을 수도 있고 관련 없는 조각으로 분류되어 한쪽에 남아 있을 수도 있다. 혹은 새로운 조각들로 이미 있는 건물의 세부 구조를 형성하여 그 건물에 깊이와 차원을 더할 수 있다는 사실을 깨달을 수도 있다. 이를테면 아파트의 세부 구조로 현관, 테라스, 베란다를 추가할 수 있고, 거리의 세부 구조로 가로등, 소화전, 가로수 등을 추가할 수 있다. 레고 제작자가 그런 의도로 만들어 넣은 블록이 아니더라도 우리는 이런 블록들을 마을을 만드는 데 즐겁게 끼워넣는다. 구조 형성을 잘하는 사람은 기반 시설과 중심 건물의 블록을 알아볼 수 있고 새로운 정보를 지식의 더 큰 구조에 편입할지, 관계없다고 판단하여 치워버릴지 가려내는 기술을 계발한다. 반면 구조 형성을 잘 못하는 사람은 중요한 구조를 알아내고 그 구조를 계속 조립해나가는 데 애를 먹으며, 구조에 들어맞거나 버려야 할 정보가 무엇인지 알기도 어렵다. 구조 형성은 의식적이고 무의식적인 규칙의 한 형태다. 구조에 맞는 것과 맞지 않는 것이 있다. 이것이 구조에 미묘한 차이와 용량, 의미를 더하며, 그러지 않은 경우에는 구조를 불분명하게 만들거나 과한 정보가 된다.

더 간단하게 비유해보자면 한 친구가 우리에게 네 살짜리 아이와 관련된 희한한 이야기를 해주고 싶어한다고 해보자. 친구는 그 아이의 엄마가 누구인지, 아이 엄마와 북클럽에서 어떻게 친구가 되었는지 설명하고, 마침내 아이의 엄마가 어쩌다가 아들의 생일날 아침에 정원으로 커다란 거름 덩어리를 배달 받았는데, 아이 엄마가 놀라운 원예가라서 그녀가 키우는 가지나무가 카운티 농산물 품평회에서 높은 등급으로 분류되어 상으로 리본을 받았으며, 그 덕분에 아침 라디오에서 인터뷰를 하기도 했고, 우리가 다니는 교회의 홀아비에게서 거름을 얻고 있고, 그 남자는 짐마차용 말을 기르며 아들이 누구와 결혼했는지 등의 이야기를 계속해서 늘어놓는다. 친구는 엄청난 분량의 서로 무관한 정보의 홍수 속에서 핵심 내용을 가려낼 수 없고 듣는 사람은 그 이야기를 이해할 수 없다. 이야기 역시 하나의 구조다.

구조 형성을 학습의 인지적 요인으로 이해하는 태도는 아직 초보적 단계에 있다. 구조 형성을 잘 못하는 것은 잘못된 인지적 체계의 결과일까? 구조 형성이 어떤 사람에게는 자연스럽게 습득할 수 있는 기술이고 어떤 사람들에게는 배워야만 알 수 있는 기술일까? 우리는 독자가 핵심 내용에 초점을 맞추도록 돕기 위해 글 속에 질문을 끼워넣으면 구조 형성을 잘 못하는 사람들의 학습 수행이 구조 형성을 잘하는 사람의 수준만큼 향상된다는 사실을 안다. 간접의문문 혹은 문장 속에 내포된(embedded) 의문문은 구조 형성을 잘 못하는 독자들이 교재의 내용을 더 조리 있게 정리할 수 있게 해준다. 그럼으로써 그들의 성취도를 구조 형성에 능숙한 사람들만큼 끌어올려준다.

이런 상황에서 무슨 일이 일어나는지에 대해서는 아직 알려진 바가 없으나, 이것이 학습자에게 미치는 영향은 앞서 신경외과 의사 마이크 에버솔드와 소아 신경과 의사 더글러스 라슨이 제시한 생각에 힘을 실어준다. 즉 자신의 경험을 뒤돌아보는 습관을 기르고 그것을 이야기로 만들면 학습을 강화하는 효과가 있다는 것이다. 구조 형성의 이론은 그 이유에 대해 단서를 제공하는 듯하다. 무엇이 잘되었고 무엇이 잘못되었으며 다음에 다르게 하려면 무엇을 해야 하는지 반추하는 행동은 핵심 내용을 간추리고 그것을 심성 모형으로 구성하며 이미 배운 지식을 개선하고 나중에 실제 상황에서 그 심성 모형을 적용하도록 도와준다.[13]

규칙 학습 대 사례 학습

중요하게 부각되고 있는 또 다른 인지적 차이는 '규칙 학습자(rule

learner)'인가 혹은 '사례 학습자(example learner)'인가 하는 문제다. 이 차이는 방금 논의한 경우와 비슷하다고 볼 수 있다. 화학 수업 시간에 다양한 유형의 문제를 공부하거나 새에 대한 수업에서 새의 종류와 그것을 알아보는 방법을 배울 때, 규칙을 중심으로 하는 학습자는 공부하고 있는 사례들을 구분하는 근본 원리나 '규칙'을 이끌어내는 경향이 있다. 나중에 화학이나 새의 종류에 관해 처음 보는 문제가 나오면 이들은 분류 규칙을 적용하고 적절한 해법이나 새의 종류를 선택한다. 사례를 중심으로 공부하는 학습자는 근본 규칙보다는 사례를 암기하는 경향이 있다. 나중에 낯선 사례에 접하게 되면 분류하거나 풀 수 있는 규칙이 없기 때문에 낯선 사례와 특별히 관계가 없더라도 자신이 기억할 수 있는 가장 최신 사례를 일반화한다. 사례 중심 학습자는 한 번에 하나의 사례에 초점을 맞추는 대신 동시에 두 가지 사례를 비교하는 질문을 받으면 근본 원리를 추출해내는 능력이 향상될 수 있다. 또한 처음부터 문제를 비교하고 그 아래 깔린 공통점을 알아내야 하는 훈련을 받으면 나중에 전혀 다른 문제들을 접하더라도 공통적인 해법을 발견할 가능성이 커진다.

두 가지 가상의 문제를 살펴보자. 이 문제들은 규칙 학습을 설명하는 연구에 쓰인다. 한 문제는 해자로 둘러싸인 성을 공격해야 하는 장군의 군대 이야기다. 첩자가 알아보니 성주가 해자를 건너갈 수 있는 다리에 지뢰를 설치했다고 한다. 다리를 건너갈 수 있는 것은 소수의 인원뿐이고, 성을 차지하고 있는 사람들은 다리를 통해 연료와 음식을 들여올 수 있다. 대규모 군대를 이끄는 장군은 지뢰를 터뜨리지 않고 어떻게 그 다리를 건너 성을 공격할 수 있을까?

또 다른 문제는 수술할 수 없는 종양에 대한 문제다. 이 종양은 레이저로 제거할 수 있지만 레이저가 건강한 조직을 꿰뚫고 지나가야 한다. 종양을 제거할 정도로 충분한 강도의 레이저는 건강한 조직을 손상시킨다. 건강한 조직을 훼손하지 않고 종양을 제거할 수 있는 방법은 무엇일까?

이 연구에서 학생들은 두 문제의 공통점을 발견하도록 지도를 받기 전까지 해법을 발견하는 데 어려움을 겪는다. 공통점을 찾으면서 학생들은 다음과 같은 점들을 발견한다. (1) 두 문제 다 큰 힘이 하나의 표적에 겨냥되도록 해야 한다. (2) 부정적인 결과를 초래하지 않으면서 힘을 최대한 집중시켜 하나의 경로로 전달하는 것은 불가능하다. (3) 약한 힘이 표적에 전달될 수는 있으나 약한 힘으로는 문제를 해결하기에 충분하지 않다. 이런 공통점을 확인하고 나면 학생들은 큰 힘을 작은 힘으로 분산하여 지뢰를 터뜨리거나 건강한 조직을 손상시키지 않도록 안으로 힘을 전달한 뒤 다양한 경로로 힘을 모으는 해결책에 도달하는 경우가 많다. 학생들은 이런 공통된 근본적인 해결 방법을 발견한 후에는 다양한 수렴성 문제 혹은 중첩성 문제(convergence problems)를 풀 수 있다.[14]

일찍이 브루스 헨드리가 보기 드문 폭죽으로 가득한 귀한 서류가방에서 얻은 교훈을 생각하면, 오랜 세월이 지난 후 그가 기차 화물칸을 보고 어떻게 공급-수요의 모델을 떠올렸는지 알 수 있다. 그러나 폭죽 판매에서 기차 화물칸 사업에 뛰어들기까지 그는 신용 리스크, 사업의 주기, 파산 절차와 관련된 개념들을 오랜 세월에 걸쳐 다루면서 만든 또 다른 지식의 블록으로 더욱 복잡한 모형을 만들어 사용했을 것이다. 왜 화물칸이 공급 과잉 상태인가? 투자자들에게 세금 우대 혜택을 주었기 때문에 화물칸 생산에 너무 많은 돈이 흘러들어간 까닭이었다. 화물칸은 얼마의 가치가 있는가? 한 대 만드는 데 4만 2000달러가 들었고 최근에 만들었기 때문에 새것이나 다름없는 상태였다. 브루스는 화물칸의 수명과 잔존가치를 조사하고 임대 계약서를 살펴보았다. 화물칸이 쓰이지 않고 서 있더라도 임대 계약서에 따라 투자 수익이 꽤 들어왔고, 이런 상황은 과잉 공급 상태가 끝나고 시장이 호전될 때까지 계속되었다.

그곳에 있었다면 우리도 화물칸을 샀을까? 그렇게 생각하고 싶지만, 공급과 수요의 근본 원리가 같을지라도 이 일은 폭죽으로 가방을 채우는 것과는 다르다. 제대로 된 화물칸을 구입해야 하고 그 일을 어떻게 처리하는지 이해할 수 있어야 한다. 흔히 **노하우**라고 하는 것이 있어야 한다. 작용하는 근본 원리들을 이해하고 부분의 합보다 더 큰 구조에 끼워 맞출 수 있을 때까지 지식은 노하우가 아니다. 노하우는 **일에 착수하고 실행할 수 있도록 해주는 지식**이다.

학습 유형 넘어서기

성공적인 학습자가 되려면 꼭 알아두어야 할 점은 무엇일까?

스스로 필요한 지식을 구하라

영업 강좌에서 오래 전부터 흔히 하는 말이 있다. 오두막집 안에서 사슴을 잡을 수는 없다는 말이다. 이 말은 학습에도 똑같이 적용된다. 뭔가를 구하려면 차려입고 밖으로 나가서 찾아다녀야 한다. 특히 복잡한 생각이나 기술, 절차에 통달하는 것은 일종의 여정이다. 시험 점수나 코치에게 배운 기술은 아무것도 보장하지 않으며 나이가 들고 백발이 되면서 저절로 익히게 되는 것도 아니다.

성공 지능의 개념을 받아들여라

넓게 생각하라. 선호하는 학습 유형에 얽매이지 말고 자신의 역량을 마음껏 발휘하고 모든 '지능'을 이용하여 원하는 지식이나 기술에 통달해야 한다. 자신의 전문성이 계속 발달하고 있다는 것을 염두에 두고, 약점을 발견하여 그 영역에서 자신을 향상시키는 데 집중할 수 있는 학습 전략으로 역동적 평가를 연습하라. 강점에 의지하는 것도 현명한 일이지만, 시험과 시행착오를 통해 부진한 영역을 꾸준히 개선하면 훨씬 더 유능하고 다재다능해질 수 있을 것이다.

능동적인 학습 전략을 채택하라

인출 연습, 간격 두기, 교차 연습 등을 전략으로 삼고 공격적으로 달려들어라. 난독증을 딛고서 성공한 사람들처럼 자신의 적성에서 부족한 부분을 보완하는 기술을 연마하거나 차선책을 개발하라. 가장 좋은 느낌이 드는 것에 의지해서는 안 된다. 훌륭한 조종사가 계기판을 확인하듯 퀴즈, 동료의 평가 등 5장에서 설명한 다양한 도구들을 통해 자신이 알고 있고 할 수 있는 일을 정확히 판단하고 있는지 확인해야 한다. 또한 목표로 다가가는 데 현재의 전략이 효과가 있는지도 확인해야 한다. 공부가 어렵게 느껴진다고 해서 뭔가 잘못하고 있다고 생각할 필요는 없다. 인지적으로 더욱 노력해서 극복할 수 있는 어려움은 학습에 깊이와 지속성을 더해준다는 사실을 기억하라.

근본 원리를 이끌어내고 구조를 형성하라

자신이 사례 중심 학습자라면 한 번에 하나씩이 아니라 한 번에 두 가지 이상의 예를 공부하면서 서로 어떻게 비슷하고 어떻게 다른지 스스로 질문을 던져야 한다. 발견한 점들이 다른 해결책이 필요한 차이에 해당하는지, 같은 해법으로 풀 수 있게 하는 공통점인지 알아야 한다.

자신의 생각이나 원하는 능력을 작은 요소들로 나눠보라. 자신이 새로운 내용을 배울 때 구조를 잘 형성하지 못하는 사람이라거나 사례 중심 학습자라고 생각한다면 가끔 공부를 멈추고 중심 내용이 무엇인지, 규칙이 무엇인지 스스로 물어보라. 각각의 개념을 설명하고 그것과 관련된 점들을 떠올려 보라. 어떤 것이 중요한 내용이고 어떤 것이 뒷받침하는 내용이나 세부 내용 인가? 자체 시험을 본다면 중심 내용을 어떻게 설명할 것인가?

중심 내용을 붙들고 있는 틀이나 받침대를 어떤 식으로 상상할 수 있는가? 나선계단 비유를 빌려와서 브루스 헨드리의 투자 모형 구조를 살펴본다면 이 런 식으로 생각해볼 수 있다. 나선계단은 중심 기둥, 디딤판(tread), 계단의 수 직면인 챌판(riser)의 세 부분으로 이루어진다. 중심 기둥은 계단 아래 서 있는 사람과 그가 가고 싶은 곳인 위층을 이어주며, 투자 기회에 해당한다. 디딤판 은 거래를 할 때마다 돈을 잃거나 다시 밑으로 떨어지지 않도록 받쳐주고, 챌 판은 한 단계씩 위로 올라갈 수 있게 해준다. 디딤판과 챌판은 계단이 제 기 능을 하기 위해, 거래가 매력적이기 위해 둘 다 있어야 한다. 화물칸의 잔존가 치에 대한 지식은 디딤판이다. 브루스는 투자금보다 적은 돈을 가져가지는 않으리라는 지식이 있다. 또 다른 디딤판은 그의 자본이 묶여 있는 동안 보장 된 임대 소득이다. 그러면 챌판은 무엇에 해당할까? 곧 닥쳐올 공급부족 상 황, 즉 화물칸의 가치를 높여줄 상황이 여기에 해당한다.

구조는 우리 주변 어디에나 있다. 나무는 뿌리, 기둥, 가지가 있다. 마을은 거리와 블록, 집, 가게, 사무실로 둘러싸여 있다. 마을의 구조는 이런 요소들 이 어떻게 상호 관련되어 있는지, 텅 빈 곳에 이 요소들이 아무렇게나 흩어져 있다면 존재하지 않을 활기와 의미가 어떻게 발생하는지에 대해 설명한다.

근본 원리들을 이끌어내고 구조를 만들면서 우리는 단순한 지식이 아니라 노하우를 얻으려고 애쓴다. 그리고 그렇게 능숙해지면서 앞으로 나아간다.

7장

꾸준한 노력은 뇌를 변화시킨다

• 뇌는 평생에 걸쳐 변화한다

• IQ는 변하는가

• 두뇌 훈련

• 지능은 노력과 학습의 결과라고 믿는 성장 사고방식

• 전문가처럼 의도적 노력을 기울여 연습하기

• 기억의 단서 만들기

1970년대에 이루어진 아주 유명한 실험이 하나 있다. 연구자는 유치원에 다니는 아이들을 한 명씩 방으로 데리고 들어갔다. 방 안의 책상 위에는 마시멜로 접시가 놓여 있었다. 연구자는 아이에게 그 마시멜로를 지금 먹어도 되지만, 15분 동안 먹지 않고 기다리면 하나 더 먹게 될 것이라고 말한 후 방에서 나갔다.

아이가 딜레마를 마주하고 있는 동안, 월터 미셸(Walter Mischel)과 대학원생들은 거울을 통해 관찰했다. 연구자가 나가자마자 마시멜로를 입에 쏙 집어넣는 아이들도 있었지만 기다리는 아이들도 있었다. 아이들은 생각할 수 있는 온갖 방법을 동원해서 참으려고 노력했다. 연구자는 이렇게 적었다. "손으로 눈을 가리거나, 마시멜로가 보이지 않도록 돌아서거나, 책상을 걷어차거나, 자기 머리카락을 잡아당기거나, 마치 박제된 작은 동물이라도 되듯 마시멜로를 쓰다듬기도 했다."

600명 이상의 아이들이 실험에 참가했으나 그 가운데 3분의 1만이 두 번째 마시멜로를 먹을 수 있을 정도로 오랫동안 유혹에 저항하는 데 성공했다.

이후 연구는 계속되었고, 가장 최근인 2011년에는 이 만족 지연(delaying gratification)을 더 잘했던 아이들이 학교와 직장 생활에서도 더욱 성공적이었다는 사실이 밝혀졌다.

마시멜로 실험은 그 단순함과 삶에 관한 비유라는 점에서 탁월한 연구다. 우리는 유전자가 부여하는 능력들을 가지고 태어나지만 성공은 놀라울 정도로 집중력과 자기 훈련에 좌우되며, 집중력과 자기 훈련은 자신의 능력에 대한 인식과 동기의 산물이다.[1]

활기 넘치는 30대의 웨일즈 남자, 세계 기억력 대회와 기억술의 힘으로 자기도 모르게 사람을 끌어당기는 제임스 패터슨(James Paterson)에 대해 알아보자. 기억술(mnemonic device)의 '니모닉(mnemonic)'이라는 단어는 기억을 뜻하는 그리스어에서 온 말이다. 기억술은 정신적 도구로서 많은 형태를 취할 수 있지만 주로 엄청난 양의 새로운 자료를 즉시 회상할 수 있도록 단서를 달아 저장하는 데 쓰인다.

제임스가 기억술을 처음 알게 된 것은 대학교 강사가 수업 중에 지나가는 말로 기억술의 유용함을 언급했을 때였다. 제임스는 곧장 집에 가서 인터넷을 뒤지고 책을 한 권 샀다. 이 기법을 배울 수 있으면 학교 공부를 빨리 해치우고 친구들과 더 많이 어울릴 수 있을 것이라는 생각이 들었다. 우선 심리학 교재에 나오는 이름과 날짜를 외우고 그것이 적혀 있는 책의 페이지를 암기하는 연습을 시작했다. 그리고 뒤섞인 카드 한 벌의 순서나 친구들이 무작위로 부르는 숫자의 순서를 암기하는 식으로 연습하기도 했다. 그는 오랫동안 이 기법을 연마하여 암기에 능숙해졌고 친구들과의 파티 분위기를 살리는 역할을 도맡았다. 2006년, 영국 케임브리지에서 열리는 기억력 대회에 대해 알게 된 제임스는 충동적으로 참가를 결심했다. 뜻밖에 초보자 부문에서 1등을 하고 상금으로 1000유로를 손에 쥔 그는 기억력 대회에 푹 빠졌다. 제임스는 시험 삼아 해봐도 손해볼 것 없겠다는 생각으로 같은 해 런던에서 열리는 세계 기억력 챔피언십에 처음으로 출전했다.

　제임스는 기억술을 이용해 손쉽게 시험에서 좋은 성적을 받곤 했다. 시간과 노력을 들이지 않고도 수업 내용을 완전히 익힐 수 있었기 때문이었다. 하지만 이곳은 뭔가 완전히 다르다는 것을 발견했다. 여기에 대해서는 나중에 짧게 설명할 것이다.

　기억력 대회에 출전한 사람들은 스스로 기억력 선수라고 불렀다. 기억력 선수들이 이 길에 들어선 계기는 다양했다. 2012년 미국 기억력 챔피언인 넬슨 델리스(Nelson Dellis)는 할머니가 알츠하이머병으로 세상을 떠난 후 기억력을 연마하기 시작했다. 넬슨은 시간이 흐름에 따라 할머니의 상태가 나빠지는 것을 지켜보았다. 인지 능력 중 가장 먼저 기능을 잃기 시작한 것이 바로 기억력이었다. 겨우 20대였음에도 불구하고 넬슨은 할머니와 똑같은 운명을 맞지 않을까, 내가 무엇을 할 수 있을까 생각했다. 그러다 두뇌 스포츠를 발견한 넬슨은 기억력을 크게 증진할 수 있다면 나중에 병이 덮쳐오더라도 훼손되지 않을 보호 구역이 생길 것이라고 생각했다. 넬슨 역시 기억력 선수로 승승장구하고 있으며, 알츠하이머라는 무서운 질병의 연구 기금을 모으고 경각심을 일깨우기 위해 기억 등반(Climb for Memory)이라는 재단을 설립했다. 재단에 이런 이름이 붙은 데는 넬슨이 등산을 하기 때문이기도 하다(에베레스트 산 정상 부근까지 두 번 등반한 경험이 있다). 이 장에서는 제임스 패터슨과 넬슨 델리스처럼 어떤 식으로든 자신의 인지 능력을 끌어올리는 데 성공한 사람들을 더 만나볼 것이다.

뇌는 놀라울 정도로 가소성이 높다. 신경과학에서 쓰는 이 용어는 대부분의 나이든 사람들에게도 적용할 수 있다. 지적 능력의 향상에 대해 논의할 이 장에서는 평생 변할 수 있는 뇌와 관련하여 과학계에서 탐구하고 있는 몇 가지 의문들과 함께, 뇌의 변화에 영향을 미칠 수 있고 IQ를 높일 수 있는 우리의 능력을 살펴보려고 한다. 그 다음에는 이미 갖춘 지적 능력에서 더욱 큰 효과를 거두기 위해 사용할 수 있는 세 가지 인지적 전략을 설명할 것이다.

어떤 의미에서 아기의 뇌는 초창기 국가와 같다. 1846년 원정대를 이끌고 푸에블로 데 로스엔젤리스에 도착한 존 프리몬트(John Fremont)는 서부 영토를 멕시코에게서 가져오기 위해 미군 진영에 합류했다. 당시 워싱턴에 있는 제임스 포크(James Polk) 대통령에게 상황을 전하기 위해서는 그의 대원 키트 카슨(Kit Carson)을 노새에 태워 대륙을 가로질러 가게 하는 방법밖에 없었다. 산과 사막, 황무지, 대초원을 거쳐 멀리 돌아가는 그 여정은 거의 9600킬로미터나 되는 거리였다. 프리몬트는 카슨을 재촉해서 중간에 멈추지도 못하게 했고 노새가 지쳐 갈아타야 할 때가 되면 잡아먹으면서 계속 길을 가게 했다. 그런 여정이 필요했다는 사실은 당시 미국이 그만큼 미개발된 상태였음을 알려준다. 키 162센티미터에 체중 63킬로그램인 카슨은 대륙의 한쪽 해안에서 다른 쪽 끝에 있는 해안까지 소식을 전하러 가기에 가장 알맞은 사람이었다. 미국 대륙의 끝없는 자연 자산에도 불구하고 아직 초기 단계에 불과한 이 나라에는 **역량**이라고 할 만한 것이 없었다. 강대한 나라가 되려면 도시, 대학교, 공장, 농장, 항구 도시, 도로, 철도, 그리고 그것들을 이어줄 전신선이 필요했다.[2]

뇌도 이와 같다. 누구나 유전자에서 받은 원료를 가지고 세상에 나오지만 역량을 갖추기 위해서는 학습과 심성 모형의 발달이 필요하고 추론, 문제 해결, 창조를 할 수 있게 해주는 신경로가 있어야 한다. 우리는 지금까지 뇌의 능력은 선천적으로 타고나며 지적 잠재력도 태어날 때부터 어느 정도 정해진다고 생각하도록 교육받았다. 지금은 그렇지 않다는 것을 안다. 평균 IQ는 지난 1세기 동안 생활 조건의 변화에 따라 상승했다. 과학자들은 사람들이 뇌졸중이나 사고로 뇌손상을 겪을 경우, 뇌가 손상된 영역의 역할을 가까운 신경망이 대신 맡도록 임무를 재배정하여 환자가 잃었던 능력을 되찾는 경우를 보아왔다. 제임스 패터슨과 넬슨 델리스 같은 '기억력 선수'들의 대회는 놀라운 인출 행위를 수행하도록 훈련한 사람들 사이에서 국제적인 스포츠로 떠올랐다. 의료, 과학, 음악, 체스, 운동 분야 등에서의 전문적 수행은 단순히 선천적 재능의 산물이 아니라 수천 시간의 열성적인 연습으로 층층이 쌓인 기술의 결과다. 요컨대 현대의 기록과 연구에 따르면 우리 인간과 인간의 뇌는 과학자들이 불과 수십 년 전에 가능하다고 생각했던 수준보다 훨씬 대단한 역량을 발휘할 수 있다.

뇌는 평생에 걸쳐 변화한다

지식과 기억은 모두 생리적 현상이며, 신경세포와 신경로에서 일어난다. 뇌가 고정된 장치가 아니라 변할 수 있는 기관이고 새로운 과제를 수행하면서 스스로를 인식할 수 있다는 점은 최근에 드러난 사실이다. 우리는 그것이 어떤 의미이며 어떻게 그럴 수 있는지 이제 막 이해하기 시작했다.

신경과학에 관한 유익한 보고서에서 존 T. 브루어(John T. Bruer)는 생애 초기의 발달, 뇌 회로망의 안정화, 그리고 일찍부터 자극을 주어 아이들의 지적 능력을 강화하는 우리의 능력을 중심으로 이런 주제들을 다루었다. 우리는 뉴런이라고 불리는 1000억 개의 신경세포를 갖고 태어난다. 시냅스는 뉴런과 뉴런의 연결이며 뉴런들은 이곳을 통해 신호를 주고받는다. 출생 전후로 우리는 '폭발적인 시냅스의 형성' 과정을 겪으며, 이 과정에서 뇌가 스스로 회로를 연결한다. 뉴런에서는 축삭돌기라는 아주 미세한 가지가 뻗어나온다. 축삭돌기는 수상돌기라고 하는 다른 뉴런의 중심부로 뻗어간다. 축삭돌기가 수상돌기와 만나면 시냅스가 만들어진다. 어떤 축삭돌기는 목표로 하는 수상돌기를 만나 전체 신경 회로망의 일부인 시냅스를 형성하기 위해 어마어마한 거리를 여행해야 한다. (브루어는 엄청난 거리와 정확성이 필요한 이 여정을 미국을 횡단하여 반대쪽 해안 어딘가에서 자신을 기다리는 파트너를 찾아가야 하는 여행에 비유했다. 프리몬트 장군을 위해 포크 대통령을 만나러 갔던 키트 카슨의 여정과 비슷하다.) 이들이 형성하는 신경 회로망은 감각, 인지, 운동 기술, 기억과 학습 등을 가능하게 해주며, 지적 능력의 가능성과 한계를 설정하기도 한다.

시냅스의 수는 한 살에서 두 살 사이에 최고조에 달한다. 이 수는 평균적인 성인의 뇌에 든 것보다 50퍼센트 많다. 이후 안정기에 접어들면 그 상태가 사춘기 무렵까지 지속된다. 이 시기에는 시냅스를 가지치기하는 과정이 진행되면서 과잉 상태였던 시냅스의 수가 줄어들기 시작한다. 열

여섯 살쯤 되면 약 150조 개로 추정되는 연결이 남는데, 이 정도가 성인으로서 적절한 시냅스의 개수다.

왜 아기의 뇌가 너무 많은 시냅스를 만들어내는지, 그 후 가지치기로 제거될 시냅스를 어떤 기준으로 결정하는지는 아직 모른다. 일부 신경과학자들은 쓰지 않는 시냅스가 사라진다고 믿는다. '쓰지 않으면 잃는다'라는 원칙을 보여주는 듯하다. 또한 이들은 어린 시절의 연결 상태를 평생 유지하기를 바라면서 어린 시절 최대한 많은 시냅스를 자극하는 것에 찬성한다. 또 다른 학자들은 폭발적인 성장과 가지치기 과정이 유전학적으로 결정되기 때문에 우리는 어떤 시냅스가 살아남고 어떤 시냅스가 사라지는지에 영향력이 전혀 없거나 거의 없다고 주장하기도 한다.

"아이들 뇌는 생애 초기에 엄청난 양의 정보를 받아들입니다." 신경과학자 패트리샤 골드먼-라킥(Patricia Goldman-Rakic)은 주 교육위원회(Education Commission of the States)에 이렇게 말한다. 대부분의 지식은 시냅스 형성이 안정된 후 습득된다고 한다. "아이가 1학년이 될 무렵부터 고등학교, 대학교를 거쳐 그 후까지 시냅스의 수는 별로 변하지 않아요. 대부분의 학습이 일어나는 시기는 시냅스 연결이 일어나지 않거나 아주 적게 일어날 때입니다." 그때 우리는 성인 수준의 언어, 수학, 논리 기술을 연마한다.[3] 또한 신경과학자 해리 T. 추거니(Harry T. Chugani) 역시 경험과 환경의 자극이 신경 회로를 미세하게 조정하고 그 구조가 개인의 고유한 특성을 띠도록 하는 것은 아기 때보다 시냅스 연결이 안정화되었을 때 주로 일어난다고 본다.[4]

영국의 심리학 및 사회학 분야의 학술 연구팀은 2011년 보고서에서 신경과학적인 증거를 설명하며 뇌의 대체적인 구조는 유전자에 상당히 많이 좌우되는 듯하지만 신경망의 미세한 구조는 경험에 따라 형성되며 상당히 많이 변화할 수 있는 것으로 보인다는 결론을 내렸다.[5]

뇌가 변할 수 있다는 점은 여러 가지 면에서 명백히 드러난다. 노먼 도이지(Norman Doidge)는 그의 책 『기적을 부르는 뇌(The Brain That Changes Itself)』에서 신경과학자들의 도움을 받아 심각한 손상을 이겨낸 환자의 흥미로운 사례를 조명한다. 이 신경과학자들의 연구와 임상 치료는 아직 시작에 불과한 신경가소성(neuroplasticity)에 대한 우리의 이해를 넓혀준다.

그 중 한 명인 폴 바크-이-리타(Paul Bach-y-Rita)는 감각 기관에 손상을 입은 환자들을 돕기 위한 선구적인 장치를 고안했다. 바크-이-리타의 장치는 뇌가 다른 부위의 자극에 반응하도록 가르치는 한편 감각 체계를 다른 감각 체계로 대체하여 환자가 잃었던 능력을 되찾게 해준다. 마치 시각 장애인이 반향 위치 측정(echolocation)으로, 즉 지팡이 끝에서 나는 소리를 감지해서 주위 환경을 '보는' 법을 배우거나 점자를 사용해서 촉각으로 글 읽는 법을 배울 수 있는 것과 마찬가지다.[6]

바크-이-리타의 환자는 전정계(前庭系, 내이內耳의 달팽이관을 이루고 있는 세 부분 중 하나. 균형과 공간적 방위를 감지하는 기능을 한다.) 손상으로 균형을 잡기 어려웠기 때문에 서거나 걸을 수 없었고 남에게 의지해야만 했다. 바크-이-리타는 헬멧에 목수용 수평계를 달고 144개의 미세 전극이 들어간 우표 크기의 테이프 조각으로 신호를 보내도록 전선을 연결한 뒤 미세전극을 환자의 혀에 놓게 했다. 환자가 머리를 기울이면 머리의 각도와 방향을 반영한 특유의 패턴이 혀에 놓인 전극으로 신호를 보내는데 이것은 마치 탄산수를 마실 때처럼 거품이 터지는 느낌을 준다. 이 장비를 착용하고 연습

함으로써 환자는 뇌와 전정 기관을 재훈련할 수 있었고 훈련 시간이 길어
질수록 점점 더 오랜 기간 균형 감각을 회복했다.

또 다른 환자는 열세 살에 시각을 잃은 서른다섯 살의 남성으로, 헬멧에
달린 카메라에서 혀로 신호를 보낼 수 있도록 만든 장비를 착용했다. 바
크-이-리타가 설명했듯 보는 것은 눈이 아니라 뇌다. 눈은 감지하고, 뇌
가 해석한다. 이 장비의 성공은 뇌가 혀에서 오는 신호를 시각적 신호로
해석하는 데 달려 있다. 이 놀라운 결과들은 〈뉴욕타임스〉에 보도되었다.
"환자는 출입구를 찾고 자신에게 굴러오는 공을 잡았으며 20년 만에 처음
으로 딸과 가위바위보를 했다. 그는 '마치 뇌가 스스로 배선을 바꾸는 것
처럼' 대체된 감각이 연습을 통해 점점 좋아지고 있다고 말했다."[7]

또 다른 응용의 예는 상위 인지에 대해 앞서 논의한 내용을 떠올리면 더
욱 흥미롭다. 항공기 계기판의 측정값을 조종사의 가슴에 달린 자극기로
전송함으로써, 특정한 비행 조건에서 조종사의 전정 기관이 탐지하지 못
하는 비행기의 기울어짐이나 고도 변화를 뇌가 인식하도록 돕는 것이다.

신경세포체는 과학자들이 회질(gray matter)이라고 부르는 뇌의 대부분
을 구성한다. 백질이라고 부르는 곳은 연결망으로 구성된다. 이것은 전등
코드를 감싼 플라스틱처럼, 다른 세포체의 수상돌기에 연결된 축삭돌기
를 감싸는 하얀 미엘린 수초로 되어 있다. 회질과 백질은 둘 다 활발한 연
구 주제다. 그 구성 요소가 어떻게 인지와 운동 기술을 구체화하는지, 그
것이 우리 삶을 어떻게 바꾸는지 이해하려는 연구들은 최근 뇌 영상 기술
분야의 도약에 힘입어 크게 발전했다.

그 중 하나는 미 국립보건원(NIH)의 지원을 받아 진행되는 휴먼 커넥톰

프로젝트(Human Connectome Project)라는 야심찬 연구로, 뇌 속의 연결을 지도화하는 작업이다. ('게놈genome'이라는 말이 유전 암호genetic code 지도를 가리키는 것과 같은 맥락에서 커넥톰이라는 용어 역시 신경 회로의 구조를 가리킨다.) 참여 기관들의 웹사이트에는 뇌 섬유구조의 놀라운 사진들이 올라와 있다. 전선과 비슷한 축삭돌기의 덩어리가 형광색을 띠며 신호의 방향을 보여준다. 이 모습은 1970년대 슈퍼컴퓨터 내부의 어마어마한 전선 다발과 묘하게 비슷하다.

연구 초기에 흥미로운 점들이 발견되었다. UCLA에서는 유전자가 일치하는 일란성 쌍둥이와 일부 유전자만 일치하는 이란성 쌍둥이의 시냅스 구조를 비교했다. 이 연구는 다른 연구들이 제시했던 대로 지식 처리 속도가 뉴런 연결의 탄탄함에 따라 결정된다는 결과를 얻었다. 생애 초기에는 뉴런 연결의 탄탄함을 주로 유전자가 결정하지만 대개 신경 회로는 신체가 성숙하는 속도만큼 일찍 발달하지 못하고 40대, 50대, 60대가 될 때까지도 계속 변화하고 성장한다. 이렇게 신경 회로가 성숙함에 따라 축삭돌기를 감싸고 있는 미엘린 수초는 점점 두꺼워진다. 수초 형성은 일반적으로 뇌의 뒤쪽에서 시작해서 앞으로 진행되며 성인이 될 무렵에는 전두엽까지 다다른다. 전두엽은 뇌의 실행 기능(executive function)을 수행하고 고차원적 추론과 판단, 경험을 통해 연마한 기술 등을 처리하는 영역이다.

미엘린 수초의 두께는 능력과 관련이 있다. 연구에 따르면 연습을 많이 할수록 연관된 경로를 따라 미엘린 수초가 더 많이 형성되고 전기 신호의 강도와 속도도 높아지며 그 결과 수행의 수준도 높아지는 것이 아주 명백히 드러난다. 예를 들어 피아노 연습을 더 많이 했을 때, 음악을 하는 데 필요한 인지적 과정 및 손가락 움직임과 관련된 신경 섬유들의 수초가 늘

어난다는 사실이 밝혀졌다. 이런 변화는 음악가가 아닌 경우에는 나타나지 않는다.[8]

습관 형성에 대한 연구는 신경가소성에 흥미로운 관점을 더한다. 목표를 위해 의식적으로 행동할 때 쓰이는 신경 회로는 습관의 결과로 자동적인 행동을 할 때 쓰이는 신경 회로와 다르다. 습관적인 행동은 뇌 안쪽에 있는 기저핵에서 담당한다. 어떤 종류의 지식이나 기술, 특히 운동 기술이나 연속적인 과제를 오랫동안 훈련하고 반복하면 그것이 이 안쪽 영역에 기록되는 것으로 추정되는데, 이곳은 안구 운동과 같은 무의식적인 행동을 통제하는 영역이다. 이렇게 기록을 하면서 뇌는 연속적인 운동 동작과 인지적 행위를 한데 묶어 단일한 절차로 취급하는 것으로 보인다. 이때 반응 속도를 상당히 늦추는 의식적인 결정이 생략됨으로써, 연습하던 행동은 반사적인 행동이 된다. 즉 처음에는 목적을 위해 스스로 가르치면서 행동해야 하지만 나중에는 자극만 있으면 자동적으로 반응하게 된다.

일부 연구자들은 이렇게 행동을 묶는 단계, 즉 **청킹**(chunking)이 어떻게 고도로 효율적이고 통합된 학습의 기능을 하는지 설명하면서 '매크로(macro, 컴퓨터에서 같은 명령을 여러 번 사용해야 하는 상황에 쓰이는 단축 기능-옮긴이)'라는 말을 쓰기도 한다. 습관 형성에 필수적 단계인 청킹에 대한 이론들은 스포츠 분야에서 어떻게 생각하기 전에 몸이 먼저 움직이며 순식간에 연결된 동작들이 펼쳐지는지 이해하는 데 도움이 된다. 음악가가 어떻게 음표를 머릿속에 떠올리기도 전에 손가락을 움직이며 체스 선수가 말의 다양한 배치에 따라 무수히 가능한 방향과 결과를 어떻게 내다볼 수 있는지 설명하는 데 청킹의 개념을 사용할 수 있다. 평범한 사람들도 대부분 타이핑할 때 이와 같은 재능을 선보인다.

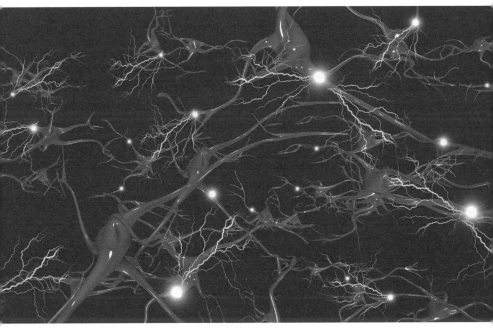

학습과 기억은 신경이 관여하는 과정이다. 인출 연습, 간격 두기, 예행 연습, 규칙 학습, 심성 모형의 형성이 학습과 기억을 향상시킨다는 사실은 신경가소성의 증거다. 인간의 지적 발달은 "타고난 성향과 인생 경험 사이의 평생에 걸친 대화"다.

뇌의 지속적인 변화 가능성의 또 다른 중요한 신호는 기억과 지식을 통합하는 영역인 해마가 평생에 걸쳐 새로운 뉴런을 만들어낼 수 있다는 발견이다. 신경 발생(neurogenesis) 혹은 신경세포 생성이라고 하는 이 현상은 뇌가 물리적 손상에서 회복하는 능력이나 인간의 평생 학습 능력에서 중심 역할을 하는 것으로 보인다. 신경 발생과 학습 및 기억과의 관계는 새로이 탐구해야 할 영역이지만 과학자들은 이미 연관 학습(associative learning, 즉 이름과 얼굴처럼 관련 없는 항목의 관계를 학습하고 기억하는 것)이 해마에서 새로운 뉴런을 더욱 많이 생성하도록 자극한다는 연구 결과를 내놓았다. 이 신경 발생의 증가가 새로운 학습에 착수하기 **전에** 시작된다는 사실은 뇌의 학습 의도를 보여준다. 또한 신경 발생 증가가 학습 활동이 끝난 **후에도** 한동안 지속된다는 사실은 간격을 두고 노력을 들여 인출 연습을 할 경우 장기 기억과 기억의 통합에 기여한다는 점을 보여준다.[9]

학습과 기억은 신경이 관여하는 과정이다. 인출 연습, 간격 두기, 예행 연습, 규칙 학습, 심성 모형의 형성이 학습과 기억을 향상시킨다는 사실은 신경가소성의 증거다. 앤 바넷(Ann Barnet)과 리처드 바넷(Richard Barnet)의 표현을 빌리면 인간의 지적 발달은 "타고난 성향과 인생사 사이의 평생에 걸친 대화"라고 한다.[10] 이 대화의 특성이 무엇인지가 바로 이 장에서 계속해서 탐색할 핵심 질문이다.

IQ는 변하는가

IQ는 유전자와 환경의 산물이다. 이것을 키와 비교해보자. 키는 대부분

유전적으로 타고나지만 수십 년에 걸쳐 영양 상태가 개선되자 후대로 갈수록 평균 신장이 커졌다. 이와 마찬가지로 1932년 표준화된 시범 검사가 시작된 이래 전 세계의 산업화된 지역에서 IQ는 꾸준히 상승했다. 이 현상을 처음으로 세상에 알려 주목을 받은 정치학자의 이름을 따서 이것을 플린 효과(Flynn effect)라고 부른다.[11] 미국에서 지난 60년 동안 평균 IQ는 18포인트 올랐다. 모든 연령에서 IQ 100은 IQ 검사를 받는 사람들의 평균값이다. 따라서 IQ가 올랐다는 말은 지금 IQ 100인 사람들이 60년 전 IQ 118이었던 사람들과 지능이 같다는 말이다. 이렇게 평균값이 오른 이유에 대해서는 여러 가지 견해가 있다. 주된 이유는 교육, 문화(텔레비전 등), 영양 상태가 현저히 변하여 IQ 검사의 대상인 언어적, 수학적 능력에 영향을 미쳤다는 것이다.

리처드 니스벳(Richard Nisbett)은 그의 책 『인텔리전스(Intelligence and How to Get It)』에서 과거에는 존재하지 않았지만 현대 사회에는 충만한 자극에 대해 논의한다. 간단한 예로 몇 년 전 맥도날드 해피밀에 들어 있던 미로 장난감이 영재용 IQ 검사에 쓰이는 미로보다 더 어려웠다고 언급했다.[12] 또한 니스벳은 '환경 승수(environmental multiplier)'에 대해서도 적는다. 키가 큰 아이와 작은 아이에게 같은 재능이 있다고 할 때, 키가 큰 아이는 농구에 취미를 붙여서 상대적으로 실력을 더 많이 키우기 쉽다. 마찬가지로 호기심이 많은 아이가 공부를 하러 간다면 그렇지 않은 아이보다 더 똑똑해질 수 있다. 오늘날 이런 선택의 여지는 과거에 비해 기하급수적으로 늘어났다. 호기심이 많은 아이와 그렇지 않은 아이의 유전적 차이는 아주 작을지 모르지만 쉽게 자극받고 쉽게 충족할 수 있는 환경에서는 그 효과가 몇 배로 나타난다.

IQ에 영향을 미치는 또 다른 환경적 요인에는 사회경제적 지위, 풍부해진 자극, 자원과 교육을 충분히 제공할 수 있는 가정이 증가한 양육 환경이 있다. 평균적으로, 부유한 가정의 아이는 가난한 가정의 아이보다 IQ가 높고 가난한 가정에서 태어나 부유한 가정으로 입양된 아이는 가난한 가정에서 계속 자란 아이보다 IQ가 높다. 친부모의 사회경제적 지위가 높은지 낮은지는 상관없다.

IQ를 높이는 능력에 대해서는 논란이 많다. 이 문제를 다룬 연구는 셀수 없이 많지만 과학적 엄격함이 제각각이기 때문이다. 아동의 지능 향상과 관련한 현존하는 연구를 종합적으로 분석하여 2013년에 출간한 보고서는 이 주제에 도움이 될 만한 실마리를 던져준다. 이 보고서의 저자들은 엄격한 기준에 따라 연구를 선별했다. 이 기준에 부합하려면 비임상적(non-clinical) 상황의 일반인을 대상으로 해야 하고, 무작위적이고 실험 기준에 맞게 설계되어야 하며, 일회적인 처치에서 끝나거나 검사 중에 상황을 조작하는 대신 지속적인 개입이 있어야 하고, 널리 받아들여지고 표준화된 지능의 척도를 사용해야 했다. 보고서는 태아에서 5세까지의 아동을 대상으로 하고 기준에 맞는 연구들을 선별하여 3만 7000명 이상의 참가자를 다루었다.

이들이 발견한 점은 무엇일까? 영양 상태가 IQ에 영향을 미친다는 사실이었다. 지방산이 든 건강 보조제를 제공받은 임산부와 모유수유를 한 산모의 아기는 IQ가 어느 영역에서든 3.5~6.5포인트 올랐다. 지방산 중에는 신경세포가 발달하는 데 필요하지만 몸에서 스스로 만들어내지 못하는 구성 요소를 제공하는 것이 있다. 이 결과의 이면에 있는 이론은 이런 보조제가 새로운 시냅스의 생성을 도와준다는 것이다. 철분이나 비타민 B

복합체와 같은 성분이 든 다른 보조제 역시 긍정적인 효과가 드러났지만 확정적인 결과로 인정받기 위해서는 심화 연구를 통해 타당성이 입증되어야 한다.

환경의 영향이라는 측면에서, 저자들은 가난한 가정의 아이가 조기교육 과정에 등록할 경우 IQ가 4포인트 이상 오르며 그런 개입이 주로 가정 대신 센터에 바탕을 두고 있을 때 7포인트 이상 올랐음을 발견했다. 가정에서는 자극이 일관성 있게 지속적으로 제공되기 어렵기 때문이다. (여기서 조기교육은 유치원에 들어가기 전 풍부한 자극과 체계적인 학습을 제공하는 프로그램으로 정의되었다.) 조기교육의 혜택을 가정에서 받을 것으로 추정되는 부유한 가정의 아이는 조기교육 프로그램에 등록하더라도 이러한 효과를 얻지 못할 것이다. 또한 이런 프로그램에 처음 등록하는 나이가 어릴수록 더 좋은 결과를 얻으리라고 생각하는 사람이 많지만 그것을 입증하는 증거는 없다. 그 대신 저자들의 발견은 존 브루어가 주장하듯 생애 초기의 몇 년 동안 지능 발달의 창문이 잠시 열렸다가 금방 닫히는 것이 아니라는 점을 보여준다.

일부 영역에서 수행된 인지적 훈련이 IQ를 향상할 수 있다는 사실도 발견되었다. 저소득 가정의 엄마들이 교육용 도구, 책, 퍼즐을 제공받고 아이가 집안의 사물을 알아보는 법과 언어를 배울 때 도와주는 방법을 훈련받은 경우 아이의 IQ가 높아졌다. 세 살짜리 아이를 둔 저소득 가정의 엄마들이 아이에게 더 자주, 오래 이야기하고 열린 질문(open-ended question, '네, 아니요'가 아니라 자기 의견으로 답할 수 있는 질문−옮긴이)을 많이 던져 답을 이끌어내도록 훈련받은 경우 아이의 IQ가 높아졌다. 네 살 이하의 아이에게 책을 읽어주는 것도 아이의 IQ를 높일 수 있는 방법이다. 특히 아이가 그 활동에 적극적으로 참여하고 부모가 아이에게 자세한 설명을 끌어내는 방식으로 격려한다면 더욱 그렇다. 네 살이 넘으면 책을 읽어주는 행위가 IQ를 높여주지는 않지만 계속해서 아이의 언어 발달을 촉진할 수는 있다. 유치원은 IQ를 4포인트 이상 높여주며 언어 훈련이 교육 과정에 포함된다면 7포인트 이상 높여준다. 여기서도 마찬가지로 형편이 나은 가정에서 풍부한 환경의 이점을 제공할 수 있는 경우에는 조기교육, 유치원, 언어 훈련으로 IQ가 높아진다는 증거가 나오지 않았다.[13]

두뇌 훈련

'두뇌 훈련' 게임은 어떨까? 두뇌를 근육처럼 훈련시키고 인지 능력을 계발해준다는 온라인 게임과 영상을 홍보하는 새로운 사업이 등장하고 있다. 이런 상품들은 대개 2008년에 보고된 스위스의 연구에 바탕을 둔다. 이 연구는 아주 제한적일 뿐 아니라 반복을 통해 검증되지도 않았다.[14] 이 연구는 추상적 추론, 생소한 연관성의 파악, 새로운 유형의 문제 해결 능력인 '유동 지능'에 초점을 맞춘다. 유동 지능은 IQ를 구성하는 두 가지 지능 중 하나다. 다른 하나는 우리가 오랫동안 축적한 지능의 저장고인 결정 지능이다. 결정 지능은 효율적인 학습과 기억 전략을 통해 높일 수 있는 것이 분명하지만, 유동 지능은 어떻게 해야 하는가?

유동 지능을 결정하는 핵심 요인은 작업 기억이다. 작업 기억은 어떤 문제를 처리하는 동안 (특히 방해물과 마주하고 있을 때) 새로운 생각이나 관계의 수를 얼마나 머릿속에 담고 있을 수 있는가를 말한다. 스위스 연구의 초점은 참가자들에게 점점 어려워지는 작업 기억 과제를 제시하는 것이었다. 주의를 방해받는 시간이 길어지는 동안 두 가지의 자극을 머릿속에 계속 담고 있는 과제였다. 자극 중 하나는 숫자였고 다른 하나는 화면에서 위치가 계속 바뀌는 사각형이었다. 숫자와 사각형의 위치는 둘 다 3초마다 바뀌었다. 참가자들의 과제는 매번 바뀌는 숫자와 사각형의 위치를 연속적으로 보면서 지금 보는 장면에서 숫자와 사각형의 위치가 n번째 전 장면에 나왔던 숫자 및 사각형의 위치와 일치하는지 판단하는 것이었다. n은 시행하는 동안 계속 커지므로 작업 기억이 감당해야 하는 부담도 점점 커졌다.

모든 참가자들은 시작하기 전에 유동 지능을 검사받았다. 그런 다음 저마다 일정 기간에 걸쳐, 길게는 19일 동안 점점 어려워지는 작업 기억 과제를 수행했다. 그리고 마지막에 다시 유동 지능을 검사받았다. 참가자 전원이 훈련 전보다 수행 능력이 향상되었고 가장 오랫동안 참가한 사람의 경우 향상의 폭이 가장 컸다. 이 결과는 유동 지능이 훈련을 통해 향상될 수 있다는 것을 처음으로 보여주었다.

이 연구의 문제점은 무엇일까?

참가자가 35명으로 너무 적었고 모두 비슷하게 지능이 높은 사람들이 선발되었다. 게다가 이 연구의 초점은 훈련 과제가 한 가지뿐이었기 때문에 다른 작업 기억 훈련 과제에 얼마나 응용될 수 있을지 불분명했고, 이 결과가 정말로 작업 기억에 대한 것인지 아니면 이 훈련에서만 얻을 수 있는 독특한 결과인지도 확실하지 않았다. 마지막으로, 향상된 수행 능력의 지속성이 알려지지 않은 데다 반복된 다른 연구들을 통해 결과가 여러 번 검증되지도 않았다. 실증적 연구의 결과는 다른 연구자들이 반복해서 연구한 후 같은 결과를 얻어낼 수 있어야 과학적 이론으로 성립할 수 있다. PsychFileDrawer.com이라는 사이트는 이용자들이 심리학 연구 중 반복되는 것을 보고 싶다고 생각하는 순서대로 20위까지 올려놓는데, 바로 이 스위스 연구가 1위에 올라가 있다. 최근 2013년 발표된 한 연구에서는 스위스 연구를 본떠 실험한 결과 유동 지능에서 어떠한 향상도 발견하지 못했다. 흥미롭게도 이 연구의 참가자들은 지적 능력이 향상되었다고 믿었고 연구자들은 그것을 환상이라고 설명한다. 하지만 연구자들은 자기 효능감을 높여주는 이 훈련이 어려운 문제 해결에 더 끈질기게 매달릴 수 있게 한다는 점은 인정했다.[15]

뇌는 근육이 아니므로 한 가지 기술을 강화한다고 해서 다른 기술들도 자동적으로 강화되지는 않는다. 인출 연습과 심성 모형의 형성과 같은 학습과 기억 전략들은 연습한 내용이나 기술에 한해 지적 능력을 향상시키는 데 효과적이지만 거기서 얻은 이득이 다른 내용이나 기술을 숙달하는 데까지 미치지 않는다. 전문가의 뇌와 관련된 연구들은 전문 분야와 관련된 축삭돌기의 수초가 증가했지만 나머지 영역에서는 그렇지 않음을 보여준다. 피아노 거장들의 뇌에서는 피아노 기술과 관련된 수초만 증가한 것이 관찰된다. 하지만 **연습을 습관으로 만드는 능력**은 정말로 다른 분야에도 적용된다. '두뇌 훈련'을 홍보하는 사람들의 주장처럼 두뇌 훈련으로 자신감과 효능감이 향상된다고 전제하면, 그 이득은 주의를 집중하고 끈기 있게 연습하는 법을 배우는 것과 같이 좋은 습관에서 얻을 수 있는 결과와 비슷할 것이다.

리처드 니스벳은 작은 유전적 차이가 불균형을 초래할 수도 있게 하는 환경 '승수'에 대해 기술한다. 유전적으로 아주 조금 더 호기심이 강한 아이가 호기심을 충족하는 환경에 있다면 훨씬 더 똑똑해지는 것이다. 이제 그 개념을 뒤집어 생각해보자. 유전적인 차이를 떠나 지금 내 지능을 끌어올려 줄 수 있는 전략이나 행동은 없을까? 있다. 바로 **성장 사고방식, 전문가처럼 연습하기, 기억의 단서 만들기다.**

지능은 노력과 학습의 결과라고 믿는 성장 사고방식

"할 수 있다고 생각하든 할 수 없다고 생각하든 생각하는 대로 될 것이다."라는 오래된 격언으로 돌아가보자. 이 말에는 진실이 들어 있다. 태도는 아주 중요하다. 심리학자 캐롤 드웩의 연구들은 단순한 확신만으로도 학습과 수행에 얼마나 큰 영향을 미칠 수 있는지 밝히는 데 지대한 관심을 쏟았다. 여기서 확신이란 자신의 지능 수준이 고정되어 있지 않고 대부분이 자기 손에 달려 있다는 믿음을 말한다.[16]

드웩과 동료들은 그들이 수행했던 많은 연구들을 되풀이하고 확장해나갔다. 초기의 연구 중 하나는 이런 것이었다. 드웩은 뉴욕 시티의 한 중학교에서 성적이 부진한 7학년 학생들을 대상으로 강습회를 열고 뇌와 효과적인 공부 기법에 대해 가르쳤다. 이후 학생들 중 절반은 기억에 대한 설명을 들었고 나머지 반은 노력을 들인 학습의 결과로 뇌가 어떻게 변하는지에 대한 설명을 들었다. 열심히 노력하고 새로운 것을 배울 때 뇌가 새로운 연결을 형성하고 시간이 지남에 따라 이 새로운 연결 덕분에 더욱 똑똑해질 수 있다는 내용이었다. 이 집단은 지적 발달이 타고난 지능의 작용이 아니라 노력과 학습을 통해 만들어낸 새로운 연결의 결과라는 이야기를 들었다. 강습회가 끝나고 나서 두 집단은 다시 학교생활로 돌아갔다. 교사들은 일부 아이들이 노력을 들인 학습을 통해 뇌를 변화시킬 수 있다는 말을 들었는지 알지 못했다. 하지만 이 아이들은 시간이 지날수록 드웩이 '성장 사고방식(Growth Mindset)'이라고 부르는 태도를 취했다. 즉 지능이 자신의 손에 크게 좌우될 수 있다고 믿게 되었다. 이 아이들은 드웩이 '고정 사고방식(fixed mindset)'이라고 부르는 기존의 사고방식, 즉 지능이 타고난 재능으로서 고정된 것이라는 믿음을 고수한 첫 번째 집단의 아이들에 비해 훨씬 더 적극적으로 학습하는 우수한 학생이 되었다.

드웩이 이 연구를 하게 된 계기는 왜 도전에 맞닥뜨리고 실패했을 때 낙심하는 사람들이 있는 반면 실패했을 때 새로운 전략을 시도해보고 두 배로 노력하는 사람들이 있는지 궁금했기 때문이었다. 드웩은 두 유형의 근본적인 차이가 실패의 원인을 찾는 방식에 있다는 점을 발견했다. 실패의 원인을 자신의 무능함에서 찾는 사람들은 '나는 똑똑하지 않아.'라고 생각하고 낙심한다. 실패를 노력 부족이나 비효율적인 전략의 결과로 해석하는 사람들은 더 깊이 파고들고 다른 접근법을 시도해본다.

드웩은 **수행 목표**(performance goal)를 추구하는 학생들이 있는 반면 **학습 목표**(learning goal)를 향해 노력하는 학생들이 있다는 것을 알게 되었다. 전자는 자신의 능력을 입증하기 위해 노력한다. 후자는 새로운 지식이나 기술을 얻기 위해 노력한다. 수행 목표를 추구하는 사람들은 무의식적으로 자신의 잠재력을 제한한다. 자신의 능력을 입증하거나 과시하는 데 집중하는 사람들은 잘할 수 있다고 확신할 수 있는 도전을 선택한다. 똑똑해

보이고 싶기 때문에 같은 재주를 넘고 또 넘는다. 하지만 목표가 능력의 향상에 있는 사람은 계속 어려워지는 도전을 선택하며, 장애물을 만나면 자신의 집중력을 예리하게 다듬고 더 창의적으로 생각하며 열심히 노력하도록 도와주는 유용한 정보로 여긴다. 드웩은 이렇게 말한다. "뭔가를 계속 보여주고 싶은 사람은 '능력'이 자기 안에 고정되어 있다고 느낍니다. 반대로 능력을 끌어올리고 싶은 사람은 능력이 역동적이고 변화하는 것이라고 느끼죠." 학습 목표는 수행 목표와 완전히 다른 생각과 행동을 촉발한다.[17]

역설적인 이야기지만 수행에 초점을 맞출 때 실수를 하는 스포츠 스타들이 있다. 이들은 '천부적인 재능'을 칭송받기 때문에 자신의 수행이 선천적 재능의 결과라고 믿는다. 천부적인 재능이 있다면 잘하기 위해 열심히 노력할 필요가 없다. 이런 경우 많은 사람들이 연습을 피하는데, 연습을 해야 한다는 것은 어찌됐든 기대에 부응할 만큼 타고난 재능이 충분하지 않다는 공개적인 증거이기 때문이다. 학습과 성장 대신 수행에 초점을 맞출 때, 사람들은 중요한 결과를 얻기 위해 땀 흘려 노력해야 하는 상황에 뛰어들어 비웃음을 받을지도 모르는 위험을 감수하느니 일찌감치 뒤로 물러선다.

드웩의 연구는 칭찬과 그 힘을 다루는 영역까지 확장되었다. 칭찬은 도전에 반응하는 방식을 형성하는 데 영향을 미치기 때문이다. 여기 그런 예가 하나 있다. 한 무리의 5학년 학생들이 풀어야 할 퍼즐을 하나씩 받는다. 이 중 일부는 똑똑하다는 칭찬을 받고, 나머지는 열심히 노력했다는 칭찬을 받는다. 그런 다음 학생들은 또 다른 퍼즐을 고르게 된다. 전에 풀

아이들은 지능에 대해 칭찬을 받으면 '똑똑해 보이기'라는 놀이를 하고 있다는 메시지를 받는다. 노력을 강조한다면 아이에게 자신이 통제할 수 있는 몇 안 되는 변수들 중 하나를 주는 것이다. 하지만 타고난 지능을 강조한다면 그걸 아이의 손에서 빼앗아 오는 셈이 된다.

었던 퍼즐과 비슷한 것이 있고 그것보다는 어렵지만 풀려고 노력하면서 새로운 점을 배울 수 있는 퍼즐이 있다. 똑똑하다는 칭찬을 들은 학생들 중 과반수가 쉬운 퍼즐을 고르고, 노력을 칭찬받은 학생들 중 90퍼센트가 더 어려운 퍼즐을 고른다.

이 연구를 약간 비틀어보자. 학생들은 톰과 빌이라는 두 사람에게 퍼즐을 받는다. 톰이 주는 퍼즐은 노력을 들여서 풀어야 하고 빌이 주는 퍼즐은 풀 수가 없는 것이다. 모든 학생들은 톰과 빌에게 퍼즐을 하나씩 받는다. 퍼즐을 푸는 과정이 끝나면 일부 학생은 똑똑하다고 칭찬을 받고 나머지는 노력을 칭찬받는다. 두 번째 단계에서는 톰과 빌에게 좀 더 많은 퍼즐을 받는다. 이번에는 풀 수 있는 퍼즐만 있다. 여기서 놀라운 점이 발생한다. 똑똑하다고 칭찬받은 학생들 중 빌에게서 받은 퍼즐을 푼 사람은 거의 없었다. 심지어 그 퍼즐은 좀 전에 톰에게서 받아 쉽게 풀었던 것과 똑같은 퍼즐이었는데도 그랬다. 똑똑하다고 여겨지는 것이 중요하다고 생각한 학생들은 첫 번째 단계에서 빌에게 받은 퍼즐을 풀 수 없었던 실패 경험에서 패배감과 무력감을 느꼈던 것이다.

아이들은 지능에 대해 칭찬을 받으면 '똑똑해 보이기'라는 놀이를 하고 있다는 메시지를 받는다. 캐롤 드웩은 이렇게 말한다. "노력을 강조한다면 아이에게 자신이 통제할 수 있는 몇 안 되는 변수들 중 하나를 주는 셈입니다. 하지만 타고난 지능을 강조한다면 그걸 아이의 손에서 빼앗아 오는 겁니다. 지능에 대한 칭찬은 아이가 실패에 반응하는 데 전혀 좋은 영향을 미치지 않아요."[18]

폴 터프(Paul Tough)는 최근의 책 『아이는 어떻게 성공하는가(How

Children Succeed)』에서 드웩의 연구를 비롯한 여러 연구들을 언급하면서 성공은 IQ보다 투지, 호기심, 끈기에 달려 있다고 주장했다. 성공의 필수 요소는 어린 시절 역경에 부딪히고 그것을 이겨내는 법을 배우는 것이다. 터프의 책에 따르면 사회 최하층의 아동은 난관에 부딪혀 곤란을 겪고 자원 부족으로 허덕이기 때문에 성공을 경험할 가능성이 적다고 한다. 반대로 최고의 환경에 있는 아이는 똑똑하다고 칭찬을 받으며 애지중지 여겨지고, 헬리콥터 부모(자녀의 주변을 맴돌면서 과잉보호하고 간섭하는 부모-옮긴이)가 곤경에서 구해주며, 실패하도록 허용된 적도 없고 자기가 주도하여 역경을 이겨낸 적도 없다. 이런 아이들 역시 살아가면서 성공에 필수적인 자질을 습득하지 못한다.[19]

똑똑해 보이는 것에 집중할 때 사람들은 위험을 감수하지 않으려 한다. 목표로 나아가는 데 도움이 될 작은 위험은 물론이고 위대함으로 이어지는 대담하고 이상적인 활동 역시 피하게 된다. 캐롤 드웩의 말처럼 실패는 유용한 정보를 주고, 정말로 전념할 목표가 있을 때 자신이 무엇을 할 수 있는지 발견하는 기회를 제공한다.

드웩, 터프와 그 분야의 동료들이 꼭 알아두라고 강조하는 지침은 이것이다. 더 높은 수준의 학습과 성공에 필요한 가능성, 창의성, 끈기를 불어넣어주는 것은 IQ보다도 훈련, 의지, 성장 사고방식이다. 드웩은 이렇게 말한다. "능동적인 노력을 기울일 때까지 공부 기술은 아직 잠들어 있는 상태라고 할 수 있습니다."

전문가처럼 의도적 노력을 기울여 연습하기

우리는 피아니스트, 체스 선수, 골퍼, 어떤 분야에서든 전문가의 뛰어난 수행을 접하면서 그들의 천부적 재능에 경탄한다. 하지만 전문가의 그런 능력은 유전적 소인이나 높은 IQ에서 나오는 것이 아니다. 그것은 앤더스 에릭슨이 **꾸준한 의도적 연습**(sustained deliberate practice)이라고 부르는 수천 시간의 연습에서 나온다. 무언가를 반복적으로 하는 것이 연습이라면, 의도적 연습은 차원이 다르다. 의도적 연습은 목표 지향적이고, 혼자서 하는 경우가 많으며, 현재의 수행 수준을 뛰어넘기 위한 반복적인 노력으로 구성된다. 어떤 분야에서든 전문적 수행은 점점 복잡해지는 수많은 패턴을 서서히 습득함으로써 완성된다고 여겨진다. 패턴은 엄청나게 다양한 상황에서 그때마다 어떤 조치를 취할 것인가에 대한 지식을 저장하는 데 사용된다. 체스 챔피언을 관찰해보라. 그는 체스 말의 배치를 분석하면서 말을 움직일 수 있는 수많은 방법과 각각의 움직임이 초래할 결과를 예상할 수 있다. 의도적 연습의 특징인 분투, 실패, 문제 해결, 새로운 시도는 더 높은 수준에 도달하는 데 필요한 새로운 지식, 생리적 적응, 복잡한 심성 모형의 형성을 가능케 한다.

시스티나 성당 천장에 실물 크기의 인물 400명 이상을 마침내 모두 그려냈을 때 미켈란젤로는 이렇게 썼다고 전해진다. "내가 이렇게 뛰어난 기량을 얻기 위해서 얼마나 열심히 노력했는지 사람들이 안다면 그 그림이 전혀 놀랍지 않을 것이다." 그를 존경하는 사람들의 눈에는 순전히 천재적인 재능에서 나온 것으로 보였겠지만 그 작품이 완성되기까지는 노력과 헌신으로 보낸 4년의 고통스러운 세월이 필요했다.[20]

시스티나 성당 천장에 실물 크기의 인물 400명 이상을 마침내 모두 그려냈을 때 미켈란젤로는 이렇게 썼다고 전해진다. "내가 이렇게 뛰어난 기량을 얻기 위해서 얼마나 열심히 노력했는지 사람들이 안다면 이 그림이 전혀 놀랍지 않을 것이다."

의도적 연습은 보통 별로 즐겁지 않다. 그리고 대부분의 학습자는 의도적 연습을 할 때 코치나 트레이너가 필요하다. 코치와 트레이너는 수행을 개선해야 할 부분을 확인해주고 세부적인 측면들에 주의를 집중하도록 도와주며 정확하게 지각하고 판단하도록 피드백을 준다. 의도적 연습 과정에서 발휘되는 끈기와 노력은 더 수준 높은 수행에 맞추어 뇌와 생리 기능을 재편성한다. 하지만 어떤 분야에서든 성취는 그 분야에만 국한된다. 한 분야에 능숙해진다고 해서 다른 영역에서 전문적 수준을 달성하는 것이 쉬워지지는 않는다.

뇌를 재편성하는 연습의 간단한 예는 국소 근긴장이상증(focal hand dystonia)의 치료에서 나타난다. 국소 근긴장이상증은 피아니스트나 기타리스트의 반복적인 연주가 뇌를 재편성해서 마치 두 개의 손가락이 하나로 합쳐진 것처럼 느끼게 하는 현상이다. 이들은 힘든 훈련을 계속함으로써 점점 손가락을 따로 움직일 수 있게 된다.

전문가들에게 가끔 불가사의한 재능이 있는 것으로 보이는 한 가지 이유는 자기 분야의 복잡한 수행을 관찰하고 나중에 그 수행의 모든 면을 기억으로부터 끌어내 아주 세세하게 재현할 수 있는 사람들이 있기 때문이다. 모차르트는 복잡한 음계를 한 번 듣고 나서 재현할 수 있었던 음악가로 유명하다. 하지만 에릭슨의 말처럼 이 기술은 육감 같은 신비한 능력에서 나오는 것이 아니라 자기 분야에 대한 전문가의 뛰어난 지각과 기억력에서 나오는 것이다. 이는 그 분야의 지식과 기술을 오랫동안 습득한 결과다. 한 분야에서 전문적인 수준을 달성한 사람들이라도 삶의 다른 영역에서는 대부분 평범하다.

에릭슨의 연구에 따르면 사람들이 한 분야에서 전문가가 되기 위해 평균적으로 투자한 시간은 1만 시간 또는 10년 동안의 연습이다. 그 중에서 도 가장 뛰어난 사람들은 이렇게 투자한 시간들 중 혼자서 의도적인 연습 을 했던 시간이 더 많은 비중을 차지한다. 요컨대 전문적 수행은 유전적 경향이 아니라 연습의 질과 양에 따른 결과이며, 전문가가 되는 길은 그것 을 이룰 동기와 시간이 있고 훈련을 할 수 있는 평범한 사람들의 손이 닿 는 곳에 있다.

기억의 단서 만들기

앞서 언급했던 **기억술**(Mnemonic devices)은 자료를 기억 속에 붙들어놓는 데 도움이 되는 정신적 도구로서 즉시 회상할 수 있도록 단서를 달아 기 억하는 기술이다(므네모시네Mnemosyne는 그리스 신화의 아홉 뮤즈 중 하나로 기억의 여신이었다). 간단한 기억술의 예는 두문자어(acronyms, 단어의 첫 글자만 따서 만 든 말-옮긴이)가 있다. 무지개의 색을 기억하기 위한 'ROY G BIV(Red, Orange, Yellow……)'가 있고, 첫 글자로 말을 만든 두문자어인 'I Value Xylophones Like Cows Dig Milk'는 1에서 1000까지 증가하는 로마 숫 자를 나타낸 것이다(예를 들어 V는 5, D는 500의 뜻이 있다).

더 복잡한 유형의 기억술인 **기억의 궁전**(memory palace)은 더 큰 규모의 자료를 조직화하고 기억하는 데 유용하다. 장소법(method of Loci) 혹은 기 억의 방이라고 부르는 것에 바탕을 둔 이 기법은 그 기원이 그리스까지 거슬러 올라가며, 머릿속의 이미지를 물리적 장소와 연결 짓는 방법이다. 예를 들면, 집처럼 자신에게 아주 익숙한 장소를 떠올리고 그곳에 있다고 상상한다. 그리고 안락의자처럼 그 공간에서 두드러진 특징이 있는 대상을 기억하고자 하는 것의 시각적 이미지와 연결한다. (안락의자를 이용하여 생각해보면, 요가 수업을 다시 시작해야 한다는 것을 상기하기 위해 안락의자에 유연한 요가 수행자가 앉아 있는 그림을 그려볼 수 있다.) 나중에 상상 속에서 집안을 한 번 둘러보기만 해도 기억을 인출할 수 있도록, 집의 특징들은 셀 수 없이 많은 시각적 단서와 연결될 수 있다. 순서대로 기억하는 것이 중요하다면 집안의 경로를 따라 단서를 차례로 배치하면 된다. (기억의 방 기법은 길모퉁이 가게로 걸어가는 것 같이 아주 익숙한 경로를 따라 걸어가면서 마주치는 특징들과 단서들을 연결하는 식으로도 쓰인다.)

우리가 이 글을 쓰는 동안 영국 옥스퍼드에 사는 한 무리의 학생들은 A 레벨 시험(영국 청소년들이 치르는 대학 입학시험─옮긴이) 심리학 과목을 준비하면서 기억의 궁전을 짓고 있다. 학생들과 교사는 6주 동안 매주 시내의 특이한 커피숍에 가서 커피를 마시며 긴장을 풀고 그 장소의 구조에 익숙해지려고 했다. 그들은 시험에서 써내야 할 심리학의 중요한 내용들을 기억에서 끌어내줄 인물들이 커피숍에 앉아 있는 모습을 어떤 식으로 상상해야 선명하게 기억에 남을지에 대해 이야기를 나누었다.

이 학생들에 대한 이야기는 나중에 다시 하겠지만 이 기법과 관련하여 몇 마디만 덧붙이자면, 놀라울 정도로 효과적인 이 기법은 무언가를 선명하게 기억하는 데 머릿속의 그림이 미치는 영향을 이용한다. 사람은 글보다 그림을 더 쉽게 기억한다. 예를 들면, '코끼리'라는 단어보다 코끼리의 모습이 회상하기 쉽다. 따라서 언어적이거나 추상적인 내용을 머릿속의 선명한 그림과 연결했을 때 그 내용을 기억에서 쉽게 인출할 수 있는 것은 당연하다. 강력한 머릿속 그림은 잡은 물고기로 가득한 그물처럼 확실하고 풍부한 단서가 된다. 그물을 끌어올리면 그날 하루 잡은 물고기가 전부 줄줄이 딸려 올라오는 것처럼 말이다. 친구와 둘이 여행을 갔을 때 대화를 나눴던 어떤 사람에 대해 친구가 말을 꺼냈는데 정작 나는 그 사람이 잘 생각나지 않는 경우가 있다. 그 대화를 어디서 했는지 친구가 말해주면 우리는 그 장소를 머릿속에 그려본다. 그러고는 아, 그랬지, 하고 모든 기억이 물밀듯 떠오른다. 이처럼 그림은 기억의 단서가 된다.[21]

마크 트웨인은 잡지 〈하퍼스(Harper's)〉에 기고한 글에서 개인적으로 겪은 이 현상에 대해 적었다. 순회강연을 다니던 시절, 트웨인은 발언할 내용 중에 중요한 구절을 떠올리기 위해 문장의 일부를 적은 목록을 사용했다. 하지만 그는 이런 방식이 썩 맘에 들지 않았다. 작은 글씨로 적힌 내용은 언뜻 보면 잘 분간할 수 없었기 때문이다. 그는 대안들을 실험해보다가 마침내 강연 내용을 연필로 대충 그려보자는 아이디어를 떠올렸다. 이 스케치는 제 몫을 했다. 건초더미 밑에 뱀이 있는 그림은 네바다 카슨 밸리에서 겪은 이야기를 어디부터 시작해야 할지 알려주었다. 심한 바람에 기울어진 우산 그림은 다음에 할 이야기, 오후 2시만 되면 시에라네바다 산맥 쪽에서 불어닥치던 매서운 바람 이야기를 떠올리게 해주었다. 이런 식이었다. 트웨인은 기억을 불러일으키는 스케치의 효력에 감명을 받았고 어느 날 이 효력이 자녀 교육에 도움이 될 것이라는 생각이 문득 떠올랐다. 아이 봐주는 사람이 단순무식한 반복을 통해 영국 왕들의 이름과 연대를 주입하려고 노력한 지 꽤 오래 되었지만 그의 자녀들은 아직도 왕과 여왕들에 대해 배우느라 애를 먹고 있었다. 트웨인은 역대 왕들을 시각화해보자는 데 생각이 미쳤다.

우리는 그때 농장에 있었다. 현관에서 저 아래 낮은 담장까지는 서서히 낮아지는 내리막길이었고 내 작은 작업실이 있는 오른쪽으로는 약간 오르막길이었다. 마차용 도로가 땅을 가로질러 언덕 위까지 꼬불거리며 이어졌다. 나는 정복자 윌리엄부터 시작해서 영국 군주들 하나하나마다 말뚝을 박아서 표시하기 시작했다. 현관에 서서 바라보면 노르만 족의 영국 정복부터 46년째 통치하고 있는 빅토리아 여왕까지 모든 왕과 그 통치 기간, 총 817년이라는 영국 역사가 눈앞에 펼쳐지는 것이었다.

나는 1피트가 1년을 나타낸다고 치고 길을 따라 817피트 되는 거리를 잰 다음 왕 한 사람마다 통치 기간의 시작과 끝 지점에 3피트(약 91센티미터)짜리 스트로부스 소나무 말뚝을 박고 그 위에 왕의 이름과 날짜를 적었다.

트웨인과 아이들은 왕 한 사람마다 그를 나타내는 상징을 그렸다. 정복자 윌리엄은 고래(whale)였다. 둘 다 이름이 W로 시작하고 "고래는 가장 큰 물고기고 윌리엄은 영국 역사에서 가장 눈에 띄는 인물이기 때문"이었다. 헨리 1세는 암탉(hen)이라고 했고, 나머지도 이런 식으로 상징물을 정했다.

우리는 이 역사 거리를 걸으며 꽤 재미있어 했고, 그 과정에서 운동도 하는 셈이었다. 정복자 윌리엄에서 시작하여 내 작업실까지 길을 따라 걸어가면서 아이들은 말뚝을 지날 때마다 이름과 날짜와 통치 기간을 큰 소리로 읽었다. 아이들은 '정자 옆', '참나무 숲 안', '돌계단 위' 같은 장소들을 스티븐 왕이라든지 영국 연방(the Commonwealth), 조지 3세 등으로 바꿔 부르게 되었다. 아이들은 어려움 없이 이것을 습관으로 삼았다. 그 긴 길을 정확하게 측정해서 꾸민 것은 나에게 아주 잘된 일이었다. 나는 책이나 잡지 따위를 여기 저기 아무데나 늘어놓고 다니는 습관이 있었다. 전에는 책을 정확히 어디다 두었다고 말하기도 어려웠거니와 아이들에게 시켰다가는 괜히 시간만 낭비 하거나 못 찾을까 봐 직접 찾아다녀야 할 때가 많았는데, 이제는 아이에게 책 을 놔두고 온 곳의 통치 기간을 말해주고 나 대신 보낼 수 있게 되었다.[22]

라임(운 맞추기)도 기억술의 도구 역할을 할 수 있다. **페그 방식**(peg method) 혹은 **걸이 단어 기억법** 등으로 불리는 기억 방식은 운을 맞춰 목록 을 기억하는 체계다. 1부터 20까지의 숫자와 비슷한 발음이 나되 구체적 인 이미지가 있는 단어와 짝을 지어볼 수 있다. 1은 bun(번), 2는 shoe(슈), 3은 tree(트리), 4는 store(스토어), 5는 hive(하이브), 6은 tricks(트릭스), 7은 heaven(헤븐), 8은 gate(게이트), 9는 twine(트와인), 10은 pen(펜). 10 이상 의 숫자는 11을 penny-one(페니 원), 12를 penny-two(페니 투)로 하여 3 음절이 일치하도록 단서를 만들어볼 수 있다. 11은 penny-one(페니 원)과 setting-sun(세팅 선), 12는 penny-two(페니 투), airplane glue(에어플레인 글루), 13은 penny-three(페니 쓰리), bumble bee(범블 비) 등으로 20까지 만들어볼 수도 있다.

'걸이'로서 구체적인 이미지를 설정하고 기억하고 싶은 항목을 '걸어서' 그날 처리하고 싶은 일을 기억한다거나 하는 식으로 이용할 수 있다. 20 개의 그림이 머릿속에 있고 어떤 목록을 기억하는 데 도움이 필요할 때 항상 꺼내 쓸 수 있다고 해보자. 볼 일이 있어 나갈 때 bun이라는 말을 들 으면 둥글게 틀어올린 머리 모양이 떠올라 스키 여행에서 쓸 모자 사는 것을 기억할 수 있고, 신발이라는 뜻의 shoe를 들으면 잘 차려 입은 모습이 떠올라 드라이클리닝 맡긴 옷을 찾아와야 하는 것을 기억할 수 있다. tree를 들으면 가계도(family tree)가 떠올라 사촌에게 생일 축하 카드를 보내야 한다는 것을 기억할 수 있다. 걸이의 역할을 하는 이미지는 새로운 목록을 기억해야 할 때마다 다른 항목과 연결되지만 그 그림 자체는 그대로 머릿속에 남아 있다.

잘 알고 있는 노래는 기억의 구조를 제공할 수 있다. 한 소절의 가사를 하나의 이미지와 연결하면 그 이미지를 보면서 떠올리고 싶은 기억을 인출할 수 있다. 징기즈 칸과 몽골 제국 연구에 탁월한 연구가인 인류학자 잭 웨더포드(Jack Weatherford)에 따르면 전통적인 시와 노래는 중국 끝에서 유럽 끝까지 엄청나게 먼 곳으로 정확하게 메시지를 보내는 데 사용된 기억술이었던 것 같다. 당시 군대에서는 문서로 메시지를 보내는 것이 금지되었기 때문에 어떻게 소식을 주고받았는지는 비밀로 남아 있다. 하지만 웨더포드는 기억술을 사용했을 가능성이 크다고 생각한다. 예를 들면, 말의 움직임을 묘사하는 내용인 장가(long song)라는 몽골 노래는 다른 음조로 부를 수도 있으며 광활한 초원이나 낮은 산을 지나는 등 특정한 위치를 움직이고 있다는 것을 전달하기 위해 떨림을 넣어 부를 수도 있다고 한다.

기억술의 다양한 용도는 거의 끝이 없다. 이 기억술들은 숫자 체계, 여행 경로, 평면도, 노래, 시, 경구, 두문자어 등 모두 일종의 구조라는 데 공통점이 있다. 이들은 매우 익숙한 구조로서 그 요소들은 기억해야 하는 목표 정보와 쉽게 연결될 수 있다.[23]

다시 A레벨 심리학 시험을 준비하는 학생들에게로 돌아가보자. 옥스퍼드에 있는 벨러비스 고등학교의 한 강의실에서 머리색이 짙은 열여덟 살의 말리스라는 소녀가 앉아서 A2 시험의 심리학 과목 답안을 적는다. 그녀는 두 번에 걸쳐 총 세 시간 반 동안 다섯 편의 에세이를 써야 한다. 영국에서 A레벨 시험을 준비하는 교육 과정은 미국의 AP 과정(Advanced Placement courses, 고등학교에서 우수한 학생을 대상으로 실시하는 고급 교육 과정으로 이 시험의 성적이 대학 입시나 학점 인정을 위한 자료로 쓰임–옮긴이)과 동급이며 대학 입학을 위한 필수 조건이다.

말리스는 스트레스를 많이 받고 있었다. 시험 성적에 따라 원하는 대학에 갈 수 있느냐 없느냐가 결정될 것이기 때문이었다. 그녀는 런던 정치경제대학교의 경제학과에 지원한 상태였다. 영국의 상위권 대학 입학을 위해서는 A레벨 시험을 세 과목 보아야 하고 어느 정도 점수를 받아야 하는지는 대학교에서 미리 공지한다. 보통 세 과목에서 모두 A를 받아야 한다. 요구되는 것보다 낮은 성적을 받으면 까다로운 결원보충(clearing) 과정에서 경쟁해야 하는데 이것은 복권 추첨이나 마찬가지다.

이것만으로는 스트레스를 받기에 부족해 보이는가? 시험에 대비하기 위해 공부해야 하는 분량 또한 어마어마하다. 말리스와 함께 심리학 과목을 준비하던 친구들은 A레벨 과정 2년차에 여섯 가지 주제를 공부했다. 식습관, 공격성, 대인관계, 조현병(정신분열증), 이상심리학, 심리학의 실험 연구방법이 그것이다. 앞의 다섯 가지 주제에서 말리스는 한 주제당 일곱 개의 질문에 대해 답하도록 준비해야 한다. 각 에세이는 짧은 열두 개의 문단으로 구성해야 한다. 예를 들면 가설이나 조건, 현존하는 연구와 그 중요성, 그에 반박하는 견해들, 생물학적 처치(조현병의 경우), 그리고 이 사항들이 A레벨 1년차에 숙달한 심리학의 기초 개념들과 어떻게 연결되는지를 열두 개 문단 안에 넣어서 답안을 작성해야 한다.

말리스는 시험을 보기 위해 다섯 가지 주제에 대해 각각 일곱 가지 질문에 답하는 총 서른다섯 편의 짧은 논문을 쓸 수 있도록 준비해야 하며 여기에 더해 심리학의 실험연구 방법에 대한 여러 가지 질문에 짧은 답을 해야 한다. 말리스는 시험에 나올 주제는 알고 있었지만 일곱 가지 질문 중 어떤 것이 나올지는 몰랐기 때문에 전부 완벽하게 준비해야 했다.

여기까지 도달한 많은 학생들은 이 순간 긴장감으로 온 신경이 마비되는 듯한 기분이 든다. 충분히 공부하고 준비했음에도 불구하고 빈 시험지와 감독관의 째깍거리는 시계를 마주하는 순간 많은 것이 걸려 있다는 생각에 머릿속이 하얘지는 것이다. 바로 이때가 공들여 지은 기억의 궁전의 황금 같은 가치가 입증되는 순간이다.

오늘의 세 가지 주제는 인간의 공격성에 대한 진화론적 설명, 조현병의 심리학적·생물학적 치료, 다이어트의 성공과 실패였다. 좋아. 공격성에 대해서라면 말리스의 머릿속에는 캐슬 거리에 있는 크리스피 크림 매장 유리창 앞에 배고픈 새끼들을 데리고 있는 암컷 늑대가 있었고, 조현병이라면 하이 거리에 있는 스타벅스에 카페인을 과다 섭취한 바리스타가 있었으며, 다이어트라면 콘마켓 거리에 있는 카페 프레타망제의 화분에서 자라는 식물이 있었다.

아주 좋아. 말리스는 머릿속에 든 지식과 그것을 불러낼 수 있는 능력을 확신하며 자리를 잡고 앉는다. 먼저 다이어트와 관련된 문제에 달려든다. 프레타망제는 말리스가 다이어트의 성공과 실패에 대해 배운 것들을 보관하는 기억 궁전이다. 예전에 한 번 가보았을 때 그 공간과 가구 배치에 완전히 익숙해진 말리스는 상상 속에서 그 곳을 아주 익숙하고 생생한 인물들로 채웠다. 인물들의 이름과 행동은 말리스가 써야 하는 열두 개의 핵심 내용을 떠올리는 단서 역할을 한다.

말리스는 마음속에서 가게로 들어선다. 라 펀(La Fern, 말리스가 가장 좋아하는 영화 중 하나인 〈흡혈식물 대소동(Little Shop of Horrors)〉에 등장하는 식인식물)이 말리스의 친구인 허먼(Herman)을 잡아먹고 있다. 식물의 줄기가 허먼을 칭칭 감고서 푸짐한 맥(mac) 앤 치즈를 먹지 못하게(restraining) 하고 있다. 말리스는 답안지를 펴고 쓰기 시작한다.

"허먼(Herman)과 맥(Mack)의 섭식 절제 이론은 과식을 자제하려는 시도가 실제로는 과식의 가능성을 더욱 증가시킬 수 있다고 주장한다. 즉 식사를 억제하는 경우 탈억제(disinhibition, 일시적으로 억제가 풀리는 현상—옮긴이)가 일어나 과식을 초래하며……."

이런 식으로 말리스는 카페와 답안지를 오가며 답을 작성한다. 허먼은 크게 소리치면서(roar) 억제에서 벗어나고 곧장 접시로 다가가서(makes a bee line) 말 그대로 파스타를 토하기 직전까지 흡입한다. "섭식 절제 이론을 뒷받침하는 워들(Wardle)과 빌(Beale)의 연구는 음식 섭취를 억제한 비만 여성이 운동을 계속한 비만 여성과 생활 방식이나 섭식에 변화가 없었던 비만 여성에 비해 실제로 음식을 더 먹는다는(파스타를 흡입한 장면) 사실을 발견했다. 하지만 오그든(Ogden)의 주장은……." 말리스는 카페 안에서 시계방향으로 돌면서 허기와 포만감에 대한 경계 모형(boundary model), 비만에 대한 문화적 성향에 따른 편견, 일화적 증거에 바탕을 둔 다이어트 정보의 문제점, 지단백 분해효소(lipoprotein lipase)가 높은 경우와 대사 반응의 차이 등을 일깨워주는 단서들을 확인한다.

말리스는 프레타망제에서 크리스피 크림 매장으로 이동한다. 상상 속에서 크리스피 크림 매장을 돌면서 만나는 단서들은 어떤 이미지를 떠올리게 하고, 그 이미지들이 다시 공격성의 진화론적 설명에 대해 배운 것들을 떠올리게 한다. 그 다음에는 스타벅스로 간다. 그곳에서는 정신이 이상한 바리스타와 가게의 평면도, 손님들이 단서의 역할을 맡아 말리스가 조현병의 생물학적 치료에 대해 열두 문단의 글을 쓸 수 있게 해준다.

벨러비스 고등학교에서 말리스의 심리학 선생님은 소년 같은 외모의 웨일즈 남자이자 세계 기억력 대회의 신예, 다름 아닌 제임스 패터슨이다.[24] 벨러비스의 교사들은 대개 학생들을 데리고 현장 학습을 갈 때 신청서류에 사이드 경영대학원이나 애슈몰린 박물관, 옥스퍼드의 보들리언 도서관 등에서 강의를 들으러 가기 위해서라고 기재한다. 하지만 제임스는 다르다. 그는 학생들을 데리고 시내 대여섯 군데의 독특한 카페를 찾아가 편안한 환경에서 상상을 이용하여 기억술에 쓰이는 구조물을 세울 수 있게 한다. 서른다섯 편의 짧은 논문을 기억에 확실히 저장하기 위해서, 학생들은 주제를 몇 갈래로 나눈다. 어떤 주제들을 저장하기 위해서는 벨러비스 고등학교 근처의 카페나 익숙한 장소에서 기억의 궁전을 세운다. 또 다른 주제들을 위해서는 페그 방식을 사용한다. 남은 주제들은 좋아하는 노래나 영화 장면과 연관 짓는다.

하지만 여기서 분명히 해야 할 것이 있다. 패터슨은 학생들을 데리고 기억의 궁전을 지으러 기억술 여행을 다니기 전에 이미 수업 내용을 철저히 다루어 학생들이 완전히 이해하도록 했다는 점이다.

패터슨의 제자들 중 벨러비스를 졸업하고 대학교에 가서도 이 기법을 사용하는 학생이 있다. 미켈라 성현 김이라는 학생은 우리에게 대학교 심리학 과목 시험에 어떻게 대비하는지 설명해주었다. 먼저 강의 내용이 담긴 슬라이드, 별도로 읽은 다른 자료, 필기 등 공부할 자료를 모두 모은다. 이 자료에서 전체 문장이 아닌 핵심 내용만을 추린다. 이것들로 짧은 논문형 시험의 계획을 짤 수 있다. 그 다음에는 기억의 궁전을 위한 장소를 선택하고, 핵심 내용 하나하나를 마음의 눈으로 볼 수 있는 궁전 안의 장소와 연결한다. 그런 다음 각각의 장소를 핵심 내용 중 하나와 연결해줄 괴상한 특징으로 채운다.

시험 볼 때 시험 주제가 공지되면 미켈라는 10분 동안 머릿속으로 그와 관련된 기억의 궁전을 걸으며 핵심 내용의 목록을 만든다. 잊어버린 부분이 있으면 다음으로 넘어가고 빈틈은 나중에 채운다. 일단 계획의 틀이 대충 잡히면 글을 쓰는 데 착수한다. 잘 써야 한다는 압박감 때문에 배운 것이 생각나지 않으면 어떡하나 불안해하지 않는다.[25] 미켈라의 방식은 마크 트웨인이 강연 내용을 기억하기 위해 그림 스케치를 이용한 것과 다르지 않다.

미켈라의 말에 따르면 기억술을 배우기 전에는 기억나지 않는 부분을 건너뛰고 나중에 채운다는 것은 상상도 못할 일이었다고 한다. 하지만 기억술을 배운 덕분에 당장 생각나지 않는 부분이 곧 떠오르리라는 사실을 알고 자신 있게 문제를 계속 풀어나갈 수 있다. 기억의 궁전은 학습의 도구일 뿐만 아니라 시험 볼 때 쉽게 기억나게 하기 위해 이미 배운 것을 조직하는 역할을 한다. 이것은 기억술의 핵심이며, 기억술이 오직 기계적 암기에만 유용하다는 흔한 비판에 맞서는 데 도움이 되는 특징이다. 오히려 기억술은 제대로 사용하기만 한다면 나중에 손쉽게 인출할 수 있도록 방대한 지식을 체계적으로 조직하는 데 도움을 준다. 제임스는 필요할 때 지식을 떠올릴 수 있다는 미켈라의 자신감이 스트레스를 날려주고 시간을 절약해준다고 말한다.

보통 크리스피 크림이나 스타벅스를 궁전이라고 하지는 않지만 인간의 마음이 정말 놀라운 일들을 할 수 있다는 것은 인정할 만한 가치가 있다.

2006년, 세계 기억력 챔피언십 첫 출전 당시 패터슨은 미국의 조슈아 포어(Joshua Foer)를 간발의 차로 이기고 12위로 선전했다. 조슈아 포어는 나중에 기억술과 관련된 경험을 『아인슈타인과 문워킹을(Moonwalking with Einstein)』이라는 책으로 펴냈다. 패터슨은 무작위로 섞인 카드 한 벌의 순서를 2분 안에 암기하고 카드를 반납한 뒤 눈을 감고 줄줄 외울 수 있다. 한 시간을 주면 10벌에서 12벌 정도를 암기하고 실수 없이 암송할 수 있을 것이다. 상위권 선수들이 30초 안에 한 벌, 한 시간에 25벌 이상을 암기할 수 있으므로 패터슨은 갈 길이 멀지만 열정적인 경쟁자이자 떠오르는 샛별로서 기억 도구와 기술을 연마하고 있다.

예를 들면, 페그 방식을 사용할 때 1과 10까지 숫자마다 이미지를 결합해서 기억해야 하는 것처럼(1은 bun, 2는 shoe 등) 패터슨은 더 많은 사항을 기억하기 위해 1에서 1000까지 각 숫자마다 고유의 이미지를 부여하여 외우는 데 몰두했다. 이런 일을 성취하려면 오랜 시간 연습하고 집중해야 한다. 앤더스 에릭슨의 말처럼 전문성을 획득하는 과정의 특징인 고군분투를 해야 하는 것이다. 패터슨이 직장에 다니고 가족, 친구와도 관계를 유지하면서 1000개의 이미지를 머릿속에 새기는 데는 1년이 걸렸다.

오랜만에 학교 교무실에서 패터슨을 만나 짧게 기억술 시범을 보여줄 수 있는지 묻자 그는 선선히 승낙했다. 우리는 무작위로 일련의 615392611333517이라는 숫자를 불렀다. 패터슨은 잘 듣더니 이내 말했다. "좋아요. 지금 이 공간을 활용할 겁니다." 그는 사무실 시설들을 둘러 봤다. "이 정수기는 우주 왕복선(space shuttle)이 되고요, 이 우주 왕복선이 이륙할 때 지하철이 그 아래로 들어옵니다. 정수기 뒤에 있는 저 책장 쪽 에선 에미넴이 총알탄 사나이(Naked Gun)에 나왔던 레슬리 닐슨과 총싸움 을 하고 있네요. 형사 콜롬보에 나온 콜롬보 경위(Lieutenant)가 두 사람을 내려다보고 있고요."[26]

이것을 어떻게 이해해야 할까? 그는 숫자들을 세 개씩 묶어 기억한다. 세 자리 수는 각각 고유의 이미지가 있다. 예를 들면 615는 늘 우주 왕복 선이고, 392는 늘 런던 지하철의 임뱅크먼트(Embankment) 역이며, 611은 레슬리 닐슨, 333은 에미넴, 517은 콜롬보 경위다. 왜 이런 이미지를 연결 했는지 이해하려면 바탕에 깔린 기억술을 이해해야 한다. 제임스는 숫자 0에서 9까지 말소리를 연결했다. 숫자 6은 늘 '셰(sheh)'나 '제(Jeh)' 소리와 연결된다. 1은 '터(tuh)'나 '더(duh)', 5는 'ㄹ(l)' 소리와 연결된다. 따라서 615는 '셰털(Sheh Tuh L)', 즉 셔틀(shuttle)이 된다. 사실상 000에서 999까지 세 자리로 된 수는 패터슨의 머릿속에서 이 소리들이 구체화된 고유한 이 미지와 하나하나 연결되어 있다. 예를 들면 우리가 임의로 낸 문제에서 패 터슨이 우주 왕복선 말고도 끌어낸 이미지는 다음과 같다.

392 : 3=m, 9=b, 2=n embankment(임뱅크먼트)
611 : 6=sh, 1=t, 1=t shootout(지하철이나 기차가 들어오는 모양)
333 : 3=m, 3=m, 3=m Eminem(에미넴)
517 : 5=l, 1=t, 7=c Lt Columbo(콜롬보)

참가 선수에게 1초에 하나 꼴로 숫자를 읽어주는 1초 숫자(spoken

numbers) 종목에서 패터슨은 74번째 숫자까지 실수 없이 암기하고 암송할 수 있으며, 많은 연습을 통해 그 개수를 늘리고 있다. ("제 아내는 자기를 기억력 과부라고 불러요.") 대부분의 사람들이 기억술 도구 없이 작업 기억에 담을 수 있는 숫자는 최대 일곱 개 정도다. 지역 전화번호가 일곱 자리를 넘지 않게끔 만들어진 이유가 이것이다. 여담이지만 이 글을 쓰는 지금 1초 숫자 종목의 세계 기록은 독일의 요하네스 말로우가 세운 364자리다. 심리학자들은 이것을 기억 용량 혹은 기억 범위(memory span)라고 부른다.

제임스는 처음 기억술에 끌린 계기가 학교 공부에서 지름길을 찾으려던 것이라고 금세 시인한다. "썩 멋진 동기는 아니죠." 그는 혼자서 기억술을 배웠고 약간은 태만해졌다. 시험을 보러 가면 머릿속에 모든 이름, 날짜, 관련된 사실들이 들어 있었고 언제든 꺼낼 수 있었다.

그는 자신이 개념, 관계, 근본 원리에 숙달하지 못했음을 깨달았다. 산 정상에는 많이 가보았지만 지식을 구성하는 그림에 들어 있어야 할 산등성이, 골짜기, 강, 식물과 동물들을 본 적은 없었다.

기억술은 학습에 보탬이 되는 도구가 아니라 기억력으로 재주를 부리는 것쯤으로 치부될 때가 가끔 있다. 어떤 의미에서는 맞는 말이다. 벨러비스 고등학교 학생들이 기억술을 활용하는 방식처럼 지능을 높이는 기억술의 가치는 새로운 내용에 완전히 숙달한 **다음**에 발휘된다. 배운 것을 정리해서 넣어놓되 각각의 주머니에 든 주요 내용을 선명한 기억 단서와 연결해서 쉽게 떠오를 수 있게 하고, 세부 사항과 깊이 연관된 개념들을 언제든 필요할 때 찾아볼 수 있게 한 간편한 머릿속 주머니 같은 것이기 때문이다.

제트기 조종사 매트 브라운은 잠재적인 비상사태에 대비해 다양한 손동작을 연습하던 모의 비행 훈련에 대해 설명한다. 그는 다양한 비상사태에 대비해 암기한 독특한 패턴들, 즉 정해진 순서에 따라 손과 눈을 움직이는 법을 재연한다. 이때 계기판과 스위치들을 완벽하고 정확한 순서로 다루는 것이 가장 중요하다. 각각의 동작 구성이 실전에서 제대로 조종하는 데 필요한 기억 형성을 돕는다.

캐런 김(Karen Kim)은 뛰어난 바이올리니스트다. 세계적으로 유명한 현악 4중주단 파커 콰르텟(Parker Quartet)에서 제2 바이올린을 맡은 그녀는 클래식 음악 분야에서 드물게 악보보다 기억에 의지해서 연주를 한다. 제2 바이올린은 주로 반주를 맡는데, 화음을 암기하는 데 도움을 주는 것은 주된 가락의 선율이다. 캐런은 이렇게 말한다. "머릿속으로 멜로디를 불러보면 언제 멜로디가 진행되고 언제 화음을 넣어야 하는지 알게 돼요."[27] 주제 선율을 네 명의 연주자가 나누어서 연주해야 하는 복잡한 푸가 같은 작품은 특히 암기하기 어렵다. "누군가 두 번째 테마를 연주하는 동안 내가 첫 번째 테마를 연주해야 한다는 걸 알아야 해요. 푸가를 외우기는 굉장히 어려워요. 다른 사람이 연주하는 부분을 더 잘 알아야 하거든요. 처음에는 어떤 패턴인지 머리로 알지만 음악을 전체적으로 듣고 있지는 않아요. 그러다가 점점 패턴을 인식하기 시작해요. 화음을 암기하는 건 작품의 구조를 이해하는 데 큰 부분을 차지해요." 한 작품을 완전히 소화하기 위해서 네 사람은 오랫동안 악보 없이 조금씩 천천히 연습한 다음 점점 속도를 높인다. 빈스 둘리 코치가 토요일 저녁 새로운 상대팀과의 대결을 위해 경기 방식을 조정하면서 조지아 불독스 미식축구팀의 다양한 포지션이 점차 호흡을 맞추도록 하는 것과 비슷하다. 혹은 신경외과 의사

주제 선율을 네 명의 연주자가 나누어서 연주해야 하는 복잡한 푸가 같은 작품은 암기하기 어렵다. 누군가 두 번째 테마를 연주하는 동안 내가 첫 번째 테마를 연주해야 한다. 한 작품을 완전히 소화하기 위해서 네 사람은 오랫동안 악보 없이 조금씩 천천히 연습한 다음 점점 속도를 높인다.

인 마이크 에버솔드가 응급실에서 총상 환자를 진찰하면서 곧 시작할 뇌 수술에서 마주칠 수 있는 상황들을 머릿속에서 체계적으로 예행연습하는 것과도 비슷하다.

신체적 동작의 패턴을 일종의 안무로 생각하고 복잡한 선율을 미식축구 선수들이 주고받는 공으로 시각화하면서 '지도를 이해'하는 것은 모두 기억과 수행을 더욱 잘 떠오르게 하는 단서의 역할을 한다.

회상을 계속한다면 복잡한 일도 제2의 천성이 될 수 있고, 기억을 도와주는 단서도 더 이상 필요하지 않을 것이다. 우리 뇌는 운동이나 인지적 행동들을 되풀이하여 사용함으로써 부호화하고 '묶어(청킹)' 그것을 습관처럼 자동적으로 회상하고 적용할 수 있다.

꾸준한 노력은 뇌를 변화시킨다

지금까지의 내용은 단순하지만 심오한 진실로 요약될 수 있다. **노력을 들인 학습은 뇌를 변화시키며**, 새로운 연결을 형성하고 역량을 키운다. 지적 능력이 태어날 때부터 고정된 것이 아니라 상당 부분 자신이 만들어가는 것이라는 사실 하나만으로도 "뭘 그렇게까지 해?"라고 불평하는 말에 충분히 답이 된다. 노력을 하는 이유는 노력 그 자체가 능력의 범위를 넓히기 때문이다. 무엇을 만들어가든, 어떤 사람이 되든, 어떤 능력이 있든 마찬가지다. 많이 할수록 더 많은 것을 할 수 있다. 우리는 **성장 사고방식**을 통해 평생에 걸쳐 꾸준히 이런 원리를 받아들이고 그 이득을 취하면서 살 수 있다.

또 하나의 단순한 진실은, 복잡한 기술에 통달하거나 전문가가 되는 데는 대부분 타고난 재능보다 **자기 훈련**과 **의지, 끈기**가 필요하다는 점이다. 친구의 생일에 써주고 싶은 시든, 심리학의 고전적 조건형성이라는 개념이든, 하이든 5번 교향곡의 제2 바이올린 부분이든, 숙달하고자 하는 것이 무엇이든 그렇다. 꾸준히 **의도적인 연습**을 하고 반복적으로 기술과 지식을 이용함으로써 전문적인 수행의 특징인 심도 깊은 부호화와 무의식적 통달을 완성할 때까지 **의식적인 기억술**은 배운 것을 조직하고 지식을 인출하기 위한 단서를 만드는 데 도움이 될 수 있다.

8장

어떻게 공부할 것인가

- 학생들을 위한 학습 조언
- 평생 학습자들을 위한 조언
- 교육자를 위한 조언
- 효과적인 직업 교육과 직무 연수

무엇을 하려고 하든, 어떤 사람이 되려고 하든, 도전하고 싶은 분야에서 계속 앞으로 나아가게 하는 가장 중요한 원동력은 학습 능력이다.

지금까지 우리는 이렇게 저렇게 해보라고 처방을 내리고 싶은 유혹을 뿌리쳤다. 실증적 연구에서 나온 좋은 아이디어를 늘어놓고 사례를 통해서 자세히 보여주면 어떻게 해야 그 아이디어들을 가장 잘 적용할지 독자들이 스스로 결론을 내릴 수 있을 것이라는 생각에서였다. 하지만 더 구체적인 처방들이 제시되면 좋겠다는 주변 사람들의 제안에 따라 이 장을 추가했다. 먼저 학생들, 특히 고등학생, 대학생, 대학원생들을 위한 조언들을 제시하고, 그 다음에는 평생 학습자, 교육자, 트레이너들을 대상으로 도움이 될 만한 정보들을 제시할 것이다. 학습의 근본 원리는 같지만 사람마다 배우는 내용은 다르다. 각자 자신의 삶에 어떻게 적용할지 그려볼 수 있도록 이러한 전략을 이미 발견하고 아주 훌륭하게 이용하고 있는 사람들의 이야기를 참고하라.

학생들을 위한 학습 조언

우수한 학생들은 대부분 능동적으로 학습하고 간단하지만 엄격한 전략을 따른다. 누구나 그렇게 할 수 있으며, 한번 해본다면 그 결과에 놀랄 것이다.

중요한 것을 배울 때는 어려운 경우가 많다. 장애물에 부딪히기도 할 것이다. 장애물은 실패가 아니라 노력의 표시다. 장애물을 만나면 노력해야 하고 노력은 전문성을 기른다. 노력이 드는 학습은 뇌를 바꾸고, 새로운 연결을 만들고, 심성 모형을 세우고, 능력을 향상시킨다. 지적 능력은 많은 부분 우리의 손에 달려 있다. 어려움에 도전할 가치는 충분하다.

다음 내용은 학습 전략의 핵심 원리다. 여기에서 규칙을 만들어 습관을 들이고 시간을 체계적으로 사용하라.

새로 배운 것을 인출하는 연습

'인출 연습'은 자체 시험을 말한다. 인출 연습을 학습 전략으로 사용하려면 교재나 필기한 것을 읽을 때 주기적으로 멈추고 내용을 보지 않고서 자신에게 이렇게 질문해보라. 핵심 내용이 무엇인가? 생소한 용어나 내용은 무엇인가? 그것을 어떻게 정의할 것인가? 내가 이미 아는 내용과 어떤 연관성이 있는가?

대개 교재에는 단원 마지막에 탐구 문제가 나오는데, 이것들은 자체 시험을 보는 데 좋은 재료가 된다. 스스로 질문을 만들어내고 답을 적어보는 것 역시 좋은 공부 방법이다. 학기 중 내내 매주 조금씩 시간을 내서 그때까지 배운 내용에 대해 자체적으로 시험을 보라. 자체 시험을 볼 때는 답을 찾아보고 자기가 뭘 알고 뭘 모르는지 정확히 판단하고 있는지 확인하라. 취약한 영역을 확인하고 그 부분을 강화하는 데 초점을 맞추어 공부하라. 새로 배운 지식을 기억에서 끄집어내기 힘들수록 그 효과는 커진다. 답을 확인하고 실수를 바로잡는 한, 실수를 한다고 해서 퇴보하지는 않을 것이다.

대부분의 학생은 교재와 필기, 슬라이드 자료에 밑줄을 긋고 강조 표시를 하는 데 집중한다. 이것들을 반복해서 읽고 그 내용과 용어에 유창해지는 데 몰두한다. 그렇게 해야 배우는 느낌이 들기 때문이다. 그러나 교재를 한두 번 복습한 다음 자체 시험을 보는 것이 반복해서 읽는 방식보다 훨씬 강력한 학습 방식이다. 왜 그럴까? 2장에서 자세히 설명했지만 가장 중요한 이유는 이것이다.

반복 읽기 방식으로 교재에 익숙해지면 내용을 안다고 착각하게 된다. 교재에 유창해지는 것에는 두 가지 단점이 있다. 자신이 실제로 무엇을 익혔는지 잘못 판단할 수 있고, 나중에 그 내용이 기억날 것이라는 잘못된 믿음을 갖게 된다.

이와는 달리, 주요 내용과 용어의 의미를 묻는 자체 시험은 지엽적인 내용이나 교수의 표현보다 중심이 되는 가르침에 초점을 맞추도록 도와준다. 자체 시험은 자신이 무엇을 배웠는지, 무엇을 아직 완전히 소화하지 못했는지 측정하는 믿을 만한 척도를 제공할 뿐만 아니라 망각을 막아준다. 사람이라면 잊어버리는 것이 당연하지만 새로 배운 지식을 떠올리는 연습을 하면 그 지식이 기억에 확실히 자리 잡게 되며 그것을 나중에 떠올리는 데도 도움이 된다.

자체 시험을 통해 주기적으로 새로운 지식과 기술을 연습하면 그 지식과 기술을 더욱 확실하게 배울 수 있고 그것을 사전 지식과 연결하는 능력도 강화된다. 한 강좌를 듣는 동안 습관처럼 주기적으로 복습을 하면 벼락치기나 밤샘 공부를 하는 일이 없어진다. 시험이 임박했을 때 조금만 공부하면 된다.

반복 읽기에 비해 자체 시험은 어색하고 힘들 수도 있다. 특히 새로 배운 지식을 떠올리기 어렵다면 더욱 그렇다. 이 방식은 강조 표시가 되어 있는 교재와 필기를 반복해서 읽을 때만큼 생산적인 느낌이 들지 않는다. 하지만 새로 배운 지식을 떠올리기 위해 애쓸 때마다 그 기억은 강화된다. 기억하려 애썼지만 기억나지 않았던 내용도 그 후에 다시 공부하면 더 확실히 배우게 된다. 지식이나 기술을 인출하려는 노력은 그 기억을 더욱 오래 가게 하며 나중에 그것을 떠올리는 능력을 향상시킨다.

시간 간격을 둔 인출 연습

새로운 것을 배우면 한 번 이상 연습하되, 그 사이에 일정한 시간 간격을 두고 연습하는 것이다.

인출 연습(자체 시험) 일정을 짤 때 간격을 얼마나 두어야 할까? 그것은 내용에 따라 다르다. 사람들의 얼굴과 이름을 기억해야 한다면 불과 몇 분 지났을 때 다시 떠올려봐야 한다. 이런 정보는 금방 잊어버리기 때문이다. 교재의 내용을 처음 공부한 후에는 하루 정도 지난 다음 다시 공부해야 한다. 그 후에는 며칠이나 일주일 정도 공부하지 않아도 된다. 확실히 알고 있다고 생각되는 내용은 한 달에 한 번 자체 시험을 보라. 한 학기 수업을 듣는 동안, 새로운 내용에 대해 자체 시험을 보는 동시에 지난 수업 때 배웠던 내용을 다시 떠올려보고 그것이 이후에 배운 지식과 어떻게 연관

되는지 생각해보라.

플래시 카드를 사용한다면 두세 번 이상 정확히 맞힐 때까지 그 카드를 빼지 말아야 한다. 완전히 소화할 때까지 계속 카드 무더기에 섞어서 사용하라. 완전히 소화한 후에만 한쪽으로 치워두되 한 달 정도 기간을 두고 주기적으로 다시 들춰볼 수 있는 곳에 두라. 무엇이든 기억하고자 하는 것이 있다면 주기적으로 기억 속에서 불러내야 한다.

간격을 두고 연습하는 또 다른 방법은 두 가지 이상의 주제를 교차해서 공부하는 것이다. 여러 주제 사이를 번갈아 오가려면 각각의 주제를 다시 다룰 때마다 끊임없이 기억을 새롭게 떠올려야 하기 때문이다.

완벽히 숙달하고 싶은 것이 있으면 한 가지를 쭉 반복해서 연습하는 데 몰두해야 한다고 생각하기 쉽다. 지금껏 기술을 익히거나 새로운 지식을 학습할 때는 집중적인 '연습, 연습, 또 연습'이 필수라고 생각하도록 지도받아왔기 때문이다. 이러한 직관은 매우 설득력이 있으며, 믿을 수밖에 없는 두 가지 이유가 있다. 첫째, 한 가지를 반복적으로 계속 연습하면 향상되는 것이 눈에 보인다. 이것이 이 전략을 고수하게 하는 강력한 역할을 한다. 둘째, 우리는 한 가지만 반복해서 연습하면서 얻은 지식이 단기 기억에 머물러 있다가 금방 사라진다는 사실을 알지 못한다. 이 지식이 얼마나 빨리 사라지는지 알지 못하기 때문에 집중적인 연습이 생산적이라는 인상만 남는 것이다.

많은 학생들은 집중 연습에 대한 잘못된 믿음 때문에 시험이 임박할 때까지 복습하지 않다가 시험이 코앞에 닥치면 그 내용을 기억에 새기려고 애쓰면서 자료에 파묻혀 반복하고 또 반복한다. 순전히 반복만으로 무언가를 기억에 새겨넣을 수 있다는 믿음은 흔하지만 잘못된 것이다. 많은 연습은 효과가 있지만 그 사이에 시간 간격이 있을 때만 그렇다.

자체 시험을 보면서 복습하는 것을 주요 학습 전략으로 삼고 복습과 복습 사이에 조금씩 잊어버릴 수 있도록 시간 간격을 두면 이미 배운 것을 되살리기 위해 더 열심히 노력해야 한다. 전에 배운 지식을 되살리기 위해 노력을 들이면 요점이 뭔지 더 분명해지고 기억하기 쉬워지며, 더 최근에 배운 내용 및 사전 지식과 더 확고하게 연결된다. 이것은 대단히 효율적인 학습 전략이다(이 전략이 어떻게, 왜 효과적인지는 4장에서 자세히 다루었다).

간격을 둔 연습은 기억이 약간 흐릿해져서 떠올릴 때 더 힘이 들기 때문에 내용을 완전히 소화하고 있지 못하다는 불편한 느낌이 들지만, 사실은 그 반대다. 배운 내용을 장기 기억에서 다시 꺼내 되살릴 때 어색한 느낌이 드는 만큼 그 지식에 더욱 통달할 뿐만 아니라 기억을 더욱 확고하게 저장하게 되는 것이다.

다양한 문제 유형을 섞어서 공부하기

수학을 배운다면 각각 다른 공식을 적용해야 하는 문제들을 번갈아 풀어 본다. 생물학 표본, 네덜란드 화가, 거시경제학의 원리를 공부한다면 사례들을 섞어서 공부한다.

교재들은 대개 단원별로 구성되어 있다. 한 종류에 대해 설명하고 예시 문제를 많이 풀게 한 다음 다른 종류로 넘어간다. 예를 들면 회전 타원체의 부피를 구하는 법과 연습 문제가 나오고 그 다음에 원뿔의 부피를 구하는 법과 연습 문제가 나오는 식이다. 단원별 연습은 교차 연습만큼 효과적이지 못하다.

공부 계획을 세울 때, 다양한 문제 유형을 교차해서 풀도록 배치하라.

회전 타원체 문제, 원뿔 문제, 직육면체 문제가 번갈아가면서 나오는 식이
다. 그러면 문제마다 유형에 맞는 해법을 인출하는 자체 시험을 치르는 셈
이 된다. 여러 주제를 섞어서 공부함으로써, 문제 유형을 인식하고 올바른
해법을 선택하는 능력을 끊임없이 시험하라.

4장에서 언급했던 사례로 돌아가보자. 빠른 공 15회, 커브 15회, 체인지
업 15회의 순서로 연습하는 야구선수들은 섞어서 연습하는 선수들보다
연습 성적이 좋을 것이다. 하지만 무작위로 연습하는 선수들은 매번 공이
날아올 때마다 구질을 파악하고 거기에 맞춰 반응하는 능력을 기를 수 있
으므로 실전에서 더 우수한 타자가 될 것이다.

많은 학습자들은 한 번에 한 가지 문제를 다루거나 하나의 유형에 부합
하는 여러 예시를 이어서 공부하는 것을 선호한다. 다른 유형으로 넘어가
기 전에 한 가지 유형을 '완전 정복'하고 싶어한다. 그러나 문제 유형과 예
시들을 섞으면 각 유형을 구분하는 능력과 함께 한 유형에 해당하는 예시
들을 하나로 통합하는 특징을 알아보는 판단력이 향상되어, 실제 상황이
나 시험에서 더 좋은 결과를 거둘 수 있다(3장에서 자세히 다루었다).

한 가지 유형을 다른 유형 사이에 끼워넣는 식으로 연습하면 방해를 받
는다거나 생산적이지 못하다는 느낌이 든다. 학습자들은 교차 연습으로
더욱 숙련도 높은 성과를 얻더라도 계속해서 단원별로 마스터하고 넘어
가는 방식이 더 효과적이라고 느낀다. 그러나 독자 여러분은 이제 이런 느
낌이 착각에 불과하다고 주장하는 연구들을 알고 있다는 이점이 있다.

새로운 지식을 기존의 지식과 연결하는 정교화
새로운 내용에서 또 다른 의미를 발견하는 과정이다. 새로운 내용을 이미

알고 있는 지식과 연관 짓기, 자기만의 표현으로 누군가에게 설명하기, 그 지식이 수업 외의 영역과 어떻게 관련되는지 설명하기 등이 해당된다.

새로 배우는 내용에서 비유나 시각적 이미지를 발견하는 형태의 정교화는 특히 강력한 효과를 발휘한다. 예를 들면 물리학에서 각운동량의 법칙을 더 잘 이해하기 위해 피겨 스케이트 선수가 팔을 가슴으로 모음으로써 회전 속도를 높인다는 사실을 생각해볼 수 있다. 열전달의 원리를 공부할 때는 뜨거운 코코아 컵을 든 손이 따뜻해진다는 사실을 떠올려 열의 전도를 이해할 수 있다. 열의 복사는 겨울날 작은 방에 해가 드는 장면을 그려보면 알 수 있다. 대류에 대해서는 삼촌과 함께 애틀랜타 뒷골목의 단골 가게들을 천천히 돌아다닐 때 더없이 반가운 에어컨 바람을 떠올리면 된다. 원자의 구조에 대해 배울 때 물리학 선생님은 태양처럼 원자핵이 있고 행성처럼 전자가 그 주변을 돌고 있다면서 태양계에 빗대어 설명했을 것이다. 새로운 내용을 이미 알고 있는 지식과 더 많이 연결할수록 그 새로운 내용을 더 확실히 배울 수 있고 나중에 떠올릴 수 있는 단서들을 더욱 많이 만들 수 있을 것이다.

이 장의 뒷부분에서는 생물학 교수 메리 팻 웬더로스가 학생들에게 커다란 '요약표'를 만드는 과제를 내주어 정교화를 훈련시키는 이야기를 소개할 것이다. 학생들은 한 장의 종이에 그 주에 배운 다양한 생물학적 체계를 그리고 그 체계들이 어떻게 서로 관련되어 있는지 그림과 핵심 단어들로 나타내야 한다. 이것은 의미를 확장하고 개념, 구조, 연관성을 배우도록 촉진하는 정교화 작업이다. 웬더로스의 수업을 듣는 행운을 얻지 못한 학생들은 자기 나름대로 이런 전략을 써볼 수 있을 것이다.

나름대로 문제를 풀어보고 표현하는 생성

정답이나 해법을 보기 전에 질문에 답하거나 문제를 풀려고 시도하면, 새로운 지식을 더욱 잘 받아들이는 마음가짐을 갖게 된다. 간단한 예로, 문장에서 빠진 단어를 채워넣을 때(즉 글쓴이가 제공하지 않은 단어를 스스로 생성할 때) 완성된 문장을 읽을 때보다 글의 내용을 더 잘 배우고 기억할 수 있다.

사람들은 경험적인 학습이 더 효과적이라고 여기는 경우가 많다. 다시 말해서, 교재를 읽거나 강의를 들을 때보다 직접 하면서 배우는 것이 더 효과적이라고 생각한다. 경험적인 학습은 생성의 한 형태다. 어떤 과제에 착수하고, 문제에 부딪히고, 창의력과 지식의 창고를 털어서 그 문제를 해결하려고 노력한다. 필요한 경우 전문가나 책, 인터넷에서 답을 찾기도 한다. 뭐가 뭔지 모르는 상태로 잘 알지 못하는 부분을 처음으로 헤치고 나아갈 때, 누군가가 앉혀놓고 가르쳐줄 때보다 문제의 해법을 훨씬 더 잘 배우고 기억할 수 있다. 정원 작가상 수상 경력이 있는 원예가이자 작가인 보니 블로젯은 4장에서 생성의 강력한 예를 보여준다.

교재를 읽을 때 핵심 내용으로 예상되는 개념과 그것이 자신의 사전 지식과 어떻게 연결되는지 미리 설명해보려고 시도하면서 생성을 연습할 수 있다. 그런 다음 예상이 맞았는지 확인하면서 교재를 읽는다. 이렇게 처음에 노력을 들인 결과, 예상과는 다르더라도 교재의 핵심 내용과 타당성을 더욱 철저히 파악할 수 있다.

과학이나 수학 수업에서 다양한 유형의 문제에 따른 다양한 해법을 공부하고 있다면 수업 시작 전에 문제를 풀려고 노력해보라. 세인트 루이스 워싱턴 대학교 물리학과에서는 학생들이 수업 전에 문제를 다루어보게 한다. 해법을 가르치는 것은 교수가 할 일이라고 주장하며 불만을 표시하는 학생들도 있지만 교수들은 학생들이 배울 내용과 미리 씨름해보고 수업에 들어왔을 때 더 잘 배울 수 있다는 사실을 알고 있다.

배운 것을 검토하고 스스로 질문해보는 반추

반추는 최근 수업 시간이나 경험에서 무엇을 배웠는지 몇 분 동안 돌이켜보고 스스로에게 질문을 던지는 행위를 말한다. 어떤 부분이 잘되었는가? 더 잘될 수 있었던 것은 무엇인가? 그 일로 어떤 지식과 경험이 떠올랐는가? 더 능숙해지려면 무엇을 배워야 하는가? 더 좋은 결과를 얻으려면 다음에는 어떤 전략을 사용해야 하는가? 반추는 배운 것에 여러 겹의 지식을 더하고 기술을 강화하는 정교화와 인출 연습의 조합이다.

생물학 교수인 메리 팻 웬더로스는 매주 부담이 적은 '학습 정리'라는 과제를 내 준다. 학생들은 이 학습 정리를 하면서 전 주에 배운 것을 돌이켜보고 수업 내용이 수업 외의 일상과 어떻게 연결되는지 묘사해야 한다. 이것은 학생들이 시도해보기에 좋은 본보기이며 강의 슬라이드를 베끼거나 필기를 그대로 옮겨 쓰면서 몇 시간씩 보내는 것보다 더 생산적인 학습 전략이다.

무엇을 알고 무엇을 모르는지 알아보는 측정

객관적인 피드백을 통해 자신이 무엇을 알고 무엇을 모르는지에 대한 판단을 조정하는 것이다. 잘 알고 있다는 착각에 빠져 시험 시간에 자신의 진짜 실력에 절망하는 많은 학생들처럼 되지 않기 위해 측정이 필요하다.

누구나 수많은 인지적 착각을 경험한다. 이 중 몇 가지는 5장에서 설명했다. 교재를 유창하게 다루게 되었다고 해서 근본적 내용에 통달했다고 착각하는 것이 한 예다. 측정은 객관적 수단을 사용하여 착각에서 벗어나고 판단이 현실을 잘 반영하도록 조정하는 행위다.

항공기 조종사들은 계기판을 이용하여 수평비행 상태와 같은 중요한 요소를 자신의 지각 체계가 잘못 파악하고 있는지 가늠한다. 학생들은 시험과 수행 평가를 통해 자기가 생각만큼 많이 알고 있는지 확인한다. 자체 시험을 볼 때 특히 유의해야 한다. 우리는 자체 시험에서 스스로 낸 질문을 보고 '그래, 이건 알아.'라고 말하고 답을 써보는 수고를 생략한 채 다음 페이지로 넘어갈 때가 너무 많다. 이런 식으로 답을 작성해보지 않고 넘어간다면, 사실은 정확하게 대답하지 못하면서도 알고 있다는 착각에 빠져 그냥 지나치는 경우가 많이 생긴다. 연습 시험이라도 시험으로 취급하고, 답을 확인하고, 기준에 도달하지 못하는 영역을 집중적으로 공부하라.

기억을 붙잡아두는 정신적 도구, 기억술

배운 것을 인출하고 임의의 정보를 기억 속에 붙잡아두는 데 도움이 된다 (7장). 기억술은 정신적인 파일 정리함 같은 것이다. 정보를 저장하고 필요할 때 찾을 수 있는 손쉬운 방법을 제공해준다.

학생들이 미국의 5대호(Great Lakes)를 동쪽에서 서쪽까지, 지리학적 순서대로 외우는 데 이용하는 아주 간단한 기억술이 있다. 순서대로 온타리오(Ontario), 이리(Erie), 휴런(Huron), 미시건(Michigan), 슈피리어(Superior)이므로 "늙은 코끼리의 피부는 퀴퀴한 냄새가 난다(Old Elephant Have Musty Skin)"라고 기억한다. 마크 트웨인은 기억술을 사용하여 자녀들에게 영국 역대 왕과 여왕에 대해 가르쳤다. 자기 소유지로 들어오는 구불구불한 길가에 재임기간과 순서에 따라 말뚝을 박고 아이들과 함께 거닐면서 이미지와 이야기로 그 지식들을 정교화했다.

옥스퍼드의 벨러비스 고등학교에서 심리학 수업을 듣는 학생들은 기억의 궁전이라고 불리는 기억술을 사용해서 배운 것을 정리하고 A레벨 시험에 대비하여 지식을 상세히 설명할 준비가 되어 있어야 한다. 기억술은 그 자체가 학습의 도구는 아니지만 배운 것을 인출하기 쉽게 해주는 심리적 구조물을 만드는 도구의 역할을 한다.

지금부터는 이런 전략들을 사용하여 상위권으로 성적을 올린 두 명의 학생들을 만나보자.

의대생 마이클 영

마이클 영은 조지아 리젠트 대학교의 우수한 4학년 학생이다. 그는 공부하는 방식을 바꿈으로써 바닥이었던 성적을 끌어올렸다.

그는 예과 과정을 거치지 않고 의대에 들어왔다. 다른 친구들은 전부 생화학, 약리학 등의 바탕이 있었다. 어떤 환경이든 의대는 상당히 힘든 곳이지만 기초 없이 들어온 영에게는 훨씬 더 힘든 곳이었다.

그의 앞에 놓인 난관은 곧 명백하게 드러났다. 주어진 시간을 모조리 교과 과정 공부에 쏟았지만 첫 시험에서 간신히 65점을 받았던 것이다. "솔직히 말해서 완전히 박살난 거죠. 충격이 너무 컸어요. 어떻게 그렇게 어려울 수 있는지 믿지 못할 지경이었어요. 제가 전에 받았던 어떤 종류의 교육과도 달랐어요. 무슨 말이냐면, 수업에 들어가면 보통 40장 정도의 파워포인트를 보게 되는데 그 하나하나에 엄청 많은 내용이 들어 있는 거죠."[1] 공부에 더 많은 시간을 쏟는 것은 불가능했으므로 영은 더 효과적으로 공부할 수 있는 다른 방식을 찾아야만 했다.

그는 학습에 대한 실증적 연구 관련 자료를 읽기 시작하여 '시험 효과'에 깊이 매료되었다. 우리가 그를 처음 알게 된 계기가 이것이다. 영은 의대라는 환경에서 '간격을 두고 하는 인출 연습'을 어떻게 학습에 적용할지 묻는 이메일을 우리에게 보냈다. 그 스트레스 가득했던 시기를 돌아보며 영은 이렇게 말한다. "전 그냥 공부법에 대한 사람들의 의견을 찾고 싶은 게 아니었어요. 의견은 누구나 있잖아요. 저는 이 문제에 대한 확실한 자료, 현실적인 연구 결과가 필요했어요."

그가 어떻게 예과 과정 없이 의대에 들어갔는지 궁금한 사람도 있을 것이다. 그는 심리학 석사를 따고 임상 환경에서 일하다가 약물 중독 상담사가 되었다. 많은 의사들과 팀을 이루어 일하던 그는 의학을 하면 더 행복하지 않을까, 천직을 놓친 건 아닐까 하는 생각을 서서히 하게 되었다. "제가 특별히 머리가 좋다고 생각하지는 않았지만 뭔가 더 해보고 싶었고, 그 생각을 머릿속에서 떨칠 수가 없었어요."

어느 날 그는 조지아 콜럼버스에 있는 콜럼버스 주립대의 생물학과에 가서 의사가 되려면 어떤 수업을 들어야 하느냐고 물었다. 사람들은 그 질문에 웃음을 터뜨렸다. "이렇게 말하더라고요. '음, 이 학교 나와서 의사가 되는 사람은 없어요. 조지아 대학교나 조지아 공과대학교 사람들이 의대에 가죠. 여기서 의대에 간 사람은 10년간 아무도 없었어요.'라고 말이에요." 영은 흥미를 잃는 대신 몇 개의 강좌를 대충 꿰어맞췄다. 예를 들면 의대에서 요구하는 생물학적 바탕을 위해서 그가 콜럼버스 대학교에서 들을 수 있는 유일한 수업은 낚시 수업이었다. 이것이 그의 생물학 과정이었다. 1년 동안 그는 의대 준비에 필요한 기초 중에서 그 학교에서 할 수 있는 일은 뭐든지 다 했다. 그 후 한 달 동안 의과대학 입학시험(MCAT)을 위해 몰아치듯 공부해서 겨우 합격선을 넘은 다음 조지아 리젠트 의대에 등록했다.

이 시점에서 영은 정말로 고비를 넘기기가 힘들다고 느꼈다. 첫 시험에서 모든 것이 너무나 확실해졌고, 앞으로의 일은 불 보듯 뻔했다. 공부 습관을 바꾸는 것이 조금이라도 난관을 이겨낼 희망이라고 생각했다.

전 주로 수업 자료를 열심히 읽었어요. 제가 아는 공부 방법은 그것밖에 없었거든요. 그것 말고 또 뭘 해야 하는지 알 수가 없었어요. 그런데 그냥 읽다 보면 기억에 남질 않아서 어떻게 해야 할지 모르겠더라고요. 효과적인 학습에 대한 연구들에서 배운 점은 그저 수동적으로 정보를 받아들이는 걸 넘어서야 한다는 점이었어요.

당연히 중요한 건 기억에서 정보를 인출하는 방법을 알아내는 일이에요. 시험에서 해야 하는 게 그거잖아요. 공부하는 동안 그렇게 못하면 시험에서도 할 수 없겠죠.

그는 점차 자신이 진짜 이해했는지를 염두에 두고 공부하게 되었다. "공부하다 멈추고 이렇게 말해요. '좋아, 방금 뭘 읽었지? 이건 무슨 내용이지?' 그리고 거기에 대해 생각해봐야 해요. '내 생각에 이건 이런 식으로 일어나는 거야. 효소가 이렇게 하면 저건 저렇게 하고.' 그런 다음 다시 앞으로 가서 제가 딴소릴 하고 있는지 제대로 이해하고 있는지 확인했어요."

이 과정이 그저 자연스럽고 편하지만은 않았다. "처음에는 불편해요. 공부하다 멈춰서 지금 뭘 읽고 있는지 되묻고 자체적으로 문제를 내서 시험을 보고 하면 시간이 훨씬 많이 걸리거든요. 시험이 일주일 앞으로 다가왔는데 공부할 건 많고, 그 와중에 속도가 늦어지면 엄청 불안해요." 하지만 오랫동안 반복해서 자료를 읽는 데 몰두하는 기존의 공부법으로는 원하는 결과를 얻을 수 없다는 점은 분명했다. 인출 연습이 어려웠던 만큼 영은 적어도 효과를 볼 때까지 인출 연습에 더욱 매달렸다. "이 과정을 그냥 믿어야 해요. 저에겐 제일 큰 장애물이 이거였어요. 저 자신이 믿도록 하는 것 말이에요. 그리고 그 전략은 결국 정말 큰 효과가 있었죠."

정말 큰 효과가 있었다. 영은 200명의 학생들 중 최하위권이던 성적을 2학년이 시작될 무렵에는 상위권으로 끌어올렸고 지금도 그 성적을 유지하고 있다.

영은 자신이 의대에서 간격을 둔 인출 연습과 정교화의 원칙을 어떻게 적용했는지 이야기했다. 의대에서 맞닥뜨리는 두 가지 난관은 엄청난 양의 자료를 암기해야 한다는 점과 복잡한 체계가 어떻게 작용하는지, 서로 어떻게 상호작용하는지 배워야 한다는 점이다. 여기에 대한 영의 입장은 명쾌하다.

무엇이 중요한지 결정해야 한다. "강의 내용이 파워포인트 400장에 들어 있다면 사소한 부분까지 하나하나 되짚어볼 시간이 없어요. 그러니 이렇게 말해야 하죠. '이건 중요하고 이건 아니야.' 의대에서는 시간을 어떻게 써야 할지 알아내는 게 관건이에요."

스스로 질문을 던지고 대답해야 한다. "앞으로 돌아가서 복습할 때, 단순히 반복해서 읽는 대신 배운 내용이 떠오르는지 확인해봐야 해요. 이게 무슨 내용이었는지 기억이 나는가? 항상 먼저 스스로 테스트해봐야 해요. 기억이 안 나면 돌아가서 무슨 내용이었는지 확인하고 다시 시도해봐야죠."

시간 간격을 두고 연습해야 한다. "간격을 두고 하는 연습이 얼마나 좋은 전략인지 알게 되고 꾸준히 결과를 얻고 나서부터는 그대로 따르기가 쉬웠어요. 그 과정을 믿을 수 있었고, 효과가 있을 거라는 자신이 있었기 때문이에요."

의미를 찾기 위해 시간이 더 걸리는 것을 감수한다. 영은 자료를 읽을 때 그 의미를 생각하는 한편 내용을 더 잘 이해하고 기억에 새기기 위해 정교화를 하느라 공부하는 속도가 느려지기도 했다. "도파민이 복측피개부(ventral tegmental area)에서 분비된다는 내용을 읽을 때 의미가 잘 와닿지 않았어요." 이 말들이 그저 "뇌를 거쳐 빠져나가지" 않도록 하는 것이 관건이다. 도파민에 대한 설명의 의미를 파악하기 위해 영은 더 깊이 파고들어갔다. 복측피개부가 뇌의 어떤 구조인지 확인하고 그 모습을 살펴보았으며 마음의 눈으로 그 장면을 포착했다. "어떻게 생겼는지, 해부학적으로 어느 위치에 있는지를 눈으로 보기만 해도 기억하는 데 도움이 많이 되더라고요." 영은 하나에서 열까지 다 배우기에는 시간이 없지만 잠깐 멈춰서 의미를 부여하는 것이 기억하는 데 도움이 된다고 말한다.

영의 인상적인 성과는 교수들과 동료들에게 주목을 받았다. 어려움을 겪는 학생들에게 개인 지도를 해달라는 부탁을 받기도 했다. 이것은 학생들 중 소수만이 누리는 영광이다. 그는 학생들에게 이 기법들을 가르쳐주었고 그 학생들 역시 성적이 오르고 있다.

"인상적인 건 사람들이 여기에 관심이 많다는 점이에요. 의대에서 아는 모든 친구에게 이 얘길 했더니 이제 그 친구들도 푹 빠졌어요. 사람들은 효과적으로 배우는 법을 알고 싶어해요."

심리학 입문 수업의 티모시 펠로즈

남부 캘리포니아 대학교 스티븐 매디건(Stephen Madigan) 교수는 '심리학 100'이라는 수업에서 한 수강생의 성적을 보고 놀랐다. "어려운 수업이에요. 제일 어려운 상급 교재를 사용하고 쉬지 않고 공부해야 하는 어려운 자료들이 있거든요. 수업이 4분의 3 정도 진행되고 나서 보니까 티모시 펠로즈라는 학생이 모든 수업 활동에서 90~95점을 받고 있더라고요. 시험, 과제, 단답형 시험, 선다형 시험을 통틀어서 말이에요. 굉장히 이례적인 점수였어요. 이 정도로 훌륭한 학생은 드문데, 확실히 특출한 학생이에요. 그래서 한번은 따로 불러내서 그의 공부 습관에 대해 말해줄 수 있느냐고 물어봤어요."[2]

이때는 2005년이었다. 매디건은 펠로즈가 수업 외에 어떤 생활을 하는지 몰랐지만 학교에서 돌아다니는 모습을 보거나 미식축구 경기장에서 마주치거나 하면서 그가 나름대로 학업 외의 생활도 하고 있다는 것을 알수 있었다. "심리학 전공은 아니었지만 심리학은 그 학생이 신경 쓰는 과목이어서 알고 있는 기법을 다 동원했다고 하더군요."

매디건은 펠로즈가 대충 설명해준 공부 습관 목록을 아직 가지고 있고, 그의 수업을 새로 수강하는 학생들에게 그것을 소개한다고 했다. 그 중 중요한 점들은 다음과 같다.

- 항상 수업 전에 배울 내용을 읽어간다.

- 수업자료를 읽으면서 시험 문제를 예상하고 답해본다.
- 읽은 것이 기억에 남아 있는지 확인하기 위해 강의 중에 스스로 수사 의문문 (rhetorical question, 답을 알면서 강조를 위해 사용하는 의문문 – 옮긴이)에 답해본다.
- 학습 지침을 다시 살펴보고, 기억나지 않거나 모르는 용어를 찾아본 다음 그 용어들을 다시 공부한다.
- 굵은 글씨로 쓰인 용어와 정의를 공책에 옮겨 쓰고 확실히 이해하도록 한다.
- 교수가 인터넷에서 제공하는 연습 시험을 본다. 이것을 통해 자신이 모르는 개념들을 발견하고 확실히 공부한다.
- 강의 정보를 자신이 설계한 학습 방향에 맞게 다시 편성한다.
- 강의 중 자세히 설명했거나 중요한 개념들을 써서 머리맡에 붙인 다음 가끔 테스트 해본다.
- 수강 기간 동안 복습하는 사이사이 시간 간격을 둔다.

펠로즈의 공부 습관은 간격을 둔 연습을 통해 배운 것이 시험 때까지 확실히 자리 잡도록 효과적인 전략을 꾸준히 실행하는 좋은 예다.

평생 학습자들을 위한 조언

지금까지 학생들을 대상으로 간단히 설명한 학습 전략은 나이에 상관 없이 누구에게나 효과적이다. 하지만 이 전략들은 학교 교육에 중점을 둔 것들이다. 평생 학습자들은 다양하고 덜 체계적인 환경에서 같은 원리를 사용하고 있다.

물론 어떤 의미에서는 우리 모두 평생 학습자라고 할 수 있다. 누구나 태어나는 순간부터 실험과 시행착오, 두서없는 만남을 통해 주변 세상을 배우기 시작한다. 이런 경우 우리는 지금과 같은 상황에서 지난번에 어떻게 했는지를 떠올려야 한다. 경력을 계발하고 취미와 교양을 추구하는 과정에서 끊임없는 학습을 통해 나날이 향상되는 자신의 모습을 발견한 사람들을 많이 찾아볼 수 있다.

인출 연습 – 배우 너새니얼 풀러

너새니얼 풀러(Nathaniel Fuller)는 미니애폴리스 거스리 극장의 전문 배우다. 우리가 그에게 관심을 갖게 된 계기는 한 디너 파티에서 거스리 극장의 유명한 예술 감독인 조 다울링(Joe Dowling)이 우리 연구에 대해 듣자마자 풀러를 인터뷰해보라고 제안한 것이었다. 풀러는 일반적인 방식으로 연습하지 않고도 자신이 대역을 맡은 배역의 대사와 동작을 완전히 익혀서 아슬아슬한 순간에 무대에 올라 맡은 역할을 성공적으로 소화해내는 능력이 있는 사람으로 보였다.

풀러는 몇 년에 걸쳐 여러 배역을 맡으면서 기술을 갈고 닦아온 숙련된 전문가다. 주역을 맡을 때도 많고 덜 중요한 역할을 맡는 동시에 주연 대역을 맡기도 한다. 어떻게 그럴 수 있을까?

풀러는 새 대본을 받으면 서류철에 넣어 쭉 훑어본 다음 자기 대사에 강조 표시를 한다. "얼마나 기억해야 하는지 계산을 해봅니다. 하루에 얼마나 외울 수 있는지 측정해본 다음, 완전히 외울 수 있도록 일찍 연습을 시작하려고 노력하죠."[3] 자기 대사에 강조 표시를 하는 이유는 쉽게 찾기 위해서이기도 하고 구조를 파악하기 위해서이기도 하다. 학생들이 반복 읽기를 하며 강조 표시를 하는 것과는 다르다. "대충 어떤 대사가 있는지 살펴보고 앞뒤 문맥도 파악합니다."

연극배우 풀러는 주역을 맡기도 하지만 조역을 하면서 동시에 주역의 대역을 맡기도 한다. 아슬아슬한 순간에 무대에 올라 성공적으로 대역을 해내는 노련한 배우로 이름난 그는 평상시 인출 연습, 간격 두기, 교차, 생성(배역의 마음, 움직임, 동기, 독특한 버릇), 정교화 등의 학습 과정을 통해 자기 자신과 청중이 배역을 더 생생하게 느낄 수 있도록 훈련한다.

풀러는 다양한 형태의 인출 연습을 사용한다. 먼저, 대사 한 페이지 분량을 익힌다. 그 다음 빈 종이를 놓고 속으로 상대역의 대사를 하면서 자기 대사를 적는다. 상대역의 대사가 자기 대사를 기억나게 하는 단서의 역할을 하고, 그 안에 담긴 감정이 어떤 식으로든 자기 배역에도 반영되어 있기 때문이다. 풀러는 자기 대사를 머릿속에 담은 채로 그것을 기억해내서 소리 내어 말해보고 정확한지 확인한다. 대사를 잘못 말하면 그 부분을 외운 다음 다시 말해본다. 제대로 말했으면 다음 구절로 넘어가는 식으로 계속한다.

"익혀야 하는 것들 중 절반은 언제 말해야 할지 아는 것입니다. 제가 특별히 기억을 잘하는 편은 아니에요. 제가 깨달은 건 대본을 보지 않고 대사를 말해보려고 최선을 다해야 한다는 점입니다. 기억을 하려면 고생을 해야 돼요. 저는 좀 이상하게 연습해요. 잘 안 된다 싶을 때 연습을 그만두죠. 그 다음 날 다시 해보면 역시 기억이 안 납니다. 제 동료들은 여기서 많이들 당황해요. 하지만 전 기억이 거기 그대로 있고 다음에는 조금 더 잘 생각날 거라고 믿어요. 그러고 나서 다음 대사를 새로 익힙니다. 그런 식으로 대본이 끝날 때까지 대사를 익히는 겁니다."

풀러는 대본을 조금씩 더 익히면서 익숙한 페이지와 장면에서 새로운 장면으로 끊임없이 나아간다. 그 전의 장면에서 다음 장면으로 의미가 부여되고 이야기가 이어지면서 극은 마치 실이 더해지면서 직조되는 직물처럼 점점 모양을 갖추어간다. 끝까지 연습하고 나면 풀러는 가장 생소한 마지막 장면에서 좀 더 익숙한 바로 앞 장면으로 가서 마지막 장면까지 연습한다. 그 다음에는 그보다 더 앞으로 가서 마지막 장면까지 연습한다. 이런 식으로 극이 시작하는 곳까지 계속 거슬러 올라가면서 연습한다. 이렇게 앞뒤를 오가는 연습은 풀러가 덜 익숙한 장면을 더 익숙한 장면과 이어 생각하고 전체적으로 배역에 더욱 익숙해지도록 도와준다.

대사 익히기는 시각적인 작업이지만 (대본이 그렇게 제시되므로) 풀러는 이렇게 말한다. "대사 익히기는 몸과 근육의 동작이기도 하기 때문에 그 인물이 되어 대사를 말해보면서 어떤 **느낌**이 드는지 알려고 노력합니다." 풀러는 대사가 어떤 단어들로 표현되었는지, 그 말의 느낌이 어떤지, 말할 때의 동작들이 어떻게 의미를 나타내는지 살펴본다. 또한 인물이 어떻게 행동하는지, 무대를 어떻게 가로질러 가는지, 어떤 표정을 짓는지 등 각각의 장면을 이끌어가는 감정을 드러내는 모든 측면을 발견하기 위해 노력한다. 이러한 종류의 정교화 작업은 풀러가 배역의 감정을 파악하고 그 인물과 더욱 깊이 교감하는 데 도움이 된다.

풀러는 인출 연습을 실행하기도 한다. 글로 쓰인 대본 대신 이제는 자신이 파악한 대로 다른 배우들의 대사를 '그 인물이 되어' 말하고 녹음한다. 손으로 녹음기를 쥐고 엄지손가락으로 조작한다. 엄지가 재생 버튼을 누르면 다른 인물들의 대사를 듣고, 멈춤 버튼을 누르면 녹음기로 들었던 다른 인물들의 대사를 단서로 삼아 자기 대사를 기억 속에서 인출한다. 정확히 해냈는지 의심이 들면 대본을 확인하고 나서 다시 대사를 말해본 다음 계속 장면을 진행한다.

다른 배우의 대역을 맡았을 때는 감독과 배우들이 블로킹(연기자들이 세트와 서로의 배역에 맞게 동선을 맞추는 작업)을 하기 전에 거실을 블로킹이 진행되는 무대라고 생각하고 집에서 연습해본다. 녹음기를 들고 다른 사람들의 대사를 듣고 자기 대사를 말하면서 장면을 진행한다. 상상한 장면 속에서 움직이고 상상의 소품에 반응하면서 배역에 물리적 차원을 더해간다. 배우가 리허설을 할 때 그 대역을 맡은 풀러는 객석 뒤쪽에서 관찰하면서 리허설에 맞추어 움직여본다. 집에서도 연습을 계속한다. 이제 확정된 연출과 동선대로 거실에서 가상의 무대에 맞추어 연기를 조정한다.

풀러가 인출 연습, 간격 두기, 교차, 생성(배역의 마음, 움직임, 동기, 독특한 버릇), 정교화 등 학습 과정을 거치는 동안 바람직한 어려움이 자연스럽게 이어진다. 그는 이런 기법들을 통해 자기 자신과 청중이 배역을 더 생생하게 느낄 수 있도록 한다.

생성 – 작가 존 맥피의 글쓰기 방식

2013년, 존 맥피(John McPhee)는 〈뉴요커〉에 작가의 벽(writer's block, 작가들이 글이나 소재가 떠오르지 않아 괴로워하는 현상 – 옮긴이)에 대한 글을 게재했다. 당시 82세였던 맥피는 창조적인 논픽션 기법의 선구자로서 수많은 상을 받았으며 작가로서 경력의 최정상에 서 있다는 유리한 입장에서 그 글을 썼다. 작가의 벽은 넘을 수 없다고 여겨지는 동시에 앞으로 작품 활동을 계속하는 데 조금이라도 희망이 있다면 어떻게든 넘어야 한다고 여겨지는 장애물이다. 다른 예술 형식과 마찬가지로 글쓰기는 창조하고 발견하면서 상호작용하는 과정이다. 작가가 되려는 많은 사람들은 말하고 싶은 바가 확실해질 때까지 글 쓰는 데 몰두하지 못한다는 단순한 사실 때문에 자기 목소리를 찾는 데 실패한다.

이 문제에 대한 맥피의 해결책은 무엇일까? 그는 작업실에 앉아 어머니에게 편지를 쓴다. 자신이 얼마나 비참한 기분인지, 쓰고 싶은 주제(곰)에 대해 어떤 희망을 품었는지, 하지만 어떻게 시작해야 할지 전혀 모르겠고, 결국 자기가 작가 재목이 못 되는 것 같다는 식으로 내용을 이어간다. 그러면서 아주 커다란 곰이 얼마나 게으른지, 하루에 열다섯 시간을 자고 싶어한다는 내용으로 글을 쓰고 싶다는 말도 한다. "그런 다음에 '어머니께'라는 말과 칭얼거리는 내용을 싹 지워버리고 곰에 대한 내용만 남기는 거죠."

맥피의 말에 따르면 그의 초고(草稿)는 "내뱉다시피 한 최악의 글"이라고 한다. "그런 다음 초고는 한쪽으로 치워놓고서 차를 타고 집에 갑니다. 집에 가는 길에도 여전히 말을 이리저리 짜맞춰보고 있어요. 더 나은 표현 방식, 어떤 문제를 바로잡을 좋은 구절을 생각하죠. 초고가 아예 존재하지 않으면 그걸 개선해서 어떻게 해야겠다는 생각조차 하지 않을 거예요. 요컨대 실제로 글쓰기는 하루에 두세 시간밖에 하지 않을지 몰라도 머릿속으로는 어떻게든 하루 24시간 매달려 있는 셈이에요. 그래요, 자고 있을 때도요. 하지만 어디까지나 초안 비슷한 글이 존재할 때의 얘기죠. 초고를 쓸 때까지, 글쓰기는 진짜로 시작한 게 아니에요."[4]

이것이 문제의 핵심이다. 학습도 맥피가 말하는 "내뱉다시피 한 최악의 글"과 똑같은 방식으로 작용한다. 생소한 내용을 이해하는 과정은 자신이 서투르다는 느낌과 핵심에 대충 가까워지고 있다는 느낌으로 시작할 때가 많다. 하지만 일단 새로운 내용을 이해하려고 시도하면 마음은 그 문제를 스스로 '짜맞추기' 시작한다. 수동적으로 파워포인트를 쳐다보고 있거나 글을 반복해서 읽고 또 읽어서 되는 것이 아니다. 그 내용을 자신만의 표현으로 설명해보려고 노력하고, 사실들을 연결하고, 선명하게 만들고, 이미 알고 있는 사실들과 연결함으로써 몰두하게 된다. 학습도 글쓰기처럼 참여하는 일이다. 수수께끼와 씨름하는 과정은 창의력을 자극하고, 변형하거나 적용할 수 있는 자신의 경험이나 지식을 살펴보아 문제와 비슷하거나 비유할 수 있는 점을 찾도록 마음의 자세를 바꿔준다. 이렇게 분투하는 과정에서 해법을 갈망하게 된다. 또한 그렇게 찾아낸 해법은 자신이 갖춘 능력이나 사전 지식과 결합하여, 파워포인트를 보는 동안 뇌를 스쳐 간 어떤 정보보다도 깊게 새겨진다.

그러니 맥피를 따라해보기 바란다. 무언가 새로운 것에 통달하고 싶다면 칭얼거리고 투덜거리는 내용을 지우고 곰과 씨름해야 한다.

반추 – 항공기 조종사 체슬리 슐렌버거

2장에서 메이요 클리닉의 신경외과 의사 마이크 에버솔드가 반추하는 습관을 통해 어떻게 수술 실력을 향상시켰는지 이야기했다. 반추는 인출(내가 무엇을 했는가? 그 일이 어떻게 되었는가?)과 생성(다음에 더 잘하려면 어떻게 해야 하는가?), 이미지 떠올리기와 정신적 예행연습(바늘땀을 더 작게 하면 어떨까?)을 포함한다. 너무 팽팽하게 봉합하면 찢어져버리는 구조여서 단단히 꿰맬 수 없는 뒤통수의 까다로운 정맥동 치료를 위한 수술법을 고안해낼 수 있었던 것도 이 반추하는 습관 덕이었다.

3장에서 언급한 조지아 불독스 미식축구팀의 코치 빈스 둘리는 선수들이 토요일에 열리는 경기에 대비하여 플레이북을 이해하고 경기 내용을 조정하는 데 반추와 정신적 예행연습 기법을 사용하도록 도와주었다. 5장에서 미니애폴리스의 경찰 데이비드 가먼은 반추를 이용하여 위장 근무 전략을 개선했다.

학습 기법으로서 반추의 힘은 체슬리 슐렌버거(Chesley Sullenberger) 기장의 회고록 『최고의 임무(Highest Duty)』에 잘 나타난다. 슐렌버거는 2009년 허드슨 강에 기적적으로 불시착하는 데 성공한 US 에어웨이 1549의 기장이다. 우리는 슐렌버거 기장의 자서전을 몇 번이고 읽으면서 그가 훈련과 개인적 경험, 다른 사람들에 대한 관찰 등을 통해 비행에 대한 이해와 항공기 조종 능력을 어떻게 연마했는지 알 수 있었다. 단발 엔진이 달린 농약 살포기를 타다가 제트 전투기를 조종하기도 했고, 특히 민간 항공사의 재난사고를 조사하면서 기체의 각도, 속도, 날개의 수평 등을 중심으로 불시착 사례들을 자세히 분석하는 시기를 거치면서 그의 훈련은 계속되었다. 슐렌버거 기장은 반추하는 습관이 단순히 개인적 경험을 돌아보거나 남의 경험을 관찰하는 것 이상의 의미가 있음을 보여준다. 이 습관은 생성, 시각화, 정신적 예행연습을 통해 마음이 능동적으로 문제를 다루게 하는 강력한 힘을 발휘한다.

정교화 – 피아니스트 델마 헌터

피아니스트 델마 헌터(Thelma Hunter)를 만났을 때, 그녀는 곧 열릴 공연에서 연주할 네 곡을 익히고 있었다. 모차르트, 포레, 라흐마니노프, 윌리엄 볼컴의 작품이었다. 88세인 헌터는 다섯 살 때 뉴욕에서 처음 상을 받은 뒤 지금까지 피아니스트로 활동하고 있다. 그녀는 자신이 천재도 아니고 특별히 유명하지도 않지만 목표를 성취한 사람이라고 말했다. 심장외과 의사인 남편 샘과 여섯 아이들을 키우느라 바쁘게 살면서도 즐거운 마음으로 피아노를 배우고 가르치고 연주해왔고, 지금도 연주 활동을 하면서 인기를 얻고 있다.

새로운 학습에 여러 겹의 의미를 부여하는 과정은 헌터의 연습 방식에서 중심이 되어왔을 뿐만 아니라 정교화가 학습과 기억을 어떻게 강화하는지 잘 보여준다. 새로운 악보를 배울 때 그녀는 손가락을 움직이며 몸으

피아니스트 헌터에 따르면 일주일 정도 악보를 보지 않다가 나중에 그 곡을 연주해보면 운지법을 미리 생각하지 않았더라도 완전히 자연스럽고 익숙하게 느껴지는 패턴으로 손가락을 움직이게 된다고 한다. 전문가는 수천, 수만 시간 동안의 의식적인 연습을 통해 다양한 상황에 대처할 수 있는 심성 모형의 자료실을 만든다.

로 익히고, 귀로 소리를 듣고 눈으로 악보를 보며 스스로 코치하는 방식으로 조 바꿈을 해보면서 몸이 아닌 두뇌로도 곡을 익힌다.

헌터는 어느 정도 나이를 인정하고 적응하려고 한다. 전에는 연주하기 전에 준비하는 의미에서 연습한 적이 없었는데 이제는 그렇게 한다. "이제 체력이 예전 같지 않아요. 손가락도 그렇게 멀리 닿지 않고요. 이제 뭔가 기억하려면 그것에 대해 **생각**해야 해요. 예전에는 그래야 했던 적이 없었어요. 그냥 모든 측면을 고려하면서 연습하면 저절로 기억이 났거든요."[5] 헌터는 악보를 머릿속에 그려보고 그 상태에서 메모를 적어넣는다. "연습할 때 가끔 소리 내서 말하기도 해요. '여기서 한 옥타브 올려서.' 마음의 눈으로는 그 부분의 악보를 보고요." 헌터의 언급은 글쓰기에 대한 존 맥피의 견해를 떠올리게 한다. "한 곡을 거의 다 암기했을 때쯤 운전을 하면서 곡 전체에 대해 생각해볼 수 있어요. 지휘자가 된 것처럼 그 형태에 대해 생각하는 거죠. '아, 이 부분은 속도를 좀 더 높이면 되는구나. 좀 더 빨리 연습해야지.' 피아노와 떨어져 있을 때 훈련하는 중요한 방법이죠."

헌터의 연습 방식은 매일, 새로운 부분을 연습하되 속도를 늦춰 어려운 부분을 분석하는 것이다. 그리고 첼리스트와 바이올리니스트와 함께 연주할 때가 많으므로 각자의 해석을 맞춰보면서 함께 연주하는 식으로 연습을 진행한다.

7장에서는 전문가에 대한 앤더스 에릭슨의 연구를 설명했다. 전문가는 자기의 전문 영역에서 광범위할 정도로 다양한 상황에 마주칠 수 있다. 우리는 이들이 어떻게 수천 시간 동안 혼자만의 의도적인 연습을 통해 그런 다양한 상황에 대처할 수 있는 심성 모형의 자료실을 만드는지 살펴보았다. 헌터는 이런 에릭슨의 이론을 분명히 보여주는 경험에 대해 이야기한다. 그녀는 가끔 건반 앞에 앉아서 어려운 부분을 연주하기 위한 운지법(악기를 연주할 때 손가락을 움직이는 순서와 방식—옮긴이)을 생각해내야 할 때가 있다. 그녀의 말에 따르면 이상하게도 일주일 정도 악보를 보지 않다가 나중에 그 곡을 연주해보면 운지법을 미리 생각하지 않았더라도 완전히 자연스럽고 익숙하게 느껴지는 패턴으로 손가락을 움직이게 된다고 한다. 역설적이지만 그렇게 놀랍지만은 않은 이야기다. 헌터는 오랜 연주 경험으로 형성된 잠재의식이 건반을 붙들고 씨름해서 만들어낸 것보다 더 자연스러운 해결책을 찾아내리라고 믿는다. 곰 이야기와 씨름하는 맥피의 경우와 마찬가지로, 헌터가 자기도 모르게 좀 더 우아하고 자연스러운 해결책을 기억 속에서 찾아내게 한 원동력은 그동안 건반 앞에서 쏟은 엄청난 노력일 것이다.

교육자를 위한 조언

모든 교육자는 자신의 교실에서 스스로 올바른 방식을 찾아야 한다. 하지만 여기서 우리가 제안하는, 학생들이 더욱 훌륭한 학습자가 되게 하는 전략들이 유용할 수 있을 것이다. 다음에 나오는 것들은 이미 일부 교사들이 실천하고 있는 전략이기도 하다. 이 부분을 읽으며 각자 상황에 맞게 적용할 수 있을 실용적인 아이디어를 발견하기 바란다.

학습의 원리부터 가르친다
학생들은 학습에 대한 근거 없는 믿음을 갖거나 착각을 경험한다. 그 결과 잘못된 선택을 하기도 한다. 교육자가 이미 검증된 학습 원리들을 일깨워 준다면 학생이 학업을 더욱 잘 수행하는 데 큰 도움이 될 것이다.

특히 다음 사항들이 효과적인 학습의 밑바탕이 된다.

- 학습하는 동안 어느 정도의 어려움은 지식을 더 확실히 배우고 잘 기억하는 데 도움이 된다.
- 어떤 지식을 배우기가 쉽다면 그 지식이 깊이 남지 않고 금방 사라질 가능성이 크다.
- 지적 능력이 모두 고정되어 있는 것은 아니다. 뭔가를 배우기가 어렵다면 그때 들이는 노력은 뇌를 변화시켜 새로운 연결을 형성하고 지적 능력을 향상시킨다.
- 해법을 보기 전에 낯선 문제를 풀어보려고 애쓰는 경우, 그렇지 않았을 때보다 학습 내용을 더욱 잘 배울 수 있다.
- 어떤 영역에서든 탁월한 성과를 거두고 싶다면 현재의 능력 수준을 넘어서기 위해 분투해야 한다.
- 열심히 노력하다 보면 장애물에 부딪히게 된다. 장애물은 그 분야에서 능숙해지기 위해 전략을 조정하는 데 필요한 필수 정보들을 제공할 때가 많다.

이 책을 구성하는 위의 주제들은 4장에서 7장에 걸쳐 자세히 설명했다.

공부하는 방법을 가르치려면?

일반적으로 학교에서는 공부하는 법을 가르치지 않는다. 학생들이 공부법에 대해 여기저기서 얻는 정보들도 잘못된 것인 경우가 많다. 그 결과 벼락치기와 집중 연습처럼 비효율적인 공부법이 성행한다.

우리는 이 책에서 효율적인 학습 전략들을 제시했다. 학생들이 처음에는 의심을 품을지 몰라도 이런 전략들을 이해하도록 도와주고 거기서 이득을 경험할 수 있을 만큼 오랫동안 실천하도록 한다면 확실한 성과를 거둘 것이다.

수업 시간에 활용하는 '바람직한 어려움'

쪽지 시험(퀴즈)을 자주 보아 학생들이 배운 것을 통합하고 기억이 오래가도록 한다. 학생들과 교육자가 서로 수긍할 수 있는 기본 원칙을 정해본다. 학생들은 퀴즈를 언제 보는지 미리 알고 부담이 적은 경우, 즉 각각의 퀴즈가 성적에 크게 영향을 미치지 않는 경우 퀴즈를 보는 것이 더 좋다고 생각한다. 교사들은 간단하고 빠르게 시행할 수 있고 추가 시험을 보지 않아도 될 경우 퀴즈를 보는 것이 좋다고 생각한다. 한 예로, 다음에 설명할 캐슬린 맥더모트(Kathleen McDermott)의 방식을 고려해볼 수 있다. 그녀는 학습과 기억에 관한 대학 수업을 진행하면서 수업 시간마다 퀴즈를 본다.

　인출 연습, 생성, 정교화를 포함하는 학습 도구를 만들어보라. 학생들이 수업을 듣고 해법을 배우기 전에 새로운 유형의 문제를 풀려고 애쓰도록 유도하는 연습 문제를 만들어도 좋다. 수업 후에 학생 스스로 무엇을 알고 무엇을 모른다고 생각하는지, 그 판단이 맞는지 확인하고 복습할 수 있는 연습 문제를 만들어 다운로드하게 할 수도 있다. 이전 수업 내용을 다시 생각해보고 그것을 다른 지식이나 일상생활과 연결해야 하는 쓰기 과제를 내줄 수도 있다. 최근 교재나 강의를 통해 배운 내용에서 핵심을 요약하여 짧은 글을 쓰게 하는 연습 문제도 좋다.

　퀴즈와 연습 문제 점수가 미미하게라도 성적에 반영되게 하라. 연습 문제 결과가 성적에 반영되는 수업을 듣는 학생들은 똑같이 연습 문제를 풀더라도 성적에 반영되지 않는 수업을 듣는 학생들에 비해 더 잘 배우는 경향이 있다.

퀴즈와 연습 문제가 **전에 배운 개념과 내용을 포함**하도록 설계하여 인출 연습이 계속되고 학습 결과가 누적되도록 하라. 이렇게 함으로써 학생들이 더 복잡한 심성 모형을 만들고 개념이나 체계들 사이의 관계를 더 깊이 이해하도록 도와줄 수 있다. 2장에서 앤드루 소벨이 어떤 식으로 대학교 정치경제학 강의에서 학생들에게 부담이 적고 범위가 누적되는 퀴즈를 보게 했는지 참고하라.

사전 지식이 새로운 내용과 각각 어떻게 관련되고 어떻게 다른지 이해하려면 학생들은 이미 알고 있는 지식을 '재장전'해야 한다. 이때 생각의 틀을 자주 바꾸면서 공부할 수 있도록 여러 가지 주제나 문제를 다루되 **시간 간격을 두고 변화를 주며 번갈아** 가르쳐보라.

수업 방식을 왜, 어떻게 바꾸는지 설명한다

수업에 바람직한 어려움들을 도입하는 방식과 그 이유를 학생들에게 설명한다. 이런 유형의 학습에 따르는 어려움과 좌절에 대해서 솔직하게 이야기하고 그렇게 계속하는 것이 왜 중요한지 이해시킨다. 이 장에서 앞서 언급한 의대생 마이클 영의 이야기에는 이러한 전략을 사용하는 데 따르는 어려움과 궁극적인 이득이 선명하게 드러나 있다.

워싱턴 대학교 생물학 교수, 메리 팻 웬더로스

메리 팻 웬더로스는 학생들이 학습 내용을 완전히 익히도록 수업에 바람직한 어려움을 포함한다. 또한 학생들이 나중에 어떤 일을 하게 되든 관련 능력을 갖출 수 있도록 효과적인 학습법을 가르치려고 노력한다. 그리고 그 노력의 일환으로 학생들로 하여금 자신의 학습 수준이 블룸의 교육 목표 분류 체계에서 어느 단계에 있는지 판단하는 법과, 학습 수준을 종합과 평가 단계로 끌어올리는 법을 배우도록 도와준다.

블룸의 교육 목표 분류 체계는 인지적 학습을 여섯 단계로 나눈다. 이 체계는 1956년 심리학자 벤저민 블룸(Benjamin Bloom)을 중심으로 교육자들의 위원회에서 개발한 것이다. 이 체계에서 규정한 여섯 단계는 **지식**을 얻는 단계(가장 기초적인 단계), 근본적인 사실과 개념을 **이해**하는 단계, 지식을 문제 푸는 데 **적용**할 수 있는 단계, 추론을 이끌어내기 위해 개념과 관계를 **분석**할 수 있는 단계, 지식과 개념을 새로운 방식으로 **종합**할 수 있는 단계, 그리고 가장 복잡한 단계로서 의견과 개념을 **평가**하고 증거와 객관적 기준에 따라 판단하는 단계를 말한다.

다음은 웬더로스가 사용하는 주요 기법들이다.

[투명성] 처음에는 학생들에게 시험 효과와 바람직한 어려움의 원리, '알고 있다는 착각'의 위험에 대해 가르친다. 웬더로스는 교육 철학을 투명하게 적용하고 수업을 이 원리들에 맞추어 진행하기로 약속한다. 최근 그녀는 우리에게 이렇게 설명했다. "이 시험 효과라는 개념은 반복해서 읽을 때보다 시험을 볼 때 더 많이 배울 수 있다는 것입니다. 학생들은 책을 읽고 또 읽도록 오랫동안 훈련받아왔기 때문에 시험을 통해 배우게 하기가 굉장히 어렵기는 하지만요."[6]

학생들이 저를 찾아와서 교과서를 보여주는데, 네 가지 색이 칠해져 있는 경우가 얼마나 많은지 몰라요. 전 그 애들에게 이렇게 말하죠. "책을 파란색, 노란색, 주황색, 초록색으로 칠한 걸 보니 정말 이 수업에서 좋은 성적을 받고 싶고, 노력도 많이 했나 보구나." 그런 다음엔, 한 번 읽고 난 이후에도 이런 일에 조금이라도 시간을 더 쓴다면 시간 낭비라고 말해주려고 애쓰죠. 아이들은 이렇게 말해요. "어떻게 그럴 수가 있어요?" 그럼 전 이렇게 대답하죠. "너희가 해야 할 일은 조금씩 읽고 나서 스스로 테스트를 해보는 거야." 하지만 그 애들은 그 방법을 몰라요.

그래서 저는 수업 시간에 아이들에게 어떻게 하는지 보여주죠. 5분 정도마다 방금 이야기한 내용에 대해서 질문을 던져요. 아이들은 필기를 들여다보기 시작해요. 그럼 저는 이렇게 말해요. "그만. 노트를 보면 안 돼. 잠깐만 스스로 생각해봐." 저는 학생들에게 우리 뇌가 숲과 같고 기억이 그 안 어딘가에 있다고 말해요. 우린 여기 있고, 기억은 저쪽에 있다고요. 그 기억으로 가는 길을 자주 이용할수록 길이 더 좋아지고, 다음에 그 기억이 필요할 때 더 쉽게 찾을 수 있을 거라고 말이에요. 하지만 노트를 보는 순간 그 길을 피해버리는 셈이에요. 누군가 길을 알려주면 더 이상 길을 찾아다니지 않는 거나 마찬가지죠.

또 다른 때에는, 학생들에게 질문을 던지고 생각해보라고 한 다음 교실 앞 칠판에 나와서 답이 될 만한 것을 세 가지 쓰게 한다. 그런 후 학생들이 답이라고 생각하는 것의 번호를 손가락으로 표시한 상태로 손을 들게 하고, "자기와 다른 번호가 답이라고 손을 든 학생을 찾아서 이야기해보고 누구의 답이 옳은지 알아보라."고 한다.

학생들은 시험 문제에서 실수를 하면 겉으로만 쉬워 보이고 실제로는 어려운 문제가 아닌지 의심할 때가 많다. 하지만 웬더로스의 수업 방식에 익숙해진 학생들은 시험을 잘 치르지 못하면 그녀에게 와서 이렇게 말한다. "알고 있다는 착각에 빠졌나 봐요. 어떻게 하면 나아질까요?" 이것은 웬더로스가 도와줄 수 있는 문제다.

[테스트 그룹] 웬더로스는 학급의 '스터디 그룹'을 '테스트 그룹'으로 바꾸었다. 스터디 그룹에서는 가장 많이 아는 사람이 이야기하고 나머지는 듣는다. 강조점은 정보를 암기하는 데 있다. 하지만 테스트 그룹에서는 교재를 펴지 않고 다 같이 문제와 씨름한다. "누구에게나 조금씩은 정보가 있기 때문에 동료들과 이야기해서 문제를 해결할 수 있어요." 여기서 강조점은 탐색과 이해에 있다.

웬더로스는 테스트 그룹에 속하는 학생들에게 확실히 이해하지 못했다고 느끼는 개념이 무엇인지 묻는다. 그런 다음 한 학생을 앞으로 보내서 칠판에 그 개념을 적고 설명해보게 한다. 그 학생이 자기가 아는 지식의 조각을 짜맞춰 답을 내놓으려고 애쓰는 동안, 그룹의 나머지 학생들은 그 학생에게 질문을 해서 그 학생의 답이 더 넓은 개념으로 이어지게 하도록 지도를 받는다. 이 과정 역시 교재를 펴지 않은 채 진행된다.

[자유 회상] 웬더로스는 학생들에게 10분 정도 걸리는 과제를 내준다. 수업을 마친 후 앉아서 빈 종이를 하나 꺼내고 수업에서 배운 내용 중 기억나는 것을 전부 써야 한다. 10분 동안 계속 앉아 있어야 한다. 웬더로스는 이 과정이 불편할 것이고 2분 만에 아이디어가 바닥날 것이라고 경고한다. 하지만 학생들은 끝까지 버텨야 한다. 10분이 지나면 필기한 것을 꺼내서 잊어버린 내용에 특히 초점을 맞추고 자신이 무엇을 기억하고 무엇을 잊어버렸는지 확인한다. 학생들은 이 훈련에서 얻은 점을 토대로 다음 수업 시간에 필기하고 질문한다. 웬더로스는 학생들이 학습의 수준을 끌

어울리고 수업 내용이 서로 어떻게 관련되는지 더욱 복합적으로 이해하는 데 이 자유 회상 훈련이 도움을 준다는 것을 발견한다.

[요약표 만들기] 웬더로스가 가르치는 학생들은 월요일마다 지난주에 배운 내용을 그림으로 그리고 핵심 내용, 화살표, 그래프 등으로 설명을 덧붙인 종이를 제출해야 한다. 웬더로스가 가르치는 생물학은 생물이 작용하는 원리에 대한 과목이므로 요약표는 말풍선, 확대한 그림, 방향을 가리키는 화살표 같은 것으로 가득한 커다란 만화 같은 형태가 된다. 이 표는 학생들이 일주일 동안 배운 정보를 종합하고 생물의 체계들이 서로 어떻게 연결되는지 생각해보도록 한다. "이게 이것의 원인이 되고, 그게 또 저것의 원인이 되고, 저것이 또 이것에 피드백을 하죠. 생물학에서는 화살표를 엄청 많이 써요. 이 표는 학생들끼리 같이 만들어도 상관없어요. 자기 과제를 가져오기만 하면 돼요."

[학습 정리] 가끔 금요일마다, 학생들에게 과도한 부담을 주지 않았다는 생각이 들 때 웬더로스는 성적에 크게 반영되지 않는 '학습 정리'라는 과제를 내준다. 이것은 학생들에게 "소화계통은 호흡계통과 어떤 점에서 비슷한가?", "조금 전에 시험 결과를 알려주었는데, 다음에는 다른 결과를 얻기 위해 어떻게 할 것인가?"와 같은 질문을 던지고 대여섯 문장으로 답하게 하는 과제다. 핵심은 학생들이 인출과 반추를 하도록 촉진하고 일주일 동안 배운 내용이 대학 생활의 무수한 관심사와 오락거리에 묻혀버리기 전에 확실히 감을 잡게 하는 것이다. "몇 년에 걸쳐 발견한 점이 있는데, 제가 시험 전까지 아무것도 하지 않으면 학생들도 시험 전날까지 아무것도 하지 않는다는 점이에요." 학습 정리는 그녀가 가르치는 과학 전공자들에게 명확한 논리를 갖춘 글을 한 편 쓰는 연습이 되기도 한다. 웬더

로스는 학생들의 답을 읽고 수업 시간에 반드시 그 내용을 언급해서, 그녀가 과제를 읽고 있다는 것을 학생들에게 알려준다.

[블룸의 학습 분류 체계] 웬더로스는 블룸의 분류 체계에서 몇 가지 개념을 없애고 자신이 낸 시험의 정답 수준에 따라 수업 내용을 분류 체계에 맞춰 나눠보았다. 즉, 어떤 문제에서든 분류 체계의 각 단계별로 정답을 여러 개 제공한다. 지식을 습득했음이 드러나는 대답, 이해했음이 드러나는 더 자세한 대답, 분석했음이 드러나는 더 복잡한 대답 등이다. 시험 결과를 받은 학생들은 정답 및 해설을 함께 제공받고 자기가 쓴 대답이 분류 체계의 어느 수준에 해당하는지 확인한 다음 더 높은 수준의 학습을 위해서 어떻게 해야 하는지 생각해보아야 한다.

[과학 과목에서 성취도 차이 줄이기] 웬더로스와 동료들은 수업의 구조와 능동적 학습 원리가 과학 과목에서 성취도의 차이를 줄일 수 있는지 실험했다. 준비가 미흡한 학생들은 초보적인 과학 수업을 잘해내는 경우가 드물다. 그 결과, 과학에 관심과 소질이 있어서 과학 분야에서 성공적인 경력을 쌓을 가능성이 있는 학생이더라도 관문을 뚫지 못한다. 이런 학생들은 어떤 이유에서든 고등학교 생활이나 가정교육을 통해 아주 어려운 것을 배우는 데 성공해본 경험이 없다. 웬더로스는 이렇게 말한다.

"우리는 대부분 과학계에서 자기의 길을 찾은 사람들이에요. 넘어질 때마다 주변에서 누군가 도와주거나 '이렇게 일어나면 돼.'라고 말해줬어요. 일이 잘되지 않을 때 계속 노력하라고 배웠고요. 끈기 있게 버티라는 뜻이죠."

웬더로스와 동료들의 실험에서는 '낮은 구조(low-structure)'의 수업(성적에서 차지하는 비중이 높고 부담이 큰 중간고사와 기말고사를 실시하는 전통적인 강의 방식)과 '높은 구조(high-structure)'의 수업(매일 혹은 일주일마다 부담이 적은 연습 시험을 봄으로써 시험을 잘 보기 위해 필요한 분석적 기술을 끊임없이 연습하게 하는 방식)을 비교했다. 또한 학생들에게 '성장 사고방식'의 중요성을 가르쳤다. 성장 사고방식이란 학습은 열심히 노력하는 과정이며 이처럼 분투하는 과정이 지적 능력을 향상시킨다는 사고방식을 말한다(7장에서 언급한 캐롤 드웩의 연구를 참고하라).

결과는 어땠을까? 생물학 입문에 해당하는 높은 구조의 수업에서는 낮은 구조의 수업에 비해 낙제 비율이 현저히 줄었고, 블룸의 분류 체계에서 시험 결과가 상위 단계에 해당하는 잘 준비된 학생들과 준비가 미흡한 학생들 사이의 차이가 줄어들었다. 연습 시험의 결과가 아주 적은 비율로라도 성적에 반영되는 수업에서는 똑같이 연습 시험을 보지만 그 결과가 성적에 반영되지 않는 수업에 비해 학생들의 성취도가 더 높다. 웬더로스는 이렇게 말한다.

"우리는 학생들에게 이런 마음의 습관이 어떤 것인지 이야기합니다. 이건 과학 분야에서 성공하기 위해 필수적인 훈련이에요. 우리는 아이들에게 자기가 되고 싶은 전문직 종사자가 된 것처럼 생각하라고 가르쳐요. 아이들이 넘어지면 다시 일어나는 법을 보여주고요."[7]

미국 육군사관학교의 심리학 교수 마이클 D. 매튜스

미국 육군사관학교, 일명 웨스트 포인트의 교육 철학은 초대 교장이었던 실베이너스 테이어(Sylvanus Thayer)가 거의 200년 전에 개발한 테이어 교육법이라는 교육 체계를 토대로 한다. 이 체계는 모든 강좌에 아주 구체적인 학습 목표를 제공하고 이 목표를 달성할 책임을 학생들에게 부여하며,

수업 시간마다 퀴즈와 암송이 포함되도록 한다.

육군사관학교에서 학생들은 학업, 군사, 신체 세 가지 측면의 훈련으로 성적을 받는다. 공학심리학 교수인 마이클 매튜스는 학생들에게 주어진 시간에 비해 훈련의 부담이 어마어마하다고 말한다. 사관 후보생들은 웨스트 포인트에서 살아남으려면 필수적인 부분에 모든 신경을 집중하여 능력을 키우고 나머지는 신경 쓰지 말아야 한다. "여러 영역에 걸쳐 극도로 높은 기대를 받기 때문에 엄청나게 바쁩니다." 놀랍게도 매튜스는 학생들에게 이렇게 말한다. "이 단원의 내용을 다 읽었다면 효율적으로 공부하지 못하고 있는 것이다." 이 말의 핵심은 '내용을 대충 훑어봐라'라는 뜻이 아니라 질문으로 시작하고 답을 찾기 위해 읽으라는 뜻이다.[8]

매튜스의 수업에서 강의는 아주 적거나 없다. 학습 목표와 관련된 퀴즈를 보면서 수업이 시작된다. 이 퀴즈는 수업 전 미리 읽어와야 하는 과제에 포함된 것이다. 이렇게 수업을 시작하여 학생들이 '칠판으로 나가는' 날이 많다. 강의실은 사면이 석판으로 되어 있고 학생들은 몇 개의 집단으로 나뉘어 교수가 내준 문제를 함께 칠판에서 풀어야 한다. 이 문제들은 매일 보는 퀴즈보다 고차원적인 문제로, 학생들은 읽은 내용에서 각자 얻은 생각을 통합하고 개념적인 수준에서 적용해야 한다. 이 문제 풀이 과정은 인출 연습, 생성, 동료 교수법을 포함한다. 문제를 풀고 나면 집단마다 한 학생을 뽑아 그 집단에서 답을 구한 과정을 설명하고 다른 학생들에게 비평을 받는다. 모든 수업은 단편적인 사실이 아니라 통합한 지식에 초점을 맞춘다. 학생들이 칠판에 나오지 않는 날은 다루는 주제의 근본이 되는 더 넓은 개념을 이해하고 표현하는 데 목적을 둔 집단 활동이나 실습을 한다.

웨스트 포인트에서 배우는 가장 중요한 기술 중 하나는 교실 밖에서 배우는 것이다. 바로 방위각을 맞추는 방법에 대한 것이다. 이것은 낯선 지역에서 방향을 유지하는 데 쓰이는 기술이다. 나무 위나 높은 곳에 올라가서 이동 방향에 있는 멀리 떨어진 지형지물을 본다. 손에 나침반을 들고서 목표물이 정북방향에서 볼 때 어떤 각도에 있는지 확인한다. 그런 다음 다시 내려가서 그 방향으로 숲을 헤치고 나아간다. 주기적으로 멈춰서 방위각을 맞추고 자신이 경로에서 이탈하지 않았음을 확인한다. 퀴즈는 강의실에서 방위각을 맞추는 방식이다. 목표로 하는 곳에 도달하기 위해 필요한 능력을 갖추어가고 있는가?

매튜스는 제자 두 명이 로즈 장학금을 받은 자랑스러운 경험이 있다. 그 중 최근에 가르친 학생은 카일리 헌클러 후보생(지금은 소위)이었다. 헌클러는 2년 동안 옥스퍼드 대학교에서 공부한 후 존스 홉킨스 의대에 입학을 허가받을 것이다. 우리에게 방위각 맞추기에 대한 이야기를 해준 것이 헌클러였다. "사관학교에서는 모든 일을 자기 책임하에 해야 하고, 목표에 도달하는 길을 찾는 것도 스스로 해야 해요."[9] 의과대학 입학시험(MCAT)에는 크게 보아 읽기, 화학, 생리학, 쓰기의 네 가지 전공 과정이 포함된다. 헌클러는 가장 중요하다고 생각하는 학습 목표를 스스로 정하고 공부하면서 이 목표에 도달하기 위한 작업에 착수했다. "3일에 한 번씩 연습 시험을 보고, 잘못 알고 있는 부분을 확인한 다음 고쳤어요." 방위각을 맞춘 것이다. "많은 학생들이 모든 부분을 암기하려고 노력하면서 몇 달 동안 공부에 매달리지만 저는 개념을 이해하는 데 더 집중하는 편이었어요. 이 문제가 묻는 게 뭔지, 여기서 더 확대된 주제가 뭔지, 내가 이 부분에서 요약한 내용이 맞는지, 이런 식으로 방위각을 확인했죠."

이 책의 저자 중 한 명인 뢰디거는 고등학교 과정을 조지아 게인스빌의 리버사이드 군사학교에서 마쳤다. 리버사이드 군사학교는 테이어 교육법에 따라 매일 퀴즈를 보고 학생들에게 문제를 설정하게 하거나 수업 시간에 과제를 완수하게 하는 식으로 교육했다. 이 어린 후보생들은 웨스트 포인트보다 훨씬 다양한 배경을 지니고 있었지만, 테이어 교육법은 효과가 있었다. 사실 학생들을 매일 참여하게 하는 이러한 교육법은 교실 밖에서 열심히 하지 않는 학생들에게 특히 도움이 될 가능성이 있다. 테이어 교육법은 학생들이 끝까지 견딜 수 있도록 하는 데 강력한 효과를 발휘하고 메리 팻 웬더로스가 실증적 연구들을 통해 발견한 사실, 즉 효율적인 학습 기법을 이용해본 경험이 없거나 그런 습관을 들이지 못한 학생들에게 높은 구조의 수업이 도움을 준다는 사실과도 일맥상통한다.

워싱턴 대학교의 심리학 교수 캐슬린 맥더모트

캐슬린 맥더모트는 학습과 기억에 관한 대학 강좌에서 부담이 적은 퀴즈를 수업 시간마다 본다. 이 수업은 25명의 학생들이 중간고사와 기말고사를 치르는 주를 빼고 일주일에 두 번씩 14주 동안 수강한다. 맥더모트는 수업이 끝나기 3~5분 전쯤 네 개 항목으로 된 퀴즈를 본다. 문제는 강의나 읽기 자료, 혹은 둘 다에서 핵심 내용을 묻는다. 그날 배운 것은 무엇이든 퀴즈의 범위에 들어가고, 예전에 배운 것들 중에서도 맥더모트가 보기에 학생들이 완전히 파악하지 못했거나 다시 보아야 할 내용이면 가끔 퀴즈에 나오기도 한다.

맥더모트는 학기 초에 기본 규칙을 아주 확실하게 세운다. 학습과 시험 효과에 대한 연구를 제시하고 퀴즈가 별로 유용하지 않다는 느낌이 들더라도 실제로는 도움이 많이 되는 이유를 설명한다. 학생들은 학기 중에 네 번의 퀴즈를 빠질 수 있다. 그 대신 결석을 하면 안 되고, 퀴즈를 놓치면 다시 볼 수 없다.

학생들은 퀴즈를 본다는 말에 처음에는 불만스러워했고 처음 몇 주가 지난 뒤 맥더모트는 수업에 빠질 수밖에 없었던 정당한 이유가 있었다느니 퀴즈를 놓쳤으니 보충하게 해달라느니 하는 이메일을 받았다. 맥더모트는 퀴즈에 빠지는 것이 네 번까지 허용되고 놓친 퀴즈는 보충할 수 없다고 다시 한 번 말했다.

맥더모트는 퀴즈가 학생들에게 수업에 꼬박꼬박 출석할 동기를 제공해주고 네 가지 질문에 모두 제대로 답하기만 한다면 수업 시간마다 성적을 관리할 수 있는 기회를 주는 셈이라고 말한다. 학기가 끝날 때쯤 학생들은 수업 내용을 따라가는 데 퀴즈가 도움이 되었고 궤도에서 빗나가거나 공부가 더 필요할 때가 언제인지 발견하는 데도 도움이 되었다고 말한다.

"핵심은 학생들에게 아주 확실한 규칙을 세운다는 것, 그리고 교수가 학생들을 다루기 쉬워진다는 거예요. 학생은 출석을 하고 퀴즈를 보거나, 보지 않으면 돼요. 교수는 학생들이 놓친 시험에 대해 이러쿵저러쿵하지 못하게 하면 되고요."[10]

맥더모트의 수업에서 퀴즈는 학점의 20퍼센트를 차지한다. 그녀는 여기에 두 번의 중간고사와 한 번의 기말고사를 추가한다. 마지막에 보는 두 번의 시험은 누적된 시험 범위에서 출제된다. 누적된 시험을 보는 것은 학생들이 시간 간격을 두고 복습하게 함으로써 학습을 강화한다.

일리노이 컬럼비아의 공립 학교들

2장에서 설명했듯 우리는 일리노이 컬럼비아의 한 중학교에서 교사들과 함께 연구를 한 적이 있다. 교과 과정에 부담이 적은 퀴즈를 포함했을 때 시험 효과에 대해 알아보는 실험이었다. 정기적인 퀴즈 및 다른 형태의 인출 연습은 연구에 참여했던 교사뿐만 아니라 그 결과를 지켜본 교사들에게 교육 방식으로 채택되었다. 원래의 연구는 그 지역 고등학교의 역사와 과학 수업들로 확장되었다. 잦은 인출 연습은 그 자체로 학습 효과를 높였고, 교사들이 학생들의 부족한 부분을 파악하여 집중적으로 가르칠 수 있도록 했다.

일리노이 주 교육위원회는 의무교육과 더불어 미국 주지사 연합에서 주도하고 교육부 장관이 지지한 미국 공통 학습 기준(Common Core State Standards Initiative)에 수학과 국어 과목의 새로운 기준을 도입했다. 공통 학습 기준은 고교 졸업생들이 대학과 직장생활을 시작할 때 갖추어야 할 기준을 제시해왔다. 다른 지역과 마찬가지로 컬럼비아 학군 역시 글쓰기와 분석 작업에 학생들을 더 많이 참여시키는 방향으로 교과 과정과 시험을 더욱 엄격하게 재설계하고 있다. 이는 높은 수준의 개념적 이해, 추론, 문제 해결 기술을 증진하여 주에서 세운 기준에 맞출 수 있게 하기 위해서다. 이 개편 작업의 일환으로, 학생들이 학력의 다양한 단계에서 한 주제를 다시 접할 수 있도록 과학 교과 과정이 수직적으로 조정되고 있다. 그 결과 시간 간격을 둔 교차 학습이 강화된다. 가령, 중학교 때 빗면, 쐐기, 나사, 지렛대, 바퀴와 차축, 도르래와 그 작용 방식에 대해 배운 학생들은 학년이 바뀐 다음에도 이 개념을 다시 접하게 되고, 점차 다양한 문제를 해결하기 위해 이 기본적인 도구들이 어떻게 조합되고 적용되는지, 이 도구들을 사용하는 데 바탕이 되는 물리학 법칙은 무엇인지 탐구하게 된다.

효과적인 직업 교육과 직무 연수

　이번에는 학교 교육 체계에 속하지 않은 다양한 상황에서 트레이너들이 학습 원리를 이용하는 방식을 살펴보자.

새로운 상업적 훈련 시스템 Q스트림과 오스모시스

면허를 소지한 여러 분야의 전문가들은 새로운 기술을 습득하고 면허를 계속 보유하기 위해 평생 교육 학점을 따야 한다. 3장에서 언급한 소아 신경과 의사 더글러스 라슨의 말처럼 의사들을 위한 이런 종류의 훈련은 참가자들의 바쁜 일정을 고려하여 주말 학회 형태로 호텔이나 휴양지에서 열리며, 식사와 파워포인트 강의로 이루어질 때가 많다. 다시 말하면 인출 연습, 간격 두기, 교차 같은 전략은 어디서도 찾아볼 수 없다. 여기서 배우는 것을 오랫동안 기억하기란 어렵다.

　이런 상황에 놓인다면 해볼 수 있는 일이 몇 가지 있다. 우선 발표 자료의 사본을 구해서 핵심 내용에 대해 자체 시험을 볼 수 있다. 너새니얼 풀러가 연극을 연습하면서 자신의 대사와 다른 등장인물들에 대해 스스로 테스트하는 것처럼 말이다. 그 다음으로는 그 세미나에서 얻은 중요한 지식을 인출해야 하는 질문을 담은 이메일이 그 후 매달 도착하게끔 하는 것이다. 셋째로는 주최측에 훈련 방식을 개선해달라고 요청할 수도 있을 것이다.

Q스트림(qstream.com)이라는 새로운 상업적 훈련 시스템은 시험 효과를 바탕으로 한다. Q스트림은 트레이너가 학습자에게 모바일 기기를 통해 주기적으로 퀴즈를 제공하도록 도와주어 간격을 둔 인출 연습을 통해 학습을 강화하게 한다. 마찬가지로 최근 생긴 오스모시스(osmose-it.com)라는 업체 역시 모바일과 인터넷을 기반으로 한 소프트웨어를 바탕으로 크라우드소싱(crowdsourcing, 기업이나 전문가들의 활동에 다른 분야의 전문가나 일반 대중이 참여할 수 있게 하고 그 이득을 공유하는 연구 개발 방식 – 옮긴이)으로 모은 수천 가지의 연습 문제와 설명을 학습자에게 제공한다. 오스모시스는 시험 효과와 간격 두기, 사회적 연결망을 결합하여 개발자들이 '학습자가 주도하는 사회적 학습(student-driven social learning)'이라고 부르는 것을 가능하게 한다. Q스트림과 오스모시스는 전문가들을 위해 직무 연수를 재설계할 수 있는 흥미로운 가능성들을 제시한다. 많은 다른 업체들 역시 비슷한 프로그램을 개발하고 있다.

고객 스스로 해결책을 생성하도록 도와주는 사업 코치 캐시 마익스너

마익스너 그룹(The Maixner Group)은 오리건 포틀랜드에 기반을 둔 컨설팅 회사로, 기업들이 성장 전략을 개발하고 영업 전략을 개선하도록 도와준다. 캐시 마익스너(Kathy Maixner)는 다양한 규모의 기업들을 상대한다. 한 대형 업체는 마익스너와 상담한 후 연간 수입이 2100만 달러 올랐다. 소규모 업체인 이너게이트 침술(Inner Gate Acupuncture, 이 장의 마지막에 다시 소개할 것이다)은 사업이 빠르게 성장하는 상황에서 탄탄한 경영의 기초를 어떻게 세우는지 배웠다.

우리가 마익스너에게 흥미를 가진 이유는 그녀가 발전시킨 코칭 기법이 이 책에 소개된 학습 원리와 잘 맞아떨어지기 때문이다. 요컨대 그녀는 고객이 문제의 증상을 파헤친 후 더욱 깊이 들어가 근본적인 원인을 발견하고 가능한 해결책을 스스로 생성해내며, 다양한 전략을 실행하기 전에 그 영향과 결과를 생각해보게 하는 것이 자기의 역할이라고 생각한다.

마익스너는 우리에게 이렇게 말했다. "사람들에게 해결책을 그냥 쥐어주면 어떻게 그 해결책에 도달했는지 탐색할 필요가 없어져버려요. 사람들이 직접 해결책을 생성해내면 그 사람들이 주인공이 됩니다. 왼쪽으로 가야 할지, 오른쪽으로 가야 할지는 그들이 선택합니다. 그리고 우리는 그 선택지에 대해 이야기합니다."[11]

오랫동안 아주 다양한 분야의 고객들과 일한 마익스너의 경험은 위험이 도사리고 있는 길모퉁이를 살펴보는 데 도움이 되었다. 그녀는 고객이 해결책을 생성해내고 그것들을 시험해본 후 피드백을 받고 그 중 효과적인 전략을 사용하게 하기 위해, 혹은 문제를 가상으로 떠올려보기 위해 역할 놀이를 종종 한다. 그녀는 고객이 시장에서 마주칠 수 있는 상황을 더욱 정확히 보여주고 학습을 강화할 수 있는 어려움들을 도입한다.

파머스 보험의 신입사원 훈련법

기업에서 영업자에 대한 훈련은 대개의 경우 기업의 문화, 믿음, 행동, 브랜드를 보호하고 홍보하는 법을 배우는 과정이다. 상품의 장점과 특징을 배운다는 점에서는 기술적인 과정이기도 하다. 또한 표적으로 삼는 시장을 탐색하고 판매하는 법을 배운다는 점에서는 전략적이기도 하다. 주요 판매 인력이 1만 4000명의 독립적인 중개인들로 구성된 파머스 보험에서, 훈련 내용은 회사의 대리인이 자기만의 판매 영역을 구축하고 경영해

나가는 성공적인 기업가가 되도록 준비시키는 것이어야 한다.

파머스는 재산 및 재해 보험과 연금보험이나 뮤추얼 펀드 같은 투자 상품을 취급하여 한 해에 무려 200억 달러의 수입을 올린다. 이 회사의 훈련 범위를 모두 기술하려면 책이 몇 권은 나오겠지만 우리가 초점을 맞출 부분은 파머스가 신입사원을 데려와서 판매, 마케팅, 사업 계획, 브랜드의 네 가지 영역에서 훈련시키는 방식이다. 이 회사의 신입사원 연수는 다르지만 관련 있는 주제들을 교차하여 학습하고 연습함으로써 각각의 영역에 의미를 더하게 하고 능력을 키우게 하는 훌륭한 본보기다.

이 회사는 매년 신입사원을 2000명까지 뽑는다. 많은 사람들이 기존의 직장을 떠나 자기 사업을 경영하면서 얻을 수 있는 보상과 기회를 찾는다. 신입사원들은 일단 일주일에 거쳐 집중 훈련을 받는다.

처음에 참가자들은 잡지 한 무더기와 가위, 사인펜을 받고 앞으로 5년 후 성공한 파머스 보험 중개인이 어떤 모습일지 커다란 포스터보드에 표현하게 된다. 어떤 사람은 멋진 집과 차를 오려 붙인다. 또 어떤 사람은 아이들을 대학에 보내고 연로한 부모님을 돌보는 모습을 표현한다. 핵심은 간단하다. 5년 뒤 매년 25만 달러를 벌고 2500개의 보험을 관리하는 것이 누군가에게 성공을 의미한다면, 그렇게 되기 위해 4년 안에는 어떤 위치에 있을지, 3년 안에는 어떨지, 심지어 지금부터 3개월 후에는 어떨지 거꾸로 짚어나가도록 하는 것이다. 포스터에 표현된 이미지는 그 사람이 향하는 곳을 가리키고, 거꾸로 짚어나가면서 했던 계산은 지도이며, 앞으로 며칠에서 몇 달에 걸쳐 배울 기술들은 그 여정을 가능케 하는 도구가 된다.

이렇게 시작한 첫 주에는 파워포인트 강의 같은 것도 없고 처음부터 끝까지 교육받는 분위기는 아니지만 일종의 상향식 학습을 하기는 한다. "성공하기 위해서는 어떤 기술과 지식이 필요할까?"와 같은 질문을 던지기 때문이다.

학습은 영업, 마케팅, 사업 계획, 회사 가치 및 브랜드와 관련된 주제들을 두루 거치는 연습으로 이루어진다. 다시 앞의 주제로 돌아갈 때마다 참가자들은 좀 전에 배운 것을 떠올려야 하고, 새롭고 넓어진 맥락에서 그것을 적용해야 한다.

예를 들면 참가자들은 교육장에 도착한 후 빨강, 파랑, 초록 그룹으로 배정받는다. 빨강 그룹은 방 안에서 사람들을 만나보라는 지시를 받는다. 파랑 그룹은 방 안에 있는 사람에 대해 세 가지씩 배우라는 지시를 받는다. 초록 그룹은 다른 사람의 가족(family), 이전의 직업(occupation), 좋아하는 오락(recreation), 가장 즐기는 것(enjoy)을 물어보라는 지시를 받는다. 모두 다시 모여서 서로에 대해 무엇을 알게 되었는지 공유하면 다른 사람과 이야기할 때 구체적인 지시에 따랐던 초록 그룹이 동료에 대해 가장 많이 배웠다는 사실이 금방 드러난다.

그 주에 시간이 좀 지나서 영업에 대해 이야기할 때 이런 질문이 나온다. 잠재고객에 대해 알 수 있는 가장 효과적인 방법은 무엇인가? 누군가 처음에 했던 그 유익한 교제 연습을 떠올린다. 어색함을 깨는 수단이었던 그 질문은 이제 잠재고객에 대해 아는 데 유용한 도구가 된다. 가족, 직업, 오락, 즐기는 것의 앞 글자만 따서 이것을 FORE라고 부른다.

그 주 내내 네 가지의 주요 훈련 주제를 반복해 다루어서 확실히 배우고 나면 이제 연습은 그와 관련된 질문으로 넘어간다. 참가자들은 영업 목표를 달성하기 위해 필요한 고객과의 접점을 만들어내려면 어떤 마케팅과 개발 전략이 필요한지 브레인스토밍을 한다. 효과적인 영업과 마케팅 체계에는 5-4-3-2-1이라는 구조가 있다. 매달 새로운 마케팅 기획을 다섯 건 내놓아야 하고, 크로스 마케팅과 고객 유지 프로그램을 네 건 진행해야 하고, 매일 약속을 세 건 잡아야 하고, 약속 두 건을 완료해야 하고(유망고객은 종종 약속 시간을 변경한다), 새 고객 한 명에게 두 개의 상품을 판매해야 한다. 한 달에 일하는 날이 22일이면 1년에 새로 500건을 계약하게 되고, 5년 동안 2500건을 계약하게 된다.

연습은 학습 전략의 중심이다. 이들은 잠재고객에게 어떻게 반응해야 하는지 연습한다. 회사의 상품을 팔려고 노력할 때 판매에 대해 배우기도 하지만, 자신이 팔고 있는 상품에 대해 배우기도 한다. 파워포인트 앞에 앉아서 길고긴 상품의 특징을 보는 대신 한 명은 중개인이 되고, 다른 한 명은 잠재고객이 된다. 그 다음에는 서로 역할을 바꾼다.

이런 연습을 서로 번갈아가면서(교차) 할 때 신입사원은 회사의 역사에 대해, 그것이 무엇을 상징하는지에 대해 배우게 된다. 예를 들면 허리케인 카트리나 같은 재난에서 사람들이 회복하는 데 어떤 도움을 주었는지에 대한 이야기를 통해 사람들의 삶에서 회사의 상품이 의미하는 가치를 알게 된다.

마케팅이 중요하지만 자원이 한정되어 있을 때, 신입사원은 투자를 해야 한다. 어떤 전략이 이익이 될지 어떻게 결정하는가? 다이렉트 메일(예상 고객을 선정하여 인쇄물을 우편으로 보내거나 인터넷으로 안내문을 보내는 식으로 잠재고객에게 직접적인 메시지를 보내는 광고 방식–옮긴이) 광고를 했을 때 합리적으로 예상할 수 있는 응답자의 비율은 얼마나 될까? 신입사원은 곰곰이 생각하고 나서 과감하게 추측한다. 이 중 적어도 한 명은 다이렉트 메일 마케팅을 경험한 뒤 정신이 번쩍 드는 대답을 하게 될 것이다. 응답률은 많은 사람들이 추측한 50퍼센트가 아니라 1퍼센트에 가깝다.

일단 잠재고객을 찾았다면 그 사람에게 회사의 상품이 충족해줄 수 있는 욕구가 있는지 어떻게 알아낼 것인가? 이때 편리한 두문자어, FORE를 떠올린다. 가족, 직업, 오락, 즐거움에 대해 묻는 습관은 그저 친해지기 위한 도구가 아니라 그보다 훨씬 효과적인 전략이 된다. 이 습관은 잠재고객의 인생에서 가장 중요한 영역을 확인하여 그 사람의 재산을 보호해주고 재정적 목표를 이루도록 도와줄 수 있는 회사의 보험 상품과 금융 상품을 떠올릴 단서를 제공한다.

이 주제에서 저 주제로 중심축을 옮겨 다닐 때마다 신입사원의 이해는 깊어지고 새로운 기술이 형태를 갖추어간다. 이런 식으로 항상 5년 후의 비전과 그 곳으로 가는 지도를 보면서, 필수적인 핵심 교육 과정을 생성, 교차, 간격을 둔 연습을 통해 익힌 신입사원은 파머스 보험 가족의 일원으로서 성공하기 위해 무엇을 어떻게 해야 하는지 체득한다.

직원 트레이닝 프로그램을 혁신한 지피 루브 대학

교육의 혁신이 동네 정비소에서 튀어나올지 예상하지 못했다면 지피 루브(Jiffy Lube)에 대한 이야기에 놀랄지도 모른다. 지피 루브 대학이라는 이름 아래 개설된 통합적인 교육 과정은 가맹점이 고객을 유치하고 이직률을 줄이며, 서비스 범위를 넓혀주고 판매를 촉진하도록 도와준다.

지피 루브는 미국과 캐나다에 2000곳 이상의 매장을 두고 오일 교환, 타이어 교환 및 자동차 정비 서비스를 제공하는 체인사업체다. 셸 오일회사의 자회사이기는 하지만 모든 매장은 독립적인 가맹점주가 소유하고 직원도 직접 고용하는 식으로 운영된다.

다른 사업과 마찬가지로 이 사업은 시장의 변화와 기술 발전에 맞춰야 했다. 합성 윤활유는 오일 교환을 자주 하지 않아도 되게 만들었고, 자동차는 점점 복잡해졌기 때문에 직원들은 고장 진단 코드를 이해하고 적절한 서비스를 제공하기 위해 높은 수준의 훈련을 받아야 한다.

능숙한 실력을 인정받기 전에 손님 차에 손을 대려고 하는 직원은 없다. 그들은 인터넷 기반 학습 체계인 지피 루브 대학에 들어간다. 자격 증명 과정은 쌍방향 전자학습(e-러닝)으로 시작한다. 자주 퀴즈를 보고 피드백을 받으면서 특정한 일에 필요한 지식과 그것이 수행되는 방식을 배운다. 시험에서 80퍼센트 이상의 점수를 받으면 직원들은 트레이닝을 받기 시작할 수 있고, 서비스 활동을 여러 단계로 나누어 적어놓은 지침서를 보면서 새로운 기술을 연습할 자격이 생긴다.

이 서비스 활동은 30단계로 되어 있고 팀을 이루어 수행해야 하며 주고받는 형식으로 되어 있는 것이 많다. 예를 들면 엔진 위쪽에서 일하는 기술자와 아래에서 일하는 기술자가 협력해야 하는 경우가 여기에 해당한다. 관리자는 직원들을 지도하고 각 단계에서 직원의 수행을 평가한다. 직원이 숙달되었음을 입증하면 영구적인 파일에 자격증이 기록되며 관리자가 서명한다. 자격을 계속 유지하려면 2년마다 다시 증명을 받아야 하고 운영과 기술적 변화에 적응해야 한다. 브레이크 수리나 엔진 고장 진단처럼 고급 서비스에 필요한 수준 높은 작업도 같은 방식으로 훈련을 받는다.

e-러닝과 현장 훈련은 퀴즈, 피드백, 간격을 두고 하는 연습, 교차 연습 등 다양한 형태를 포함하는 능동적인 학습 전략이다. 모든 진행 상황은 가상의 '계기판'인 컴퓨터 화면에 나타난다. 이 화면에서는 개인별 학습 계

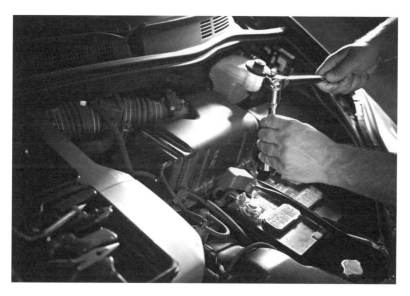

자동차 정비 서비스 체인업체 지피 루브는 시장 변화와 기술 발전에 부응하기 위해 e-러닝과 현장 훈련을 결합시킨 대학을 운영하며 퀴즈, 피드백, 간격을 두고 하는 연습, 교차 연습 등 다양한 형태를 포함하는 능동적인 학습 전략을 채택한다.

획을 제공하고 직원이 자신의 수행을 추적해볼 수 있게 해주며 더 연마해야 할 기술에 초점을 맞추고 회사 일정과 직원의 진행 상황을 맞추어 관찰할 수 있다. 지피 루브의 직원들은 열여덟 살에서 스물다섯 살까지가 대부분이고 첫 직장인 경우가 많다. 한 영역에서 자격증을 딴 기술자는 또 다른 트레이닝을 시작하여 경영까지 포함해서 매장의 모든 업무 영역에 대한 훈련을 받게 된다.

지피 루브 인터내셔널의 학습과 개발 부문 매니저인 켄 바버(Ken Barber)는 트레이닝이 직원들의 흥미를 끄는 방향으로 진행되어야 한다고 말한다. 우리와 이야기할 때 바버는 회사 매니저들을 위한 '매장 매니저의 하루'라는 컴퓨터 기반 시뮬레이션 게임을 마무리하는 중이었다. 이 게임에서 서비스 센터 매니저는 다양한 문제와 마주치고 그 상황을 해결하기 위해 가능한 전략들 중 하나를 선택해야 한다. 그의 선택에 따라 펼쳐지는 게임은 피드백과 함께 더 나은 결과를 위해 노력할 기회를 제공하고, 의사 결정 기술을 더욱 날카롭게 다듬을 수 있게 해준다.

지피 루브 대학은 설립된 이후 6년 동안 트레이닝 분야에서 많은 상을 받았고 미국 교육위원회(American Council on Education)의 승인을 받았다. 모든 직무에서 자격증을 받은 직원은 대학 학점으로 7학점을 인정받고 중등학교 이상의 교육기관에 등록할 수 있다. 이 프로그램이 시작된 이후로 직원 이직률은 떨어졌고 소비자 만족도는 올랐다. 바버는 이렇게 말한다.

"지피 루브의 거의 모든 직원들에게 이 프로그램은 직업인으로 인정받는 길이며, 이곳의 트레이닝 과정은 직원들이 계속 지식을 쌓고 확장하도록 도와줍니다. 성공으로 통하는 길을 찾는 것도 도와주죠."[12]

현장 노동자가 업무 방식을 바꾸는 앤더슨 창호

앤더슨 창호(Andersen Windows and Doors)에서는 끊임없이 개선을 추구하는 문화가 학습에 대한 생각을 뒤바꾼다. 이곳에서는 생산 노동자가 매니저들에게 공장을 더 효율적으로 운영하는 방법을 가르친다.

이 이야기는 이 장에서 소개한 다른 사례들과 두 가지 면에서 다르다. 차이점 중 하나는 현장에서 학습 문화를 만든다는 점이고, 또 하나는 직원들에게 배운 것을 활용하여 작업장을 바꿀 수 있는 권한을 준다는 점이다. 직원들에게 직무상 문제를 확인하고 개선을 제안하도록 권장하는 이 회사는 지금까지 논의했던 학습 기법 중 가장 강력한 기법 중 하나인 '문제를 풀기 위해 씨름하는 것'을 뒷받침하는 실례다.

이 사례에서 초점을 맞출 곳은 리뉴얼 바이 앤더슨(Renewal by Andersen)이라는 부문이다. 이곳에서는 모든 크기와 유형의 교체용 창문을 생산한다. 여기에는 내리닫이, 여닫이, 미닫이, 전망창, 독특한 모양의 특수창 등이 포함된다.

미네소타 코티지 그로브에 있는 리뉴얼 바이 앤더슨의 시설에서, 내리닫이 창 생산 라인에서는 36명이 8시간씩 세 근무조로 나뉘어 일한다. 한 근무조는 바깥 창틀을 제조하고 한 근무조는 안쪽 창틀을 제조하며 마지막 근무조는 최종적으로 조립을 한다. 각 근무조는 작업장을 네 개씩 쓰고 근무조의 안전, 품질, 비용, 배달을 책임지는 리더가 통솔한다. 직원들은 반복성 스트레스 손상을 최소화하고 교차 훈련의 폭을 넓히기 위해 두 시간마다 작업의 내용을 바꾼다. 다르지만 관련 있는 두 가지 이상의 주제를 교차하여 연습하는 것과 마찬가지로 작업 내용을 수시로 바꾸는 것은 직원이 종합적인 과정을 이해하고 예상치 못한 사건에 더욱 다양하게 대응

할 수 있게 해준다.

모든 업무가 글로 쓴 표준에 맞추어 수행된다는 점은 그리 놀라운 일이 아닐 것이다. 여기에는 각각의 작업 단계와 방식이 설명되어 있다. 글로 쓴 표준은 제품의 통일성과 품질을 위해 아주 중요하다. 공장 매니저인 릭 윈빈(Rick Wynveen)은 글로 적힌 표준이 없으면 네 명이 제각각 네 가지 방식으로 일을 하고 네 가지 버전의 제품이 나올 것이라고 말한다.

새 직원이 들어오면 연습 순서와 피드백에 따라 훈련을 받는데 윈빈은 이것을 가리켜 "말하고-보여주고-실행하고-검토하기"라고 한다. 신입직원은 노련한 직원과 짝이 되어, 일을 하면서 연습한다. 피드백은 학습과 수행을 글로 쓴 표준에 맞추도록 하는 역할을 한다.

노동자가 어떻게 매니저를 교육하는 것일까? 노동자에게 생산성을 높일 아이디어가 있고 경영상으로 받쳐줄 수 있다면, 예를 들면 노동자가 좀 더 편하게 일하고 빨리 조립할 수 있도록 부품이 작업대에 도착하는 방식을 개조하면 그 의견을 제안한 노동자는 생산에서 벗어나 새로운 표준의 시행을 돕게 된다. 윈빈은 이렇게 말한다. "누구의 아이디어든 다 소중해요. 기사든, 정비 기술자든, 생산 노동자든 말이에요."[13] 마찬가지로 생산 라인에서 어떤 부품에 문제가 있을 때 상황을 확인하고 그 문제를 해결하기 위해 생산 공정을 재설계하는 것도 노동자의 몫이다.

직원의 교육적 역할은 윈빈이 카이젠 이벤트(Kaizen event)라고 부르는 일에서 가장 극적으로 드러난다. 카이젠은 개선이라는 뜻의 일본어다. 카이젠은 도요타 자동차의 성공에서 중심적 역할을 했고 많은 회사에 도입되어 끊임없이 개선하는 문화를 창조하는 데 도움이 되었다.

내리닫이 창문 생산 라인의 생산성을 크게 늘리고 싶었던 윈빈은 카이젠 이벤트에 참여할 디자인 팀을 뽑았다. 디자인 팀은 엔지니어, 정비 기술자, 생산 라인의 리더 격인 직원, 생산 노동자 다섯 명으로 구성되었다. 이들에게는 이 라인이 차지하는 공간을 40퍼센트 줄이고 생산량을 두 배로 늘리는 도전적 목표(stretch goal, 스스로 가능하다고 생각하는 것 이상을 추구하는 목표-옮긴이)가 있었다. (도전적 목표는 더 잘하는 것으로는 달성할 수 없고 방법을 상당히 많이 바꿔야 하는 목표다.) 디자인 팀은 회의실에서 하루 여덟 시간씩 일주일 동안 회의를 했다. 그 과정에서 생산 과정의 각 요소, 생산 능력, 제약조건에 대해 서로 가르쳤고, 생산 라인을 어떻게 하면 더 작고 더 효율적으로 만들지 질문을 던졌다. 그 다음 주 그들은 윈빈에게 와서 "이게 우리가 할 수 있다고 생각하는 거예요."라고 말했다.

이 계획을 받아들여 열두 곳의 작업장 모두에 적용하기로 한 윈빈은 한 가지 단순한 의문이 떠올랐다. 이 계획을 시행하려면 어떤 점을 바꿔야 할까? 생산 노동자들과 리더는 머리를 맞대고 작업 요소들이 새로운 계획에 맞도록 재설계했다. 생산 라인은 2주에 걸쳐 주말마다 분해되어 절반짜리 두 개로 재조립된 다음 재가동되었고, 그 다음 달 동안 미세하게 조정되었다. 생산 노동자들이 제안하여 추가로 200퍼센트 향상을 생성하게 된 이 과정은 시험, 피드백, 조정을 포함한 학습 과정이었다.

결과는 어떻게 되었을까? 다섯 달 후 그 생산 라인은 윈빈의 도전적 목표에 도달했을 뿐만 아니라 비용을 반으로 줄였다. 기계를 개조하고 임시로 가동하는 동안 생산 팀들은 발송을 제때 못한 적도 없고 품질 문제도 없었다. 관여(engagement)의 원칙, 즉 지위에 관계없이 공장의 모든 직원이 능동적으로 아이디어를 추구하는 것이 끊임없이 개선을 추구하는 이 회사 문화의 핵심이다. 윈빈은 이렇게 말한다. "관여는 말하려는 의지와 신뢰의 경영 유형이에요." 생산 직원들은 일하면서 설계를 개선하는 법을 배웠고, 회사는 제안을 듣고 직원이 그 제안의 실행에 참여할 수 있는 통로를 제공해주었다.

학습하는 문화는 직원들에게 배울 책임을 부과하고 그들이 체계를 바꿀 수 있도록 권한을 준다. 문제를 풀면서 배우는 것(생성)과 다른 사람을 가르치면서 배우는 것(정교화)은 직원 스스로의 능력과 그들이 구성하는 생산 라인의 수행을 끊임없이 개선하는 동력이 된다.

효과적인 학습을 통해 회사를 반석에 올린 이너게이트 침술

한 여자의 남편이자 두 아이의 아버지이며 침술, 안마, 약초 치료 등 중국 전통 의술에 열정적인 30대의 의료인 에릭 아이작맨(Erik Isaacman)의 이야기를 살펴보자. 오리건 포틀랜드에서 이너게이트 침술을 어설프게 운영하던 에릭이 어떻게 사업상의 문제를 해결했는지 들려준다. 그의 사업체는 환자 치료에는 성공적이었지만 사업 운영 면에서 애를 먹고 있었다.

에릭과 사업 파트너 올리버 러네티(Oliver Leonetti)는 중국 전통 의학 분야 석사 학위를 취득한 다음 2005년 이너게이트를 열었다. 입소문과 창의적인 마케팅으로 손님이 줄을 서기 시작했다. 포틀랜드는 대체의학이 자리 잡기에 좋은 곳이었다. 사업은 성장했고, 그만큼 비용도 늘었다. 이들은 더 큰 공간을 얻고, 일정과 사무실을 관리해줄 사람을 고용했다. 세 번째 임상의도 데려왔고 사무를 볼 직원도 새로 뽑았다. 에릭은 나와 대화하던 중 이렇게 회상했다. "우리는 매년 35~50퍼센트 성장하고 있었어요. 그러나 비용을 관리할 체계도 없었고, 명확한 목표나 경영 체계도 없었어요. 우리가 사업체를 전혀 경영할 줄 모른다는 사실이 금방 분명해졌죠."[14]

에릭의 환자 중 오리건의 사업 코치인 캐시 마익스너가 있었다. 그녀는 이들에게 도움을 주었다. "관리가 안 된 성장은 무서운 거예요. 앞으로 뛰어올랐는데도 거기서 허우적거리게 되죠." 마익스너는 많은 질문을 했고 그 질문은 곧 에릭과 올리버가 생각하는 병원 시스템의 심각한 공백에 초점을 맞추었다. 세 사람은 코칭 시간을 자주 잡았다. 그 사이 에릭과 올리버는 그들의 사업에 빠져 있는 기본 요소를 생각해냈다. 그들에게 없는 것은 운영 매뉴얼, 직무 기술서, 재정적 목표, 의사들의 수행을 측정할 척도 등이었다.

모든 사업은 주인이 둘 있다. 하나는 소비자, 하나는 이익이다. 에릭은 올리버와 자신의 학습 곡선을 돌이켜보면서 말했다. "우리 의사들은 중국 전통 의술을 적용하는 법보다 더 많은 것을 알아야 해요. 한 번 온 환자를 어떻게 계속 오게 하는지, 보험에서 부담해주는 비용을 환자에게 이해시키려면 어떻게 해야 하는지 말이에요. 소비자를 만족시키는 게 최우선 사항이지만 우리 앞으로 나온 청구서도 지불해야 하니까요."

마익스너는 코칭 시간 동안 생성, 반추, 정교화, 마음속 연습을 사용했다. 질문을 통해 미흡한 부분들을 드러냈고, 직원들에게 권한을 주고 일을 위임하는 효과적인 관리자가 되기 위해 두 사람에게 어떤 행동과 도구가 필요할지 더욱 깊이 이해하도록 했다.

이들은 진료 정보를 남기는 체계를 개발했다. 그 체계를 통해 환자가 몇 명이나 오는지, 재방문을 안 하는 환자는 얼마나 되는지, 누구에게 소개를 받고 왔는지 같은 정보를 알게 됐다. 또한 보험회사에서 돈을 제대로 지급받고 있는지 확인하는 법도 배웠다. 이들은 의사들이 처음 환자를 진찰할 때 따라야 할 통일성 있는 절차 혹은 견본을 만들었다. 그런 다음 임직원끼리 역할극을 했다.

진료소를 굳건한 토대 위에 올려놓은 것은 에릭이 동료들에게 효과적인 코치이자 교사가 된 덕분이었다. 에릭은 이렇게 말했다. "그냥 직관에 맡기고 있지는 않아요." 예를 들면, 처음 온 환자를 진찰할 때 의사들이 따라야 할 새로운 절차는 환자가 어떤 이유로 왔는지, 어떤 치료법이 유용할지, 치료법을 환자가 이해하기 쉬운 말로 어떻게 표현할지, 진료비와 보험 적용 여부를 어떻게 의논할지, 치료 계획을 어떻게 권할지 등의 문제를 명확히 하는 데 도움이 된다.

"의사들끼리 역할극을 하는 거예요. 이번엔 내가 의사고, 친구가 환자 역할을 해요. 질문하고, 항의하고, 어떻게 반응할지 연습하고, 마지막에 어떻게 끝날지도 연습하고 제대로 끝을 내요. 그 다음엔 서로 역할을 바꿔서 하죠. 역할극을 녹음해서 들으면서 내가 환자를 대할 때와 친구가 환자를 대할 때 어떻게 다른지 차이점도 들어보고요."

다시 말하면 이 과정은 시뮬레이션, 생성, 시험, 피드백, 연습을 통해 학습하는 과정이다.

이 글을 쓰는 지금 이너게이트는 문을 연 지 8년째가 되었다. 에릭과 올리버는 학습자이자 교사로서 열심히 노력함으로써 그들의 열정을 탄탄한 사업으로 바꾸었고 이너게이트는 포틀랜드에서 가장 인기 있는 침술 진료소 중 하나가 되었다.

지금까지 이 책에서는 교육이 아니라 학습에 대해 이야기했다. 학습의 책임은 모든 개인에게 있는 반면 교육과 훈련의 책임은 각 기관들에 있다. 교육은 어려운 질문들과 마주하고 있다. 우리는 옳은 일을 가르치고 있는가? 아이들이 아직 어릴 때 손을 뻗어주고 있는가? 어떻게 결과를 측정해야 하는가? 우리 젊은이들이 학위를 따기 위해 미래를 저당 잡히고 있지는 않은가?

우리는 이 시급한 문제들과 씨름해야 한다. 한편 이 책에서 소개한 아주 효과적인 학습 기법들은 학습자, 교사, 트레이너가 어디서든 지금 당장 사용할 수 있는 것들이다. 비용도 들지 않고 구조를 바꾸지 않아도 된다. 이 학습 기법들이 약속하는 이득은 현실적이면서도 오래 지속될 것이다.

::감사의 글::

이 책을 쓰는 작업은 정말로 대규모 공동 사업이었다. 작가들은 3년이 넘는 기간 동안 가장 생산적인 방식으로 협력했다. 많은 분들과 단체들이 지지해주고 통찰력을 보태주었다.

먼저 헨리 뢰디거와 마크 맥대니얼에게 '교육 현장 개선을 위한 인지심리학의 응용' 연구 보조금을 지급한 것에 대해 미주리 세인트 루이스의 제임스 S. 맥도널 재단에 감사의 말을 전한다. 헨리 뢰디거가 책임 연구원으로서 받은 이 보조금은 10년 동안 협력하여 인지과학을 교육에 적용하는 작업에 매진한 11명의 연구자를 지원해주었다. 이 책은 맥도널 재단이 지원한 이 연구에 크게 힘입어 탄생했다.

우리에게 많은 것을 가르쳐준 연구자 그룹의 나머지 아홉 명에게도 감사한다. UCLA의 로버트와 엘리자베스 비욕, 켄트 주립대학교의 존 던로스키와 캐서린 로슨, 워싱턴 대학교의 래리 자코비, 듀크 대학교의 엘리자베스 마시, 워싱턴 대학교의 캐슬린 맥더모트, 컬럼비아 대학교의 재닛

멧칼프, 샌디에이고 캘리포니아 대학교의 해럴드 패슐러에게 감사의 말을 전한다. 특히 맥도널 재단의 이사장인 존 브루어와 부이사장인 수전 피츠패트릭의 인도와 지지에 감사하며, 제임스 S. 맥도널 가족에게도 감사를 드린다.

또한 교육과학 연구소의 인지와 학생 학습 프로그램(미국 교육부)에도 감사드린다. 뢰디거와 맥대니얼이 캐슬린 맥더모트와 협력하여 학교 현장에서 진행한 연구에 이 프로그램에서 지원한 보조금이 큰 도움이 되었다. 지원이 없었더라면 일리노이의 컬럼비아 중학교와 컬럼비아 고등학교에서 수행한 이 연구는 불가능했을 것이다. 또 CASL 프로그램에서 도와준 연구원 엘리자베스 알브로, 캐롤 오도넬, 에린 히긴스에게도 감사한다.

여기에 더해 컬럼비아의 교사와 교장 선생님, 학생들에게도 고마움을 전하며 특히 연구를 시작한 컬럼비아 중학교의 교장 로저 챔벌린, 처음으로 우리 연구를 교실에서 실행하게 해준 교사 패트리스 베인에게 특히 고마운 마음을 보낸다. 이 밖에도 교실에서 실험을 수행하도록 허락해준 교사들, 테레사 페런즈, 앤드리아 마첸바커, 미셸 스피비, 애미 코크, 켈리 랜드그래프, 칼리 오트웰, 신디 맥멀런, 미시 스티브, 닐 오도넬, 린다 말론에게 고마운 마음을 전한다. 또한 크리스티 더프리, 린지 브록마이어, 바비 홀서, 리사 크레시, 마르코 샤콘, 애나 딘도프, 로라 디안토니오, 제시 브릭, 앨리슨 오븐하우스, 메건 맥도니얼, 애런 데비를 포함한 정말 멋진 연구 보조원들이 우리를 도와주었다.

푸자 아가왈은 이 프로젝트의 각 단계마다 중요한 역할을 해냈고 워싱턴 대학교의 대학원생으로서 매일같이 연구를 이끌었으며 박사 후 과정을 밟는 연구원으로서 관리와 감독을 맡아주었다. 이 책에서 제시하는 실용적인 제안들 중에도 이 학교 현장 연구에서 얻은 것이 많은 비중을 차지한다.

캘리포니아 샌디에이고의 다트 뉴로사이언스(Dart Neuroscience)는 넉넉한 보조금으로 기억력 선수들에 대한 우리의 연구를 뒷받침해주었다. 이 연구를 하면서 뢰디거는 수석 조사원으로서 데이비드 발로타, 캐슬린 맥더모트, 메리 파이크에게 합류하여 일했다. 우리는 이 프로젝트에서 몇 명의 기억력 선수들을 테스트했다. 그 가운데 자신의 이야기를 우리 책에 신게 해준 제임스 패터슨에게 감사한다. 그리고 기억력이 월등히 뛰어난 사람들을 찾아보자는 아이디어를 처음으로 제안해준 다트 뉴로사이언스의 최고 과학 책임자 팀 툴리에게 우리 모두 특별히 감사의 마음을 전한다.

많은 단체에서 아낌없이 우리 연구를 지원해주었지만 이 책에 표현된 의견은 작가들의 주장이지 제임스 S. 맥도널 재단, 교육과학 연구소, 미국 교육부, 다트 뉴로사이언스 등의 의견을 대표하는 것이 아님을 밝혀둔다.

뢰디거와 맥대니얼은 이 책에 언급된 프로젝트에서 우리와 함께 일하고 도와준 많은 학생들과 박사 후 과정 연구원들에게 감사의 말을 전한다. 한동안 관련 있는 여러 프로젝트에서 뢰디거와 함께 일한 대학원생들, 푸자 아가왈, 앤드루 버틀러, 앤디 데소토, 마이클 구드, 제프 카피크, 애덤 퍼트넘, 메건 스미스, 빅터 성카세티, 프랭클린 자롬에게 감사한다.

또한 박사 후 과정 연구원으로 수고해준 푸자 아가왈, 제이슨 핀리, 브리짓 핀, 리사 제라치, 키스 라일, 데이비드 맥케이브, 메리 파이크, 야나 와인스타인에게도 감사한다. 프로젝트를 함께했던 연구 조사팀의 제인 맥코넬, 진 오트만-소토마요, 브리타니 버틀러, 줄리 그레이에게도 고마운 마음을 전하고 싶다. 마크 맥대니얼은 이 책에 넣기에 적절한 연구를 수행해준 제자들, 에이미 캘린더, 신시아 패들러, 댄 하워드, 쿠옌 구옌, 매튜 로빈스, 캐시 와일드먼, 그리고 연구 조수 스태프인 마이클 캐힐, 메리 더비시, 이이 리우, 아만다 메이어에게 감사한다. 박사 후 과정 연구원으로 프로젝트를 함께 해준 제리 리틀, 키스 라일, 아나야 토머스, 루단 토머스에게도 감사의 인사를 전한다.

학습과 기억에 대한 이야기를 우리와 공유함으로써 이 책의 중요한 내용을 쓸 수 있도록 도와준 각계각층의 수많은 사람들에게 깊이 감사한다. 지피 루브 인터내셔널의 켄 바버, 보니 블로젯, 미아 블린데토, 더윈 브라운, 매트 브라운, 패트릭 카스틸로, 빈스 둘리, 마이크 에버솔드, 너새니얼 풀러, 캐서린 존슨, 새라 플래너건, 밥 플레처, 알렉스 포드, 스티브 포드, 데이비드 가먼, 진 저메인, 루시 게롤드, 브루스 헨드리, 마이클 호프먼, 피터 하워드, 카일리 헌클러, 델마 헌터, 에릭 아이작맨, 캐런 김, 김영남, 낸시 라제슨, 더글러스 라슨, 스티븐 매디건, 캐시 마익스너, 마이클 매튜스, 캐슬린 맥더모트, 마이클 맥멀치, 리뉴얼 바이 앤더슨의 릭 윈빈, 제프 모즐리, 제임스 패터슨과 벨러비스 고등학교의 제자들(스테파니 옹, 빅토리아 지보코바, 미켈라 성현 김), 빌 샌즈, 앤드루 소벨, 아네트 톰슨, 파머스 보험의 데이브 나이스트롬, 존 워렌버그, 메리 팻 웬더로스, 마이클 영에게 모두 감사의 마음을 보낸다. 모범적인 기업 훈련 프로그램의 리더들에게 우리를 소개해준 잡지 〈트레이닝〉의 로리 프리펠드에게도 깊이 감사한다.

엘렌 브라운, 캐슬린 맥더모트, 헨리 모이어즈, 스티브 넬슨은 친절하게도 이 책의 초고와 몇 장을 골라 미리 읽어봐주었다. 과학 분야에서 으레 그렇듯이 출판사 쪽에서는 우리 동료인 과학계 인사를 다섯 명 선별하여 익명으로 원고를 검토하도록 했다. 나중에 이름을 밝힌 로버트 비욕, 대니얼 샥터, 댄 윌링햄, 그리고 이름을 밝히지 않은 두 명에게 감사의 인사를 전한다.

마지막으로 이 책을 잘 만들기 위해 애써준 편집자 엘리자베스 놀, 그리고 하버드 대학 출판부의 통찰과 지도, 헌신에 깊이 감사드린다.

– 1장 –

1 심성 모형(mental model)이라는 용어는 전력망이나 자동차 엔진의 작용에 대한 지식처럼 복잡한 개념의 표상을 일컫는 말로 쓰이기 시작했다. 여기서는 그 의미를 확장하여 가끔 운동 스키마(motor schema)라고도 불리는 운동 기능(motor skill)을 가리킨다.

2 J. D. Karpicke, A. C. Butler, & H. L. Roediger, Metacognitive strategies in student learning: Do students practice retrieval when they study on their own?, *Memory* 17 (2010), 471–479에서 언급한 학습자의 학습 전략에 관한 정보.

3 2011년 3월 28일 미네소타 헤이스팅스에서 피터 브라운이 매트 브라운을 인터뷰한 내용. 매트 브라운과 관련된 인용문은 모두 이 인터뷰를 출처로 하였다.

4 http://caps.gmu.edu/educationalprograms/pamphlets/StudyStrategies.pdf에 제시된 조언이다. (2013년 11월 1일 기준)

5 www.dartmouth.edu/~acskills/docs/study_actively.doc에 제시된 조언이다. (2013년 11월 1일 기준)

6 〈세인트 루이스 포스트-디스패치〉에 실린 이 학습 관련 조언은 NIE(Newspaper in Education, 신문 활용 교육 – 옮긴이)를 통해 배포되고 있으며, http://nieonline.com/includes/hottopics/Testing%20Testing%20123.pdf의 14페이지에 "Testing 1, 2, 3! How to Study and Take Tests"라는 제목으로 올라온 자료를 참고하라. (2013년 11월 2일 기준)

7 1페니 동전이 구체적으로 어떻게 생겼는지, 혹은 소화전이 어디 있는지 회상하는 데 단순 반복 경험이 전혀 도움이 되지 않는다는 사실을 밝힌 연구들의 출처는 다음과 같다. R. S. Nickerson & M. J. Adams, Long term memory of a common object, *Cognitive Psychology* 11 (1979), 287-307, A. D. Castel, M. Vendetti, & K. J. Holyoak, Inattentional blindness and the location of fire extinguishers, *Attention, Perception and Performance* 74 (2012), 1391-1396.

8 여기에 언급된 엔델 툴빙의 실험은 E. Tulving, Subjective organization and the effects of repetition in multi- trial free recall learning, *Journal of Verbal Learning and Verbal Behavior* 5 (1966), 193-197에 실렸다.

9 반복 읽기가 이후의 기억에 크게 도움이 되지 않는다는 연구의 출처는 다음과 같다. A. A. Callender & M. A. McDaniel, The limited benefits of rereading educational texts, *Contemporary Educational Psychology* 34 (2009), 30-41.

10 학생들이 학습 전략으로 반복 읽기를 선호한다는 조사는 Karpicke et al., Metacognitive strategies에서 언급되었다. 자료의 출처는 다음과 같다. J. McCabe, Metacognitive awareness of learning strategies in undergraduates, *Memory & Cognition* 39 (2010), 462-476.

11 '안다'는 착각은 이 책 전체를 관통하는 주제다. 전반적으로 참고한 문헌은 다음과 같다. Thomas Gilovich, *How We Know What Isn't So: The Fallibility of Human Reason in Everyday Life* (New York: Free Press, 1991).

12 R. J. Sternberg, E. L. Grigorenko, & L. Zhang, Styles of learning and thinking matter in instruction and assessment, *Perspectives on Psychological Science* 3 (2008), 486-506.

13 컬럼비아 중학교 프로젝트는 M. A. McDaniel, P. K. Agarwal, B. J. Huelser, K. B. McDermott, & H. L. Roediger (2011). Test-enhanced learning in a middle school science classroom: The effects of quiz frequency and placement. *Journal of Educational Psychology*, 103, 399-414에 실렸다.

14 시험을 학습의 수단으로 보는 개념은 2장에 자세히 설명되어 있다. 인지심리학을 교육 분야에 응용한 부분과 2장에서 전반적으로 참고한 문헌은 다음과 같다. M. A. McDaniel & A. A. Callender, Cognition, memory, and education, in H. L. Roediger, *Cognitive Psychology of Memory*, vol. 2 of *Learning and Memory: A Comprehensive Reference* (Oxford: Elsevier, 2008), pp. 819-844.

1 2011년 12월 31일 미네소타 워버쇼에서 피터 브라운이 마이크(마이클) 에버솔드를 인터뷰한 내용. 에버솔드와 관련된 인용문은 모두 이 인터뷰를 출처로 하였다.

2 초기의 망각 곡선은 헤르만 에빙하우스(Hermann Ebbinghaus)가 1885년에 출판하고 1913년에 영어로 번역된 *On Memory*에 등장한다. 가장 최근의 버전은 H. Ebbinghaus, *Memory: A contribution to experimental psychology* (New York: Dover, 1964)이다. 에빙하우스는 종종 기억의 과학적 연구 분야의 '아버지'로 여겨진다.

3 아리스토텔레스와 베이컨의 인용문은 H. L. Roediger & J. D. Karpicke, The power of testing memory: Basic research and implications for educational practice, *Perspectives on Psychological Science* 1 (2006), 181-210에서 따왔다.

4 2010년 9월 7일자 〈뉴욕타임스〉, "Forget what you know about good study habits" (베네딕트 캐리 기자). 이 기사에서 언급된 연구는 H. L. Roediger & J. D. Karpicke, Test-enhanced learning: Taking memory tests improves long-term retention, *Psychological Science* 17 (2006), 249-255이다.

5 A. I. Gates, Recitation as a factor in memorizing, *Archives of Psychology* 6 (1917) and H. F. Spitzer, Studies in retention, *Journal of Educational Psychology* 30 (1939), 641-656. 초등학생과 중학생을 대상으로 한 이 두 번의 대규모 연구는 교훈적인 자료를 암송하거나 시험을 보는 행위가 그 자료를 더 오래 기억하게 한다는 내용을 문서화한 초기의 기록에 해당한다.

6 반복 시험 대 반복 공부에 대한 연구의 출처는 E. Tulving, The effects of presentation and recall of material in free-recall learning, *Journal of Verbal Learning and Verbal Behavior* 6 (1967), 175-184이며, 시험이 망각의 양을 감소시킨다는 연구의 출처는 M. A. Wheeler & H. L. Roediger, Disparate effects of repeated testing: Reconciling Ballard's (1913) and Bartlett's (1932) results, *Psychological Science* 3 (1992), 240-245이다.

7 생성(generation)의 긍정적인 효과는 L. L. Jacoby, On interpreting the effects of repetition: Solving a problem versus remembering a solution, *Journal of Verbal Learning and Verbal Behavior* 17 (1978), 649-667에 언급되어 있다. 이 실험은 정보를 반복해서 접할 때에 비해 기억을 더 잘 유지하기 위해 목표 정보의 생성이 이례적으로

힘들어야 하는 것이 아님을 보여주었다.

8 컬럼비아 중학교에서 수행된 연구를 기록한 두 개의 논문은 다음과 같다. H. L. Roediger, P. K. Agarwal, M. A. McDaniel, & K. Mc-Dermott, Test-enhanced learning in the classroom: Long-term improvements from quizzing, *Journal of Experimental Psychology: Applied* 17 (2011), 382-395, M. A. McDaniel, P. K. Agarwal, B. J. Huelser, K. B. McDermott, & H. L. Roediger, Test-enhanced learning in a middle school science classroom: The effects of quiz frequency and placement, *Journal of Educational Psychology* 103 (2011), 399-414. 이 한 쌍의 논문은 실제 학교 시험에서 중학생들의 사회와 과학 과목 성적을 통해 퀴즈의 긍정적인 효과를 밝혀낸 잘 통제된 실험에 대한 첫 기록이었다. 연구 결과는 퀴즈를 보지 않았거나 복습이 유도된 것과 비교할 때 퀴즈를 본 행위가 단원별 시험과 학기말, 연말 시험에서 괄목할 만한 향상을 이끌어냈다는 점을 입증했다. 그뿐만 아니라 잘 배치된 한 번의 복습 퀴즈가 여러 번의 퀴즈만큼 시험에서 강력한 효력을 발휘한 경우도 있었다. 이 프로젝트에 대한 흥미로운 시각은 주 연구자와 처음으로 참여한 교장, 교사의 연구에 잘 나타나 있다. P. K. Agarwal, P. M. Bain, & R. W. Chamberlain, The value of applied research: Retrieval practice improves classroom learning and recommendations from a teacher, a principal, and a scientist. *Educational Psychology Review* 24 (2012), 437-448.

9 2011년 10월 27일 일리노이 컬럼비아 중학교에서 피터 브라운이 로저 챔벌린을 인터뷰한 내용. 챔벌린과 관련된 인용문은 모두 이 인터뷰를 출처로 하였다.

10 2011년 12월 22일, 미주리 세인트 루이스에서 피터 브라운이 앤드루 소벨을 인터뷰한 내용. 소벨과 관련된 인용문은 모두 이 인터뷰를 출처로 하였다.

11 여기서 설명하는 연구들은 H. L. Roediger & J. D. Karpicke, Test-enhanced learning: Taking memory tests improves long-term retention, *Psychological Science* 17 (2006), 249-255에 실렸다. 이 연구들은 공부했던 자료의 회상이 단순한 복습에 비해 이틀 후, 일주일 후 기억을 더 잘 보유하게 했다는 점을 보여준다. 단어 목록을 이용하여 같은 결과를 얻어낸 이전의 연구는 C. P. Thompson, S. K. Wenger, & C. A. Bartling, How recall facilitates subsequent recall: A reappraisal. *Journal of Experimental Psychology: Human Learning and Memory* 4 (1978), 210-221에 실렸다. 이 연구는 즉각적인 시험에서는 몰아서 공부하는 방법이 인출 연습에 비해 유리했으나 지연된 시험에서는 그렇지 않았음을 밝혔다.

12 피드백의 효과에 대한 연구는 매우 많다. A. C. Butler & H. L. Roediger, Feedback enhances the positive effects and reduces the negative effects of multiple-choice testing. *Memory & Cognition* 36 (2008), 604-616에 실린 연구도 그 중 하나다. 이 연구들은 피드백이 시험의 효과를 강화해주며 약간 지연될 때 더욱 유익할 수 있다는 사실을 보여준다. 또한 피드백이 선다형 시험의 긍정적인 효과를 높이고 부정적인 효과를 줄여준다는 사실도 밝혀냈다. A. W. Salmoni, R. A. Schmidt, and C. B. Walter, Knowledge of results and motor learning: A review and critical reappraisal. *Psychological Bulletin* 95 (1984), 355-386은 운동 기술에 대한 유명한 연구다. 연구자들은 운동 학습에 미치는 피드백의 영향에 대해 유도 가설을 제안했다. 말하자면, 즉각적이고 잦은 피드백은 당장의 수행에 도움이 되지만 장기적인 학습에 해로울 수 있다. 즉각적인 피드백이 연습 중에 버팀목을 제공하지만 지연된 시험에서는 그것이 더 이상 존재하지 않기 때문이다.

13 오픈북 시험 연구의 출처는 다음과 같다. P. K. Agarwal, J. D. Karpicke, S. H. K. Kang, H. L. Roediger, & K. B. McDermott, Examining the testing effect with open- and closed-book tests, *Applied Cognitive Psychology* 22 (2008), 861-876.

14 시험의 종류를 비교하는 연구들은 다음과 같다. S. H. Kang, K. B. Mc-Dermott, H. L. Roediger, Test format and corrective feedback modify the effect of testing on long-term retention. *European Journal of Cognitive Psychology* 19 (2007), 528-558, M. A. McDaniel, J. L. Anderson, M. H. Derbish, & N. Morrisette, Testing the testing effect in the classroom. *European Journal of Cognitive Psychology* 19 (2007), 494-513. 하나는 실험실에서 수행되고 하나는 대학 수업에서 수행된 이 유사한 연구들은 둘 다 피드백을 준 경우 단답형 시험이 단순 인식 퀴즈에 비해 기말 시험에서 유리했음을 밝혀냈다. 이 연구의 의미는 인출 과정에 노력이 더 필요할 때 시험 효과가 더 확실하게 나타나며 대체로 선다형 시험보다 단답형 시험에서 그러하다는 것이다. 하지만 일부 연구는 선다형 시험도 특히 반복적으로 치러질 경우 단답형 시험만큼 긍정적 효력을 발휘할 수 있음을 밝혔다. 참고할 연구는 다음과 같다. K. B. McDermott, P. K. Agarwal, L. D'Antonio, H. L. Roediger, & M. A. McDaniel, Both multiple-choice and short-answer quizzes enhance later exam performance in middle and high school classes, *Journal of Experimental Psychology: Applied*.

15 다음은 학생들이 시험을 학습 전략으로 활용하는 것에 대한 연구들이다. J. D.

Karpicke, A. C. Butler, & H. L. Roediger, III, Metacognitive strategies in student learning: Do students practice retrieval when they study on their own?, *Memory* 17 (2009), 471-479, N. Kornell & R. A. Bjork, The promise and perils of self regulated study, *Psychonomic Bulletin & Review* 14 (2007), 219-224. 이 연구들은 대학생들이 인출 연습을 학습 기법으로 사용하는지에 대한 설문조사를 언급했다.

16 정보를 정확히 회상하지 못하더라도 시험을 보는 행위는 새로운 지식을 더욱 잘 배울 수 있게 해준다. K. M. Arnold & K. B. McDermott, Test-potentiated learning: Distinguishing between the direct and indirect effects of tests, *Journal of Experimental Psychology: Learning, Memory and Cognition* 39 (2013), 940-945 를 참고하라.

17 F. C. Leeming, The exam-a-day procedure improves performance in psychology classes, *Teaching of Psychology* 29 (2002), 210-212. 이 연구는 부담이 적고 잦은 시험에 대한 것이다. 저자는 수업을 시작할 때마다 짧은 시험을 보게 한 집단의 학생들이 수업에 더 많이 출석했고 학기 중에 네 번밖에 시험을 보지 않은 다른 학생들보다 더 많이 배우고 공부했다고 느꼈다는 사실을 발견했다. 매일 시험을 본 집단과 시험을 보지 않은 집단의 기말고사 성적은 학생들이 받은 인상이 사실임을 입증했다. 학교 현장에서 진행된 또 다른 흥미로운 연구는 다음과 같다. K. B. Lyle & N. A. Crawford, Retrieving essential material at the end of lectures improves performance on statistics exams, *Teaching of Psychology* 38 (2011), 94-97. 인출 연습과 시험 연구에 대한 두 개의 평론은 H. L. Roediger & J. D. Karpicke, The power of testing memory: Basic research and implications for educational practice, *Perspectives on Psychological Science* 1 (2006), 181-210에 언급되었다. 이 논문은 거의 100년에 걸쳐 실험실과 학교 현장에서 수행된 연구들에 대해 종합적으로 설명하며, 시험이 강력한 학습 도구가 될 수 있다고 밝힌다. 좀 더 최근의 평론에서는 인출 연습의 직접적인 이득과 더불어 잦은 시험에서 얻을 수 있는 많은 이득을 다룬다. H. L. Roediger, M. A. Smith, & A. L. Putnam, Ten benefits of testing and their applications to educational practice, in J. Mestre & B. H. Ross (eds.), *Psychology of Learning and Motivation* (San Diego: Elsevier Academic Press, 2012). 이 장에서는 학습 기법으로서 시험을 활용하는 것의 여러 가지 잠재적 이득의 요약을 제공한다.

1 콩 주머니 연구에 대한 기록은 R. Kerr & B. Booth, Specific and varied practice of motor skill, *Perceptual and Motor Skills* 46 (1978), 395-401에서 찾아볼 수 있다.

2 잘 통제된 가운데 다양한 자료와 훈련 과제를 이용한 많은 연구들은 학습 효과와 기억력 증진에 집중 연습(같은 행동을 반복적으로 하는 것으로 학습자들이 많이 선호하는 전략)이 시간 간격을 둔 연습과 교차 연습보다 못하다는 확실한 증거를 보여준다. 시간 간격이 기억에 미치는 영향에 대한 논문 비평을 찾아볼 수 있는 곳은 다음과 같다. N. J. Cepeda, H. Pashler, E. Vul, J. T. Wixted, & D. Rohrer, Distributed practice in verbal recall tasks: A review and quantitative synthesis, *Psychological Bulletin* 132 (2006), 354-380.

3 C-A. E. Moulton, A. Dubrowski, H. Mac-Rae, B. Graham, E. Grober, & R. Reznick, Teaching surgical skills: What kind of practice makes perfect?, *Annals of Surgery* 244 (2006), 400-409. 이 수술 연구에서는 하루 종일 수술 절차에 대해 집중적으로 배우는 평범한 강의와 여러 주에 걸쳐 간격을 두고 네 번의 짧은 교육을 받는 실험적인 강의 중에 외과 수련의를 무작위로 배정했다. 간격을 두고 교육받은 경우 수술 기법에 대한 기억의 보유와 응용 능력이 더 우수했다는 이 연구 결과는 의과대학으로 하여금 특정한 수술 기법을 한 번에 몰아서 집중적으로 교육하는 표준 교육 절차를 재검토하도록 촉진했다.

4 수학 문제에서 교차 연습 방식의 이점을 보인 연구는 다음과 같다. D. Rohrer & K. Taylor, The shuffling of mathematics problems improves learning, *Instructional Science* 35 (2007), 481-498. 수학 교재에서 이용하는 표준 연습 방식은 문제 유형별로 연습 문제를 묶어놓는 것이다. 이 실험은 표준적인 연습이 여러 문제 유형이 섞인(교차) 연습 문제가 출제된 연습 단계에 비해 문제 유형별로 새로운 문제가 출제된 기말고사에서 더 낮은 성적을 받게 했다는 점을 보여준다.

5 연습 전략의 차이를 운동 기억 통합의 차이와 결부시킨 이 연구의 출처는 다음과 같다. S. S. Kantak, K. J. Sullivan, B. E. Fisher, B. J. Knowlton, & C. J. Winstein, Neural substrates of motor memory consolidation depend on practice structure, *Nature Neuroscience* 13 (2010), 923-925.

6 애너그램 연구의 출처는 다음과 같다. M. K. Goode, L. Geraci, & H. L. Roediger, Superiority of variable to repeated practice in transfer on anagram solution,

Psychonomic Bulletin & Review 15 (2008), 662-666. 연구자들은 참가자에게 단어를 주고 애너그램을 연습하게 했다. 한 집단은 매번 특정한 목표 단어를 이용한 똑같은 애너그램을 반복해서 풀었고(집중 연습), 반면 다른 집단은 매 시행마다 특정한 목표 단어를 이용한 다양한 애너그램을 풀었다(변화를 준 연습). 마지막 시행에서 제시한 애너그램은 같은 애너그램을 반복해서 풀던 집단의 것과 같았지만 놀랍게도 변화를 준 연습 방식을 이용한 집단이 더 나은 수행을 보였다.

7 화가별 화풍 학습에 대한 연구의 출처는 다음과 같다. N. Kornell R. A. Bjork, Learning concepts and categories: Is spacing the "enemy of induction"?, *Psychological Science* 19 (2008), 585-592. 이 실험들에서 대학생들은 비교적 알려지지 않은 화가들의 화풍을 학습하려고 했다. 학생들은 화가의 그림이 집중적으로 제시되었을 때에 비해 교차 방식으로 제시되었을 때 더 잘 학습했다. 하지만 객관적인 학습 결과와 달리 대부분의 학습자들은 그림이 집중적으로 제시되었을 때 더 잘 학습했다고 주장했다. 또 하나의 유용한 연구는 다음과 같다. S. H. K. Kang & H. Pashler, Learning painting styles: Spacing is advantageous when it promotes discriminative contrast, *Applied Cognitive Psychology* 26 (2012), 97-103. 이 연구는 그림을 섞음으로써 화풍의 차이가 더욱 두드러져 보이는 효과를 거두었다고 밝혔다. (이것을 변별 대비discriminative contrast라고 부르고 있다.)

8 판별력의 향상이 개념적 학습에 기여한다는 연구 결과의 출처는 다음과 같다. L. L. Jacoby, C. N. Wahlheim, & J. H. Coane, Test-enhanced learning of natural concepts: effects on recognition memory, classification, and metacognition, *Journal of Experimental Psychology: Learning, Memory, and Cognition* 36 (2010), 1441-1442.

9 2011년 12월 23일 미주리 세인트 루이스에서 피터 브라운이 더글러스 라슨을 인터뷰한 내용. 라슨과 관련된 인용문은 모두 이 인터뷰를 출처로 하였다.

10 더글러스 라슨의 연구를 찾아볼 수 있는 곳은 다음과 같다. D. P. Larsen, A. C. Butler, & H. L. Roediger, Repeated testing improves long-term retention relative to repeated study: a randomized controlled trial. *Medical Education* 43 (2009), 1174-1181; D. P. Larsen, A. C. Butler, A. L. Lawson, & H. L. Roediger, The importance of seeing the patient: Test-enhanced learning with standardized patients and written tests improves clinical application of knowledge, *Advances in Health Science Education* 18 (2012), 1-17; and D. P. Larsen, A. C. Butler, & H. L.

Roediger, Comparative effects of test-enhanced learning and self-explanation on long-term retention, *Medical Education* 47, 7 (2013), 674-682.

11 2012년 2월 18일 조지아 애선스에서 피터 브라운이 빈스 둘리를 인터뷰한 내용. 둘리와 관련된 인용문은 모두 이 인터뷰를 출처로 하였다.

12 학습에 관심이 있는 심리학자들은 순간적인 수행과 근본적인 학습을 오랫동안 구별해왔다. (지연 후 교차 방식으로 측정) 간단한 예를 들자면 누군가 우리에게 "제임스 먼로는 미국의 5대 대통령이었다."고 말했다고 가정해보자. 그날이나 그 주에 5대 대통령에 대한 질문을 받는다면 정확히 대답할 수 있을 것이고, 그 이유는 조금 전에 들었기 때문일 것이다. (또한 그 때문에 심리학자 로버트 비욕과 엘리자베스 비욕이 인출 강도라고 부르는 것, 혹은 순간 강도가 높아졌을 것이다.) 하지만 1년 후 누군가 5대 대통령에 대해 묻는다면 이것은 습관 강도, 혹은 비욕 부부가 저장 강도라고 부르는 것을 측정하는 척도일 것이다. 이것에 대해서는 R. A. Bjork & E. L. Bjork, A new theory of disuse and an old theory of stimulus fluctuation, in A. F. Healy, S. M. Kosslyn, & R. M. Shiffrin (eds.), *From learning processes to cognitive processes: Essays in honor of William K. Estes* (vol. 2, pp. 35-67) (Hillsdale, NJ: Erlbaum, 1992)를 참고하라. 최근의 논의를 보려면 다음을 참고하라. N. C. Soderstrom & R. A. Bjork, Learning versus performance, in D. S. Dunn (ed.), Oxford Bibliographies online: Psychology (New York: Oxford University Press, 2013) doi 10. 1093/obo/9780199828340-0081.

- 4장 -

1 미아 블런데토와 관련된 모든 인용문은 2013년 2월 9일과 3월 2일 텍사스 오스틴에 있던 피터 브라운과 일본의 후지 캠프에 있던 블런데토와의 전화 통화를 출처로 하였다.

2 '학습에서 바람직한 어려움'이라는 말의 유래는 다음과 같다. R. A. Bjork & E. L. Bjork, A new theory of disuse and an old theory of stimulus fluctuation, in A. F. Healy, S. M. Kosslyn, & R. M. Shiffri (eds.), *From learning processes to cognitive processes: Essays in honor of William K. Estes* (vol. 2, pp. 35-67) (Hillsdale, NJ: Erlbaum, 1992). 이 생각은 직관과 반대되는 듯하다. 과제를 어렵게 만드는 것이 어떻게 더 나은 학습과 지속적인 기억력으로 이어질 수 있는가? 3장의 나머지 내용은 이 수수께

끼와 왜 그런 일이 일어나는 것 같은지에 대해 설명한다.

3 심리학자들은 학습에서 기억으로 가는 과정을 세 단계로 나눈다. 그 세 단계는 부호화 (혹은 정보의 습득), 저장(일정 시간 동안 정보의 지속), 인출(이후 정보의 사용)이다. 어떤 일을 기억해내는 데 성공할 때마다 세 단계를 모두 거친 것이다. 망각(혹은 거짓 기억의 발생. 어떤 사건에 대한 잘못된 '기억'을 인출했으나 그것이 옳다고 믿는 현상)은 어느 단계에서나 일어날 수 있다.

4 통합에 대한 고전적인 논문을 보려면 다음을 참고하라. J. L. McGaugh, Memory-a century of consolidation, *Science* 287 (2000), 248-251. 조금 더 최근에 발표되었고 더 긴 보고서를 보려면 다음을 참고하라. Y. Dudai, The neurobiology of consolidations, or, how stable is the engram?, *Annual Review of Psychology* 55 (2004), 51-86. 수면과 꿈이 기억 통합을 돕는다는 증거를 찾아보려면 다음을 참고하라. E. J. Wamsley, M. Tucker, J. D. Payne, J. A. Benavides, & R. Stickgold, Dreaming of a learning task is associated with enhanced sleep- dependent memory consolidation, *Current Biology* 20 (2010), 850-855.

5 엔델 툴빙은 기억이란 항상 저장된 정보(기억 흔적)와 정보를 상기하게 하는 상황에 존재하는 단서의 산물임을 강조함으로써 기억에 있어서 인출 단서의 중요한 역할을 강조했다. 더 강력한 단서가 있으면 기억 흔적이 약하더라도 회상할 수 있게 된다. E. Tulving, Cue dependent forgetting, *American Scientist* 62 (1974), 74-82.

6 로버트 비욕은 같은 사건이 두 번째로 제시되었을 때 거기서 배울 지식의 가치를 높이는 조치로서 원래의 사건을 어느 정도 잊어버리는 망각의 역할을 강조했다. 중간에 시간 간격이 있는 사건들이 기억에 미치는 영향(간격 효과 혹은 분산 학습 효과)이 그 예다. 더 많은 예를 보려면 다음을 참고하라. N. C. Soderstrom & R. A. Bjork, Learning versus performance, in D. S. Dunn (ed.), Oxford Bibliographies in Psychology (New York: Oxford University Press, in press).

7 오래된 지식이 새로운 지식에 지장을 주는 것을 심리학에서는 부정적 전이(negative transfer)라고 한다. 오래된 정보를 망각하는 것이 어떻게 새로운 정보의 학습에 도움이 될 수 있는지 뒷받침하는 증거를 보려면 다음을 참고하라. R. A. Bjork, On the symbiosis of remembering, forgetting, and learning, in A. S. Benjamin (ed.), *Successful Remembering and Successful Forgetting: A Festschrift in Honor of Robert A. Bjork* (pp. 1-22) (New York: Psychology Press, 2010).

8 기억이 여전히 존재하지만 능동적으로 인출될 수 없는 상황은 기억의 핵심적인 문제로

강조되어왔다(Tulving, 단서의존 망각cue dependent forgetting). 저장된 정보는 이용 가능하다고 하는 한편 인출 정보는 접근 가능하다고 한다. 이 장에서 제시한 오래된 주소의 예, 즉 회상할 수는 없으나 몇 가지 항목 중에서 쉽게 알아볼 수 있는 현상은 이용 가능한 기억을 의식적으로 접근 가능한 것으로 만드는 과정에서 인출 단서의 힘을 보여주는 예다.

9 야구 선수 타격 연습에 관한 연구의 출처는 다음과 같다. K. G. Hall, D. A. Domingues, & R. Cavazos, Contextual interference effects with skilled baseball players, *Perceptual and Motor Skills* 78 (1994), 835-841.

10 '재장전'은 비욕 부부가 약간의 지연 후 개념이나 기술의 재구성을 가리키는 데 쓰는 말이다. 이 견해와 관련하여 손쉽게 이용할 수 있는 좋은 자료는 다음과 같다. E. L. Bjork & R. A. Bjork, Making things hard on yourself, but in a good way: Creating desirable difficulties to enhance learning, in M. A. Gernsbacher, R. W. Pew, L. M. Hough, & J. R. Pomerantz (eds.), *Psychology and the real world: Essays illustrating fundamental contributions to society* (pp. 56-64) (New York: Worth, 2009).

11 재통합이라는 용어는 심리학과 신경과학에서 여러 가지 다른 용도로 쓰인다. 핵심 의미는 원래의 기억을 불러온 다음 다시 통합(인출 연습을 통해)하는 것을 말한다. 하지만 원래의 기억이 인출되었을 때 새로운 정보가 들어오면 원래의 기억은 재통합 과정을 거치면서 변할 수 있다. 재통합은 신경생물학자들과 인지심리학자들 둘 다 연구하는 현상이다. 이러한 연구를 약간 맛볼 수 있는 문헌들은 다음과 같다. D. Schiller, M. H. Monfi ls, C. M. Raio, D. C. Johnson, J. E. LeDoux, & E. A. Phelps, Preventing the return of fear in humans using reconsolidation update mechanisms, *Nature* 463 (2010), 49-. 53, and B. Finn & H. L. Roediger, Enhancing retention through reconsolidation: Negative emotional arousal following retrieval enhances later recall, *Psychological Science* 22 (2011), 781-. 786.

12 교차에 대한 연구는 다음과 같다. M. S. Birnbaum, N. Kornell, E. L. Bjork, & R. A. Bjork, Why interleaving enhances inductive learning: The roles of discrimination and retrieval, *Memory & Cognition* 41 (2013), 392-402.

13 철자가 생략되거나 독특한 글씨체로 쓰인 글이 읽는 데 오래 걸리기는 하지만 기억에 잘 남는다는 연구들이 있다. 참고할 연구는 다음과 같다. M. A. McDaniel, G. O. Einstein, P. K. Dunay, & R. Cobb, Encoding difficulty and memory: Toward a unifying theory, *Journal of Memory and Language* 25 (1986), 645-656, and C. Diemand-Yauman, D. Oppenheimer, & E. B. Vaughn, Fortune favors the bold *(and the italicized)*: Effects of disfluency on educational outcomes, *Cognition* 118 (2010), 111-115. 단원의 개요가 내용과 일치하거나 일치하지 않는 경우에 대한 연구는 다음을 참고하라. S. M. Mannes & W. Kintsch, Knowledge organization and text organization, *Cognition and Instruction* 4 (1987), 91-115.

14 생성이 기억을 더욱 잘 유지하게 해준다고 주장하는 연구는 다음과 같다. L. L. Jacoby, On interpreting the effects of repetition: Solving a problem versus remembering a solution, *Journal of Verbal Learning and Verbal Behavior* 17 (1978), 649-667, and N. J. Slamecka & P. Graf, The generation effect: Delineation of a phenomenon, *Journal of Experimental Psychology: Human Learning and Memory* 4 (1978), 592-604. 이보다 최근에, 학습을 시작하기 전에 생성 단계를 거쳤을 때 수행이 향상된다는 연구가 수행되기도 했다. L. E. Richland, N. Kornell, & L. S. Kao, The pretesting effect: Do unsuccessful retrieval attempts enhance learning? *Journal of Experimental Psychology: Applied* 15 (2009), 243-257.

15 '학습을 위한 글쓰기'와 관련하여 여기에 인용된 연구는 다음과 같다. K. J. Gingerich, J. M. Bugg, S. R. Doe, C. A. Rowland, T. L. Richards, S. A. Tompkins, & M. A. McDaniel, Active processing via write- to-learn assignments: Learning and retention benefits in introductory psychology, *Teaching of Psychology*, (in press).

16 B. F. 스키너에게는 미국 사회의 다른 문제들과 더불어 학교 공부와 관련된 영향력 있고 흥미로운 견해가 많이 있었다. 그의 중요한 저서 『과학과 인간 행동(Science and Human Behavior)』(1953)은 B. F. 스키너 재단 웹사이트에서 무료로 내려받을 수 있다. 또한 이 견해에 대해 알아보려면 다음 문헌을 참고하라. B. F. Skinner, Teaching machines, *Science* 128 (1958), 969-977. 실수 없는 학습은 기억이 손상된 사람들을 가르치는 데 중요해 보이기는 하지만 대부분의 교육적 상황에서 실수는(피드백으로 바로잡을 수 있는 한) 해가 되지 않고 오히려 학습에 도움이 되기도 한다. 이것에 대한 예를 보려면 다음을 참고하라. B. J. Huelser & J. Metcalfe, Making related errors facilitates learning, but learners do not know it, *Memory & Cognition* 40 (2012), 514-527.

17 학생들의 애너그램 풀기에 대한 프랑스의 연구는 다음 문헌에 나타나 있다. F. Autin &

J. C. Croziet, Improving working memory efficiency by reframing metacognitive interpretation of task difficulty, *Journal of Experimental Psychology: General* 141 (2012), 610-618. 실수 축제에 대한 이야기는 2010년 7월 21일 〈가디언〉에 리지 데이비스가 "Paris Stages 'Festival of Errors' to Teach French Schoolchildren How to Think"라는 제목으로 기고한 기사와 같은 내용의 자료인 http://www.guardian.co.uk/world/2010/jul/21/france-paris-festival-of-errors를 참고하라. (2013년 10월 22일 기준)

18 2013년 3월 10일 미네소타 세인트 폴에서 피터 브라운이 보니 블로젯과 통화한 내용. 블로젯과 관련된 인용문은 모두 이 인터뷰를 출처로 하였다.

19 비욕 부부와 관련된 인용문의 출처는 다음과 같다. E. L. Bjork & R. A. Bjork, Making things hard on yourself, but in a good way: Creating desirable difficulties to enhance learning, in M. A. Gernsbacher, R. W. Pew, L. M. Hough, and J. R. Pomerantz (eds.), *Psychology and the real world: Essays illustrating fundamental contributions to society* (pp. 56-64) (New York: Worth, 2009).

– 5장 –

1 심리학에서 상위 인지, 즉 자신의 지식과 수행에 대한 판단을 다루는 분야는 급부상하고 있다. 상위 인지에 대한 일반적인 내용은 John Dunlosky and Janet Metcalfe, *Metacognition* (Los Angeles: Sage, 2009). Daniel Kahneman, *Thinking Fast and Slow* (New York: Farrar, Strauss and Giroux, 2011)와 함께, 우리가 빠지기 쉬운 수많은 착각에 대한 논의들을 참고하라. 이러한 착각들에 대한 이전의 논의는 Thomas Gilovich, *How We Know What Isn't So: The Fallibility of Human Reason in Everyday Life* (New York: Free Press, 1991)에서 볼 수 있다. 더 간결한 논의를 찾아보려면 다음을 참고하라. H. L. Roediger, III, & A. C. Butler, Paradoxes of remembering and knowing, in N. Kapur, A. Pascual- Leone, & V. Ramachandran (eds.), *The Paradoxical Brain* (pp. 151-176) (Cambridge: Cambridge University Press, 2011).

2 2011년 12월 12일 미네소타 미니애폴리스에서 피터 브라운이 데이비드 가먼을 인터뷰한 내용. 가먼과 관련된 인용문은 모두 이 인터뷰를 출처로 하였다.

3 중화항공 사건은 1986년 3월 29일 미국 교통안전위원회(National Transportation Safety Board)의 보고서 "Aircraft Accident report-China Airlines Boeing 747- SP N4522V, 300 Nautical Miles Northwest of San Francisco, California, February 19, 1985"에 기록되어 있으며 http://www.rvs.uni-bielefeld.de/publications/Incidents/ DOCS/ComAndRep/ChinaAir/AAR8603.html에서 찾아볼 수 있다. (2013년 10월 24일 기준)카너헌 사건과 관련된 교통안전위원회의 조사 보고서는 2002년 7월 항공국제 뉴스(Aviation International News, AIN 온라인)에 D. A 롬바르도(D. A. Lombardo)가 "'Spatial disorientation' caused Carnahan crash"라는 제목으로 올린 기사에서 찾아볼 수 있다. 이 자료는 http://www.ainonline.com/aviation-news/aviation-international-news/2008-04-16/spatial-disorientation-caused-carnahan-crash에서 볼 수 있다. (2013년 10월 24일 기준) J. F. 케네디 주니어 사건과 관련된 교통안전위원회의 조사 보고서는 마서즈 빈야드 타임스(Martha's Vineyard Times, mntimes.com)에 N. 시겔먼(N. Sigelman)이 "NTSB says spatial disorientation caused Cape Air crash"라는 제목으로 올린 기사에 기록되어 있다. 이 자료는 http://www.mvtimes.com/ntsb-says-spatial-disorientation-caused-cape-air-crash-960/에서 찾아볼 수 있다. (2013년 10월 24일 기준)

4 2010년 6월 24일자 〈뉴욕타임스〉에 E. 모리스(E. Morris)가 기고한 "The anosognosic's dilemma: Something's wrong but you'll never know what it is(part 5)"를 참고하라.

5 L. L. Jacoby, R. A. Bjork, & C. M. Kelley, Illusions of comprehension, competence, and remembering, in D. Druckman & R. A. Bjork (eds.), *Learning, remembering, believing: Enhancing human performance* (pp. 57-80) (Washington, DC: National Academy Press, 1994)를 참고하라.

6 캐롤 해리스/헬렌 켈러 실험은 R. A. Sulin & D. J. Dooling, Intrusion of a thematic idea in retention of prose, *Journal of Experimental Psychology* 103 (1974), 255-262에 기록되어 있다. 기억 착각의 개요에 대해서는 H. L. Roediger & K. B. McDermott, Distortions of memory, in F. I.M. Craik & E. Tulving (eds.), *The Oxford Handbook of Memory* (pp. 149-164) (Oxford: Oxford University Press, 2000)을 참고하라.

7 상상 팽창 현상은 생애 초기 기억에 대한 연구와 실험실 연구, 두 경우에 다 나타난다. 상상 팽창 현상이 나타난 최초의 연구는 각각 다음과 같다. M. Garry, C. G. Manning,

E. F. Loftus, & S. J. Sherman, Imagination infl ation: Imagining a childhood event infl ates confi dence that it occurred, *Psychonomic Bulletin & Review* 3 (1996), 208-214, and L. M. Goff & H. L. Roediger, Imagination infl ation for action events: Repeated imaginings lead to illusory recollections, *Memory & Cognition* 26 (1998), 20-33.

8 유도 질문 실험에 대해서는 다음 자료를 참고하라. E. F. Loftus & J. C. Palmer, Reconstruction of automobile destruction: An example of the interaction between language and memory, *Journal of Verbal Learning and Verbal Behavior* 13 (1974), 585-589.

9 기억에서 최면의 위험성에 대한 논문으로는 P. A. Register & J. F. Kihlstrom, Hypnosis and interrogative suggestibility, *Personality and Individual Differences* 9 (1988), 549-558이 있다. 법적 상황과 관련 있는 기억 문제에 대한 개요는 다음 자료를 참고하라. H. L. Roediger & D. A. Gallo, Processes affecting accuracy and distortion in memory: An overview, in M. L. Eisen, G. S. Goodman, & J. A. Quas (eds.), *Memory and Suggestibility in the Forensic Interview* (pp. 3-28) (Mahwah, NJ: Erlbaum, 2002).

10 도널드 톰슨에 대한 이야기를 찾을 수 있는 자료는 다음과 같다. B. Bower, Gone but not forgotten: Scientists uncover pervasive unconscious influences on memory, *Science News* 138, 20 (1990), 312-314.

11 지식의 저주, 사후해석 편향을 비롯한 주제들은 자코비, 비욕, 켈리의 Illusions of comprehension, competence, and remembering이라는 논문과 여러 자료에서 다루고 있다. 유창성의 효과에 대한 비교적 최근의 견해는 D. M. Oppenheimer, The secret life of fluency, *Trends in Cognitive Science* 12 (2008), 237-241에서 찾아볼 수 있다.

12 기억의 사회적 전염: H. L. Roediger, M. L. Meade, & E. Bergman, Social contagion of memory, *Psychonomic Bulletin & Review* 8 (2001), 365-371.

13 거짓 합의 효과에 대한 두 가지 중요한 논평은 다음 자료에서 찾아볼 수 있다. L. Ross, The false consensus effect: An egocentric bias in social perception and attribution processes, *Journal of Experimental Social Psychology* 13 (1977), 279-301, and G. Marks, N. Miller, Ten years of research on the false-consensus effect: An empirical and theoretical review, *Psychological Bulletin* 102 (1987),

72-90.

14 9·11과 관련된 섬광 기억: J. M. Talarico & D. C. Rubin, Confidence, not consistency, characterizes fl ashbulb memories, *Psychological Science* 14 (2003), 455-461, and W. Hirst, E. A. Phelps, R. L. Buckner, A. Cue, D.E. Gabrieli & M.K. Johnson Long-term memory for the terrorist attack of September 11: Flashbulb memories, event memories and the factors that influence their retention, *Journal of Experimental Psychology: General* 138 (2009), 161-176.

15 에릭 마주르의 유튜브 강의 "Confessions of a converted lecturer"는 www.youtube.com/watch?v=WwslBPj8GgI에서 볼 수 있다. (2013년 10월 23일 기준)

16 톡톡 두드리는 소리를 듣고 곡명을 맞히는 식으로 진행된 지식의 저주에 대한 연구의 출처는 다음과 같다. L. Newton, Overconfidence in the communication of intent: Heard and unheard melodies (Ph.D. diss., Stanford University, 1990).

17 무능함에 대한 무지를 나타내는 용어로, 저스틴 크루거와 데이비드 더닝의 이름을 딴 더닝-크루거 효과에 대한 연구는 다음과 같다. How difficulties in recognizing one's own incompetence lead to inflated self-assessments, *Journal of Personality and Social Psychology* 77 (1999), 1121-1134. 이후의 실험적 연구와 논문은 이 연구에 바탕을 두었다. D. Dunning, *Self-Insight: Roadblocks and Detours on the Path to Knowing Thyself* (New York: Psychology Press, 2005)를 참고하라.

18 자기 주도 학습에 대한 이야기: 수전 도미너스가 2010년 10월 4일자 〈뉴욕타임스〉에 기고한 "Play-Dough? Calculus? At the Manhattan Free School, Anything Goes"와 아샤 앤천이 2012년 7월 8일 〈미니애폴리스 스타트리뷴〉에 기고한 "The DIY Approach to Education"을 참고하라.

19 학생들이 장기적 학습에 필요한 만큼 플래시 카드를 이용하지 않고 그 전에 그만 둔다는 내용의 연구들은 다음과 같다. N. Kornell & R. A. Bjork, Optimizing self-regulated study: The benefits and costs of dropping flashcards, *Memory* 16 (2008), 125-136, and J. D. Karpicke, Metacognitive control and strategy selection: Deciding to practice retrieval during learning, *Journal of Experimental Psychology: General* 138 (2009), 469-486.

20 에릭 마주르는 교육에 대한 자신의 접근법에 대한 책 *Peer Instruction: A User's Manual*(Upper Saddle River, NJ: Prentice-Hall, 1997)을 출판했다. 또한 미주 15에 도 언급한 유튜브 강의 "Confessions of a converted lecturer"에서 이 접근법의 예를

들었다. 강의는 http://www.youtube.com/watch?v=WwslBPj8GgI에서 볼 수 있다.
(2013년 10월 23일 기준)

21 에롤 모리스가 더닝에 대해 인용한 내용은 2010년 6월 24일자 〈뉴욕타임스〉 "The anosognosic's dilemma: Something's wrong but you'll never know what it is(part 5)"에서 볼 수 있다.

22 2011년 12월 13일 미네소타 미니애폴리스에서 피터 브라운이 캐서린 존슨을 인터뷰한 내용.

23 이 장에는 유창성이 일으키는 착각이나 사후해석 편향 등의 다양한 착각을 피하면서 학습을 통제하는 방법에 대한 내용이 많다. 이렇게 자율적으로 통제하는 학습에 대해 더 알고자 하는 사람이라면 누구에게나 유용할 최근의 탁월한 연구는 다음과 같다. R. A. Bjork, J. Dunlosky, & N. Kornell, Self-regulated learning: Beliefs, techniques, and illusions, *Annual Review of Psychology* 64 (2013), 417-444.

– 6장 –

1 프랜시스 베이컨(1561-1626)은 영국의 철학자이자 정치가였다. 그의 수필 「위대한 곳(Great Place)」에서 인용된 부분의 전문은 이렇다. "위대한 곳으로 올라가는 길은 모두 나선계단이다. 그곳에 파벌이 있다면 누군가 올라갈 때는 그를 지지해주고 자리를 잡았을 때는 균형을 잡는 것이 좋다."

2 2012년 8월 27일 미네소타 세인트 폴에서 피터 브라운이 브루스 헨드리를 인터뷰한 내용. 헨드리와 관련된 인용문은 모두 이 인터뷰를 출처로 하였다.

3 Betsy Morris, Lisa Munoz, and Patricia Neering, "Overcoming dyslexia," *Fortune,* May, 2002, 54-70.

4 Annie Murphy Paul, "The upside of dyslexia," *New York Times,* February 4, 2012. 가이거와 레트빈의 연구 내용은 다음 자료에 설명되어 있다. G. Geiger & J. Y. Lettvin, Developmental dyslexia: A different perceptual strategy and how to learn a new strategy for reading, *Saggi: Child Development and Disabilities* 26 (2000), 73-89.

5 조사는 F. Coffield, D. Moseley, E. Hall, Learning styles and pedagogy in post-16 learning, a systematic and critical review, 2004, Learning and Skills Research

Centre, London에 소개되어 있고 학생의 말 ("책을 읽거나 누가 말하는 걸 1분 이상 들어봐야 소용없겠네요.")은 같은 보고서의 p.137에 나온다. "모순된 주장들을 모아놓은"이라는 인용문의 출처는 다음과 같다. Michael Reynolds, Learning styles: a critique, *Management Learning*, June 1997, vol. 28 no. 2, p. 116.

6 학습 유형에 대한 내용은 대부분 H. Pashler, M. A. McDaniel, D. Rohrer, & R. A. Bjork, Learning styles: A critical review of concepts and evidence, *Psychological Science in the Public Interest* 9 (2009), 105-119에서 나온 것이다. 이 논문은 학생의 학습 유형과 교육 유형이 들어맞지 않는 경우에 비해 학습 유형과 교육 유형이 들어맞는 경우 학습이 향상되는지에 대해 출간된 증거를 검토했다. 여기서 발견된 중요한 두 가지 사실은 (1) 통제된 실험의 황금 기준(gold standard), 즉 과학적 타당성과 정확도를 지킨 연구가 매우 드물고 (2) 논문이 발행된 소수의 실험은 교수법과 학습 유형의 일치가 학습을 향상시키지 않는다는 점을 일관성 있게 발견했다는 점이었다. 중요한 결론 중 하나는, 이 주제에 대한 실험적 연구가 더 필요하기는 하지만 흔히 있다고 전제되는 학습 유형이 존재한다는 증거가 거의 없다는 것이다.

7 지능에 대한 고전적인 관점을 다룬 탁월한 저서는 다음과 같다. Earl Hunt, *Human Intelligence* (Cambridge: Cambridge University Press, 2010).

8 하워드 가드너의 이론은 다른 어느 곳보다도 그의 책 *Multiple Intelligences: New Horizons* (New York: Basic Books, 2006)에 잘 설명되어 있다.

9 로버트 스턴버그와 엘레나 그리고렌코 외 동료들의 연구에 대한 내용은 여러 자료에서 나온다. 이론이 잘 나타난 곳은 다음과 같다. R. J. Sternberg, Grigorenko, E. L., & Zhang, L., Styles of learning and thinking in instruction and assessment, *Perspectives on Psychological Science* (2008) 486-506. 스턴버그와 그리고렌코 외 동료들이 수행한 또 다른 흥미로운 연구에서는 분석적, 창의적, 실용적 능력 중 한 능력이 유독 뛰어난 학생들을 뽑아 분석적, 창의적, 실용적 교육에 초점을 맞춘 학급에 배정했다. 자신이 가진 특출한 능력과 맞는 교육을 받은 학생들은 그렇지 않은 학생에 비해 수행평가에서 좋은 평가를 받는 경향이 있었다. R. J. Sternberg, E. L. Grigorenko, M. Ferrari, & P. Clinkenbeard, A triarchic analysis of an aptitude-treatment interaction, *European Journal of Psychological Assessment* 15 (1999), 1-11을 참고하라.

10 브라질 아동에 대한 연구는 다음 논문을 참고하라. T. N. Carraher, D. W. Carraher, & A. D. Schliemann, Mathematics in the streets and in the schools, *British Journal of Developmental Psychology* 3 (1985), 21-29. 이 흥미로운 연구는 브라질

의 길모퉁이 가게나 시장에서 일하는 극빈층 아동 다섯 명에게 초점을 맞추었다. 수행은 아동이 전문적인 능력을 보이는 자연스러운 맥락(예를 들면 역할극으로 연출된 실험 상황에서 코코넛을 팔기), 다른 맥락에서의 단어 문제(바나나 팔기) 혹은 맥락 없는 형식적 수학 문제 등 다양한 맥락에서 제시된 비슷한 곱셈 문제와 비교되었다. 자연스러운 맥락에서 제시된 문제는 거의 100퍼센트에 가깝게 풀었고 다른 맥락에서 제시된 문제는 정답률이 그보다 조금 낮았으며 형식적으로 제시된 문제는 3분의 1 정도밖에 풀지 못했다. 여기서 핵심은 아이들이 자연스러운 맥락에서 제시된 문제를 풀 때는 구체적인 분류 전략을 사용했지만 형식적인 문제를 풀 때는 학교에서 배운 (제대로 배우지 못한) 전략들로 문제풀이 방식을 바꾸었다는 점이다. 학교에서 사용하는 방식의 시험에서는 아이들이 계발한 수학적 전략들이 명백히 드러나지 않았다.

11 경마를 능숙하게 하는 사람들에 대한 연구는 S. J. Ceci & J. K. Liker, A day at the races: A study of IQ, expertise, and cognitive complexity, *Journal of Experimental Psychology: General* 115 (1986), 255-266을 참고하라. 이 연구는 하네스 레이싱(harness racing, 말에 1인승 마차를 달아 끌게 하는 경주-옮긴이) 팬들을 대상으로 했으며 전문가 수준인 집단과 덜 전문적인 집단으로 나누었다. 전문적인 집단과 덜 전문적인 집단은 IQ가 같았지만 실제 경주와 경주처럼 꾸민 상황에서 결과를 훨씬 정확히 예측했다. 전문가들의 성공은 말과 경주의 조건과 관련된 정보를 평가하고 조합하는 극도로 복잡한 체계를 사용하는 것과 관계가 있었다.

12 역동적 평가: 로버트 스턴버그와 엘레나 그리고렌코는 이 개념에 대해 *Dynamic Testing: The Nature and Measurement of Learning Potential* (Cambridge: Cambridge University Press, 2002)에서 논의하였다.

13 구조 형성에 대한 기본적인 연구는 M. A. Gernsbacher, K. R. Varner, & M. E. Faust, Investigating differences in general comprehension skills, *Journal of Experimental Psychology: Learning, Memory, and Cognition* 16 (1990), 430-445에서 시작되었다. 이 논문은 구조 형성 이론의 발달에 기여한 우아한 실험에 대해 이야기한다. 구조 형성 이론은 이해를 잘하는 사람이 다양한 자료(읽거나 듣거나 그림으로 보거나)에서 파악한 이야기를 일관성 있고 체계적인 표상으로 구조를 형성할 수 있다는 생각이다. 반면 이해를 잘하지 못하는 사람은 구조를 많이 형성하기는 하지만 어딘지 모르게 분열된 구조를 형성하는 경향이 있다. 나아가 이 연구는 구조 형성 능력이 형편없는 사람의 경우 관련 없는 정보를 억제하는 데 어려움을 겪으며 그런 정보들이 분열된(비효율적인) 표상을 만드는 데 영향을 미칠 가능성이 높다고 주장했다. 이와 관련

있는 또 다른 논문은 다음과 같다. A. A. Callender & M. A. McDaniel, The benefits of embedded question adjuncts for low and high structure builders, *Journal of Educational Psychology* 99 (2007), 339-348. 이들은 구조 형성을 잘 못하는 사람들이 잘하는 사람들에 비해 표준적인 수업 내용(교재의 단원들)에서 성취도가 낮았음을 입증했다. 하지만 교재에서 중요한 개념들을 묻는 질문을 단원에 넣고 그 질문에 답하게 했을 때 구조 형성을 잘 못하는 사람들도 잘하는 사람들만큼 학습 수준을 끌어올릴 수 있었다.

14 여기서 개념 학습에 대한 논의는 두 가지 연구에 바탕을 둔다. T. Pachur, & H. Olsson, Type of learning task impacts performance and strategy selection in decision making, *Cognitive Psychology* 65 (2012), 207-240. 실험실에서 개념 학습에 대한 연구를 할 때, 일반적으로는 한 번에 하나씩 예를 제공하고 학습자들은 그 하나의 예가 어디로 분류될 가능성이 높은지 배우려고 애쓰게 된다(예를 들면 일련의 증상을 제시하고 그것이 어떤 병인지 맞히게 하는 것). 이 실험은 절차를 바꾸어 두 가지 예를 동시에 제시했고 학습자는 둘 중 어떤 것이 더 분류에 들어맞을지 결정했다. 이 비교를 통한 접근법은 각각의 사례를 외우는 데는 덜 집중하게 했지만 사례들이 분류되는 근본적 규칙을 더욱 잘 발견하게 해주었다. 초점이 문제 풀이에서 지식의 전이(轉移)였다는 점만 제외하고 위의 연구와 같은 내용이었던 또 다른 연구는 다음과 같다. M. L. Gick & K. J. Holyoak, Schema induction and analogical transfer, *Cognitive Psychology* 15 (1983), 1-38. 이 연구에서 학습자들은 특정한 문제의 해법을 한 가지 예를 통해 배우거나 상반된 두 가지 유형의 문제에서 해법의 공통적인 요소를 뽑아내야 했다. 두 가지 문제를 대조했던 학습자들은 한 가지 문제를 공부했던 학습자들에 비해 일반적인 해법의 틀을 끌어내서 그 틀을 낯선 문제에 적용하여 푸는 데 뛰어났다.

– 7장 –

1 고전이 된 월터 미셸의 만족 지연 연구는 W. Mischel, Y. Shoda, & M. L. Rodriguez, Delay of gratification in children, *Science* 244 (1989), 933-938에 잘 소개되어 있다. 심리학자가 아닌 사람들을 위해 소개한 자료를 보려면 Jonah Lehrer, "Don't! The secret of self-control," *New Yorker*, May 18, 2009, 26-32를, 2011년 업데이트 판을 보려면 다음 자료를 참고하라. W. Mischel & O. Ayduk, Willpower in a cognitive-affective processing system: The dynamics of delay of gratifi cation, in K. D. Vohs & R. F. Baumeister (eds.), *Handbook of Self- Regulation: Research, Theory, and Applications* (2nd ed., pp. 83-105) (New York: Guilford, 2011).

2 카슨에 대한 설명은 캘리포니아의 첫 정착민들의 후손인 역사학자 보브 그레이엄(Bob Graham)이 관리하는 사이트인 www.longcamp.com/kit_bio.html에 다시 올라왔다. (2013년 10월 30일 기준) 원래 1847년 여름 〈워싱턴 유니언〉지에 실렸다가 1847년 7월 3일 〈서플먼트 투 더 코네티컷 신문〉에 다시 실렸다. 햄프턴 사이즈(Hampton Sides)는 *Blood and Thunder* (New York: Anchor Books, 2006)에서 125, 126쪽을 할애하여 프리몬트가 이 여정에서 카슨에게 내린 지시를 언급했다.

3 뇌 가소성에 대한 연구: J. T. Bruer, Neural connections: Some you use, some you lose, *Phi Delta Kappan* 81, 4 (1999), 264-277. 골드먼-라킥의 인용문은 브루어의 논문에서 따온 것이고, 그 논문의 인용문은 주 교육위원회에 이야기하기 이전에 한 말이다. 뇌 손상의 치료에 중점을 둔 뇌 가소성에 대한 심화 연구는 D. G. Stein & S. W. Hoffman, Concepts of CNS plasticity in the context of brain damage and repair, *Journal of Head Trauma Rehabilitation* 18 (2003), 317-341에서 볼 수 있다.

4 H. T. Chugani, M. E. Phelps, & J. C. Mazziotta, Positron emission tomography study of human brain function development, *Annals of Neurology* 22 (1987), 487-497.

5 J. Cromby, T. Newton, and S. J. Williams, Neuroscience and subjectivity, *Subjectivity* 4 (2011), 215-226.

6 이 작업은 2004년 11월 23일자 〈뉴욕타임스〉에 산드라 블레이크슬리가 기고한 "New tools to help patients reclaim damaged senses"에서 볼 수 있다.

7 P. Bach-y-Rita, Tactile sensory substitution studies, *Annals of the New York Academy of Sciences* 1013 (2004), 83-91.

8 미엘린 수초에 대한 연구를 보려면 다음의 자료를 참고하라. R. D. Fields, White matter matters, *Scientific American* 298 (2008), 42-49, and R. D. Fields, Myelination: An overlooked mechanism of synaptic plasticity?, *Neuroscientist* 11 (December 2005), 528-531. 좀 더 대중적인 설명을 원한다면 대니얼 코일(Daniel Coyle)의 *The Talent Code* (New York: Bantam, 2009)을 참고하라.

9 신경 발생에 대한 언급들: P. S. Eriksson, E. Perfilieva, T. Bjork-Eriksson, A. M. Alborn, C. Nordborg, D. A. Peterson, & F. H. Gage, Neurogenesis in the adult human hippocampus, *Nature Medicine* 4 (1998), 1313-1317; P. Taupin, Adult neurogenesis and neuroplasticity, *Restorative Neurology and Neuroscience* 24 (2006), 9-15.

10 이 인용문은 앤 B. 바넷과 리처드 J. 바넷의 책 *The Youngest Minds: Parenting and Genes in the Development of Intellect and Emotion* (New York: Simon and Schuster, 1998) 10쪽에서 인용하였다.

11 플린 효과는 J. R. Flynn, Massive IQ gains in 14 nations: What IQ tests really measure, *Psychological Bulletin* 101 (1987), 171-191에서 20세기 선진국의 IQ 증가 추세를 처음으로 보고한 제임스 플린(James Flynn)의 이름을 딴 것이다.

12 이 부분은 거의 리처드 E. 니스벳의 『인텔리전스(Intelligence and How to Get It)』 (설선혜 역, 김영사, 2010)의 도움을 받았다.

13 이 연구는 다음의 자료에 언급되었다. J. Protzko, J. Aronson, & C. Blair, How to make a young child smarter: Evidence from the database of raising intelligence, *Perspectives in Psychological Science* 8 (2013), 25-40.

14 여기 언급된 연구는 다음과 같다. S. M. Jaeggi, M. Buschkuehl, J. Jonides, & W. J. Perrig, Improving fluid intelligence with training on working memory, *Proceedings of the National Academy of Sciences* 105 (2008), 6829-6833.

15 작업 기억 훈련 결과의 반복 실패는 다음 자료에 언급되어 있다. T. S. Redick, Z. Shipstead, T. L. Harrison, K. L. Hicks, D. E. Fried, D. Z. Hambrick, M. J. Kane, & R. W. Engle, No evidence of intelligence improvement after working memory training: A randomized, placebo-controlled study, *Journal of Experimental Psychology: General* 142, 2013), 359-379.

16 성장 사고방식에 대한 캐롤 드웩의 연구가 요약되어 있는 자료는 매우 많다. 2007년 3, 4월에 마리나 크라코브스키가 〈스탠포드 매거진〉에 기고한 "The effort effect"에 그 내용이 잘 정리되어 있다. 드웩이 쓴 두 편의 논문을 보려면 다음 자료를 참고하라. H. Grant & C. S. Dweck, Clarifying achievement goals and their impact, *Journal of Personality and Social Psychology* 85 (2003), 541-553, and C. S. Dweck, The perils and promise of praise, *Educational Leadership* 65 (2007), 34-39. 드웩이 쓴 책 『성공의 새로운 심리학(Mindset: The New Psychology of Success)』(정명진 역, 부글북스, 2011)을 참고해도 좋다.

17 드웩의 말은 크라코브스키의 "effort effect"에서 인용했다.

18 드웩의 말은 2007년 2월 11일 포 브론슨(Po Bronson)이 〈뉴욕타임스〉에 기고한 "How not to talk to your kids"에서 인용했다.

19 폴 터프, 『아이는 어떻게 성공하는가(How Children Succeed)』(권기대 역, 베가북스, 2013).

20 의도적 연습에 대한 앤더스 에릭슨의 연구가 설명되어 있는 곳은 매우 많다. 그 중 하나는 말콤 글래드웰(Malcom Gladwell)의 『아웃라이어(Outliers: The Story of Success)』(노정태 역, 김영사, 2009)다. 에릭슨의 연구를 소개하는 자료는 다음 과 같다. K. A. Ericsson & P. Ward, Capturing the naturally occurring superior performance of experts in the laboratory: Toward a science of expert and exceptional performance, Current Directions in Psychological Science 16 (2007), 346-350.

21 학습과 기억을 돕는 상상과 상상의 힘은 고대 그리스 시대부터 인정받아왔다. 하지만 심리학자들이 이 주제에 대해 실험적인 연구를 시작한 것은 겨우 1960년대 들어서였 다. 앨런 파이비오(Allan Paivio)의 연구는 통제된 연구에서 상상의 힘을 보여준다. 파 이비오의 초기 연구에 대해서는 Imagery and Verbal Processes (New York: Holt, Rinehart, and Winston, 1971)에 나타나 있다.

22 1914년 12월, 〈하퍼스〉에 실린 마크 트웨인의 "How to Make History Dates Stick" 은 www.twainquotes.com/HistoryDates/HistoryDates.html에서 볼 수 있다. (2013 년 10월 30일 기준)

23 기억술은 역사에서(그리고 기억술에 대한 심리학자들과 교육자들의 태도에서) 여러 세기를 지나는 동안 여러 번 정반대의 취급을 받으며 시달려왔다. 그리스 로마 시대부 터 중세까지, 방대한 정보를 기억해야 했던 지식인들에게(예를 들면 두 시간씩 연설을 해야 하는 로마 의원들) 아주 가치 있는 기술로 평가받았으나 최근에는 단지 암기 위주 의 학습에만 유용할 뿐이라고 폄하되어왔다. 하지만 이 장에서 보듯이 이런 취급은 합당 하지 않다. 기억술을 그리스인과 로마인처럼 사용한 제임스 패터슨과 제자들의 경우처 럼, 기억술은 정보를 인출하기 위해 체계를 세울 수 있다. 간단히 말하자면 기억술은 꼭 복잡한 정보를 이해하는 데만 좋은 것이 아니라 이미 배운 정보의 인출을 돕기 위해 기 억술을 이용한다면 아주 귀중하게 쓰일 수 있다. 제임스 워디(James Worthy)와 리드 헌트(Reed Hunt)는 그들의 책 Mnemonology: Mnemonics for the 21st Century (New York: Psychology Press, 2011)에서 기억술에 대한 심리학적 연구의 역사를 훌 륭하게 소개한다.

24 제임스 패터슨은 유럽, 중국과 더불어 미국에서도 성장하고 있는 스포츠에 참가하는 '기억력 선수'다. 조슈아 포어는 베스트셀러인 『아인슈타인과 문워킹을(Moonwalking with Einstein: The Art and Science of Remembering Everything)』(류현 역, 이순, 2011)에서 이런 하위문화의 급부상에 대해 적었다. 카드 한 벌을 외우는 데는 시간이 얼마나 걸릴까? 여러분이라면 오래 걸릴 것이다. 상위권의 기억력 선수라면 2분 안에 외울 수 있다. 사이먼 라인하르트가 카드 한 벌을 21.9초에 외우는 영상을 www.youtube.com/watch?v=sbinQ6GdOVk에서 볼 수 있다(2013년 10월 30일 기준). 21.9초가 당시 세계 기록이었으나 라인하르트가 깨버렸다. (이 글을 쓰는 지금 세계 기록은 21.1초) 라인하르드는 연습 중에 20초의 벽을 깬 적이 있지만 공식 행사에서는 20초 아래의 기록을 남기지 못했다. (2013년 5월 8일, 미주리 세인트 루이스에서 로디 뢰디거 외 몇 사람과 함께 저녁 모임에서 사이먼 라인하르드를 만나 개인적으로 대화한 내용)

25 자신의 기억술 사용 경험에 대한 미켈라 성현 김의 설명은 2013년 2월 8일, 제임스 패터슨이 개인적인 서신으로 전달해주었다.

26 2013년 1월 4일 미주리 세인트 루이스에서 피터 브라운과 로디 뢰디거가 제임스 패터슨을 인터뷰한 내용.

27 2013년 4월 18일 미네소타 세인트 폴에서 피터 브라운이 캐런 김을 인터뷰한 내용.

- 8장 -

1 2013년 5월 21일 피터 브라운이 마이클 영과 통화한 내용. 영과 관련된 모든 인용문은 이 인터뷰를 출처로 하였다.

2 2013년 5월 20일 피터 브라운이 스티븐 매디건과 통화한 내용.

3 2013년 4월 29일 미네소타 미니애폴리스에서 피터 브라운이 너새니얼 풀러를 인터뷰한 내용.

4 2013년 4월 29일자 〈뉴요커〉, 조 맥피가 작성한 "Draft no. 4"에서.

5 2013년 4월 30일 미네소타 세인트 폴에서 피터 브라운이 델마 헌터를 인터뷰한 내용.

6 2013년 5월 7일 워싱턴 시애틀에서 피터 브라운이 메리 팻 웬더로스를 인터뷰한 내용.

7 높은 구조의 수업 방식이 초보적인 과학 수업에서 학생들의 낙오를 줄이는 효과가 있는지 알아보는 실증적 연구는 다음과 같다. S. Freeman, D. Haak, & M. P. Wenderoth, Increased course structure improves performance in introductory biology, *CBE*

Life Sciences Education 10 (Summer 2011), 175-186; S. Freeman, E. O'Connor, J. W. Parks, D. H. Cunningham, D. Haak, C. Dirks, & M. P. Wenderoth, Prescribed active learning increases performance in introductory biology, *CBE Life Sciences Education* 6 (Summer 2007), 132-139.

8 2013년 5월 2일 피터 브라운이 마이클 매튜스와 통화한 내용.

9 2013년 5월 21일 피터 브라운이 카일리 헌클러와 통화한 내용.

10 2013년 6월 20일 사우스 캐롤라이나 폴리 비치에서 피터 브라운이 캐슬린 맥더모트를 인터뷰한 내용.

11 2013년 7월 18일 피터 브라운이 캐시 마익스너와 통화한 내용.

12 2013년 7월 1일 피터 브라운이 케네스 바버와 통화한 내용.

13 2013년 7월 17일 피터 브라운이 리처드 윈빈과 통화한 내용.

14 2013년 6월 2일 피터 브라운이 에릭 아이작맨과 통화한 내용.

:: 찾아보기 ::

1번 체계(자동 체계) 141-144, 146, 153, 163

2번 체계(통제된 체계) 141-144, 146, 163

LA 킹스 75, 93

ㄱ

가드너, 하워드(Howard Gardner) 193, 195, 342

간격 두기 89-91, 97, 113, 117, 133, 200, 208,
223, 224, 279, 282, 303, 304

거짓 합의 효과(false consensus effect) 155

결정 지능(crystallized intelligence) 192, 228

골드먼-라킥, 패트리샤(Patricia Goldman-Rakic)
218, 345

공간감각 상실(spatial disorientation) 144-146

교차 연습(interleaved practice) 14, 25, 37, 72-
76, 78, 79, 83, 92, 117, 208, 265, 266, 310

구조 형성(structure building) 176, 200-203

규칙 학습(rule learning) 176, 201-204, 224

그리고렌코, 엘레나(Elena Grigorenko) 198, 342

근육 기억(muscle memory) 74

글래드웰, 말콤(Malcom Gladwell) -『블링크
(Blink)』의 저자 142, 347

기억 용량(기억 범위) 124, 135, 253

기억 흔적(memory trace) 71, 103-105, 135

기억력 대회 213, 214 249

기억술 252, 253, 257, 270, 271

기억의 궁전(memory palace) 240, 241, 247,
249, 250

기억의 방(method of Loci, 장소법) 241

기억의 왜곡 139, 147

ㄴ

낙하산 접지동작(parachute landing fall, PLF) 98,

99, 104, 105

난독증 184, 185, 187, 188, 208

노력이 필요한 인출 34, 51, 64, 70, 71, 74, 113, 114, 126, 136, 166, 261

능동적 인출 34, 35

능동적 학습 120, 175, 208, 261, 310

니스벳, 리처드(Richard Nisbett) - 『인텔리전스 (Intelligence and How to Get It)』의 저자 225, 230, 346

ㄷ

다변수(multivariate) 추론 능력 197

다양하게 변화를 준 연습(varied practice) 14, 25, 73-76, 88, 165

다중 지능(multiple intelligence) 193, 195

단기 기억 71, 103, 105, 106, 113, 114, 123, 135

더닝, 데이비드(David Dunning) 146, 160-162, 167, 340, 341

더닝-크루거 효과(Dunning-Kruger effect) 160, 340

던, 리타(Rita Dunn) 189

던, 케네스(Kenneth Dunn) 189

델리스, 넬슨(Nelson Dellis) 214-216

도나휴, 바니(Barney Donahue) 180, 181

도이지, 노먼(Norman Doidge) - 『기적을 부르는 뇌(The Brain That Changes Itself)』의 저자 219

도제 모형(apprentice model) 168

동료 교수법(peer instruction) 165, 298

둘리, 빈스(Vince Dooley) 86-89, 159, 254, 284

드웩, 캐롤(Carol Dweck) 125, 184, 231-236, 297, 346

ㄹ

라슨, 더글러스(Douglas Larsen) 80-85, 91, 94, 203, 303, 321, 332

라이트너 박스 91

라이트너, 세바스티안(Sebastian Leitner) 91

럼스펠드, 도널드(Donald Rumsfeld) 30

로러, 더그(Doug Rohrer) 190

뢰디거, 헨리(Henry L. Roediger) 6, 7, 300

리뉴얼 바이 앤더슨(Renewal by Andersen) 313, 323

ㅁ

마시멜로 실험 212, 213

마익스너 그룹 304, 305

마주르, 에릭(Eric Mazur) 158, 159, 165, 166, 340

만족 지연(delaying gratification) 213

매코,크레이그(Craig McCaw) 184

매튜스, 마이클 D.(Michael D. Matthews) 166, 297-299, 323, 349

맥대니얼, 마크(Mark McDaniel) 6, 190, 320, 321

맥락 간섭(contextual interference) 133

맥피, 존(John McPhee) 282-284, 288

명시적 기억(explicit memory) 80, 93

모의 훈련 81, 82, 100, 118, 168-171

무오류 학습 이론 122

미 육군사관학교(웨스트 포인트) 36, 297-300

미군 점프 스쿨 96-99, 105, 109, 118

미셸, 월터(Walter Mischel) 212, 344

미엘린 수초 220, 221

ㅂ

바넷, 리처드(Richard Barnet) 224

바넷, 앤(Ann Barnet) 224

바람직한 어려움(desirable difficulties) 98, 113, 282, 290-292

바크(VARK) 접근법 189

바크-이-리타, 폴(Paul Bach-y-Rita) 219

반복 인출 46, 61, 64, 82

반복 읽기 12, 22, 27-29, 34, 55, 59, 63-65, 68, 114, 262, 263

반추(reflection) 32, 43, 44, 83, 89, 94, 121, 122, 200, 203, 269, 284, 286, 295, 317

방위각 맞추기 36, 299

베이컨, 프랜시스(Francis Bacon) 47, 174, 327, 341

벨러비스 고등학교 245, 249, 271, 323

벼락치기(몰아서 공부하기) 13, 50, 63, 64, 70, 90, 289

변화를 준 연습 14, 24, 73-76, 79, 83, 88, 92

분산된 연습 69

분석적 지능 197

브랜슨, 리처드(Richard Branson) 184, 185

브루어, 존 T.(John T. Bruer) 217, 227, 321, 345

브루클린 프리 스쿨 163

블로젯, 보니(Bonnie Blodgett) 127, 268, 323, 337

블룸, 벤저민(Benjamin Bloom) 292

블룸의 학습 분류 체계 292, 295-297

비욕, 로버트(Robert Bjork) 98, 132, 149, 190, 320, 323, 333-335, 337

비욕, 엘리자베스(Elizabeth Bjork) 98, 132, 333-335, 337

ㅅ

사례 학습자(example learner) 204

사후해석 편향(hindsight bias) 153, 339, 341

상상 팽창(imagination inflation) 150, 338

상위 인지 오류 159

상위 인지(metacognition) 30, 138, 159-161, 220, 337

새빨간 거짓말(the big lie) 기법 154

생성(generation) 51, 120, 121, 122, 127, 133, 224, 226, 268, 279, 282, 284, 285, 290, 298, 304, 309, 315-318, 327, 336

섬광 기억(flashbulb memory) 156, 157, 340

성공 지능(Successful Intelligence)의 삼위일체 이론(three part theory) 197

세인트 루이스 워싱턴 대학교 57, 80, 268, 320

수면 91, 104

수행 목표(performance goal) 232, 233

숙련도 34, 63, 73, 80, 115, 165, 168, 266

슐렌버거, 체슬리(Chesley Sullenberger) - 『최고의 임무(Highest Duty)』의 저자 284, 285

스키너, 브루스 F.(Burrhus F. Skinner) 122, 336

스키마(schema) 92, 325

스턴버그, 로버트 J.(Robert J. Sternberg) 32,
  195-198, 342

시행착오 60, 127, 207, 277

시험 효과 46, 47-55, 59, 61, 272, 292, 300, 302,
  304, 329

신경 발생(neurogenesis, 신경세포 생성) 224, 345

신경(뇌)가소성 215, 219, 222-224, 345

실수 없는 학습(errorless learning) 122-126, 336

실수 축제(Festival of Errors) 125, 126, 337

실용적 지능 195, 197

심성 모형(mental model) 16-18, 81, 115, 136,
  157-160, 166, 176, 182, 186, 192, 197, 200,
  203, 216, 223, 224, 230, 261, 286, 287, 291

◉

아인슈타인, 앨버트 31

암묵적 기억(implicit memory) 80, 93

암시(suggestion) 150, 151

애너그램(anagram) 75, 124, 147, 331, 332, 336

언스쿨러(unschoolers) 163

에디슨, 토머스 126

에릭슨, 앤더스(Anders Ericsson) 125, 237, 239,
  251, 287, 347

에버솔드, 마이크(Mike Ebersold) 40-44, 47, 83,
  159, 160, 167, 203, 256, 284, 323, 327

오팔리아, 폴(Paul Orfalea) 184

오픈북 시험 61, 329

웬더로스, 메리 팻(Mary Pat Wenderoth) 166,
  267, 269, 291-297, 300, 323, 348

유동 지능(fluid intelligence) 192, 228-230

유창성 착각(fluency illusion) 154

이너게이트 침술 304, 316

인지적 편향 138, 140, 147

인출 단서 106-108, 135, 334, 335

인출 연습(retrieval practice) 13, 24, 25, 35, 36,
  47, 49-51, 53-56, 61-65, 68, 79, 82-85, 92-
  94, 105, 111, 135, 163, 165, 208, 223, 224,
  230, 261, 263, 269, 272, 274, 278-282, 290,
  291, 298, 302-304, 328, 330, 335

자기 관찰자 138

자기 주도 학습(student directed learning) 163,
  340

자코비, 래리(Larry Jacoby) 149, 320, 339

작업 기억(working memory) 124, 228, 229, 253,
  346

잡스, 스티브 126

장기 기억 27, 71, 103, 106, 110, 114, 135, 224,
  265

재통합 105, 114, 136, 335

정교화(elaboration) 15, 56, 89, 94, 121, 122,
  128, 129, 266, 267, 269, 271, 274, 275, 279,
  281, 282, 285, 290, 316, 317

제임스 S. 맥도널 재단 7, 320, 322

조지아 블독스 미식추구팀 254, 284

주변시(peripheral vision) 43, 188

즉각적인 피드백 60, 329

지각적 착각 138, 142, 146

지능 지수(Intelligence Quotient, IQ) 193, 197, 198, 215, 216, 224-228, 236, 237, 343, 346

지식의 저주(the curse of knowledge) 153, 158, 339, 340

지연된 피드백 60, 61

지피 루브 309-312, 323

집중 연습(massed practice, 대량 연습) 69-74, 76-79, 90, 112-114, 165, 264, 289, 331, 332

쪽지시험 36, 57-59, 92, 165, 290

ㅊ

창의력 31-33, 48, 187, 268, 283

창의적 지능 195, 197

챔벌린, 로저(Roger Chamberlain) 51, 52, 56, 65, 321, 328

청킹(chunking) 222, 256

추거니, 해리 T.(Harry T. Chugani) 218

추론 18, 28, 141, 145-147, 161, 166, 183, 192, 197, 216, 221, 228, 292, 302

ㅋ

카너먼, 대니얼(Daniel Kahneman) - 『생각에 관한 생각(Thinking, Fast and Slow)』의 저자 141, 144, 163

카이젠 이벤트(Kaizen event) 314

캘리포니아 폴리테크닉(칼 폴리) 주립대학교 111

컬럼비아 중학교 51, 55, 56, 61, 65, 321, 326, 328

케네디 주니어, 존 F. 146, 338

켈리, 콜린(Colleen Kelley) 149, 339

콘레일(Conrail) 180

콤폰, 제이미(Jamie Kompon) 75

콩 주머니 테스트 68, 73, 75, 118, 331

퀴즈 53, 55, 56, 61, 65, 83-85, 91, 208, 290, 291, 298, 300-302, 304, 310, 311, 328, 329

크루거, 저스틴(Justin Kruger) 160-162, 340

킨코스(Kinkos) 185

ㅌ

터프, 폴(Paul Tough) - 『아이는 어떻게 성공하는가(How Children Succeed)』의 저자 235, 236, 347

테이어 교육법 297, 300

테이어, 실베이너스(Sylvanus Thayer) 297

텍사스 퍼스트리퍼블릭 183

톰슨, 도널드 M.(Donald M. Thomson) 152, 153, 339

통합(Consolidation) 103-106, 135, 334, 335

툴빙, 엔델(Endel Tulving) 27, 326, 334

트웨인, 마크 242, 243, 250, 270, 347

ㅍ

파머스 보험 73, 305, 306, 309, 323

패슐러, 해럴드(Harold Pashler) 190, 192, 321

패터슨, 제임스(James Paterson) 213, 215, 216,

249, 251-253, 322, 323, 348

페그 방식(peg method, 걸이 단어 기억법) 244,

249, 251

페일콘(FailCon) 126

포어, 조슈아(Joshua Foer) - 『아인슈타인과 문워

킹을(Moonwalking with Einstein)』의 저자

251, 348

프루스트, 마르셀(Marcel Proust) - 『잃어버린 시

간을 찾아서(Remembrance of Things Past)』의

저자 110

플래시 카드 13, 56, 91, 93, 164, 165, 264, 340

플레밍, 닐(Neil Fleming) 189

플린 효과(Flynn effect) 225, 346

ㅎ

학습을 위한 글쓰기(writing to learn, WTL) 121,

122, 282, 283, 287, 336

학습의 전이(transfer of learning) 118

헨드리, 브루스(Bruce Hendry) 174, 180, 181,

183, 184, 199, 205, 209, 323, 341

환경 승수(environmental multiplier) 225

후견지명 효과 153

휴먼 커넥톰 프로젝트(Human Connectome

Project) 220

옮긴이 **김아영**

연세대학교 심리학과를 졸업하고 바른번역에서 기획 및 전문번역가로 활동하고 있으며, 디자인문화잡지 지 콜론(G:)에 디자인과 심리를 접목한 칼럼을 연재했다. 직접 기획하고 번역한 책으로는 『문학 속에서 고양이를 만나다』가 있으며 옮긴 책으로는 『제대로 살아야 하는 이유』『이랬다, 저랬다, 내 마음이 왜 이러지』『내 아이를 위한 브레인 코칭』『엄마의 자존감』『우리 아이의 머릿속』『내 아이에게 가르쳐 주는 첫 정의 수업』『내 아이를 위한 7가지 인생 기술』『아이에게 보내는 9가지 메시지』『확신의 힘』『그 남자, 좋은 간호사』 등이 있다.

어떻게 공부할 것인가

초판 1쇄 발행 2014년 12월 5일 | 초판 24쇄 발행 2024년 7월 22일

지은이 헨리 뢰디거·마크 맥대니얼·피터 브라운
옮긴이 김아영

펴낸이 신광수
CS본부장 강윤구 | 출판개발실장 위귀영 | 디자인실장 손현지
단행본팀 김혜연, 조문채, 정혜리
출판디자인팀 최진아, 당승근 | 저작권 김마이, 이아람
출판사업팀 이용복, 민현기, 우광일, 김선영, 신지애, 이강원, 정유, 정슬기, 허성배, 정재욱,
          박세화, 김종민, 정영묵, 전지현
영업관리파트 홍주희, 이은비, 정은정
CS지원팀 강승훈, 봉대중, 이주연, 이형배, 전효정, 이우성, 장현우, 정보길

펴낸곳 (주)미래엔 | 등록 1950년 11월 1일(제16-67호)
주소 137-905 서울시 서초구 신반포로 321
미래엔 고객센터 1800-8890
팩스 (02)541-8248 | 이메일 bookfolio@mirae-n.com
홈페이지 www.mirae-n.com

ISBN 978-89-378-3486-8 03370